As Três Irmãs, **de Tchékhov,
por Stanislávski**

1 CLAPS Centro Latino-Americano de Pesquisa Stanislávski

Conselho editorial Alejandro González Puche [Colombia]
Debora Hummel [Brasil]
Elena Vassina [Rússia/Brasil]
Luciano Castiel [Brasil]
Simone Shuba [Brasil]
Tatiana Motta Lima [Brasil]
Yana Elsa Brugal Amanda [Cuba]

Editora Perspectiva

Supervisão editorial J. Guinsburg
Coordenação de texto Luiz Henrique Soares e Elen Durando
Edição de texto Marcio Honorio de Godoy
Revisão de provas Geisa Mathias de Oliveira
Capa e projeto gráfico Sergio Kon
Produção Ricardo Neves, Sergio Kon e Lia N. Marques

Tieza Tissi

As Três Irmãs, de Tchékhov, por Stanislávski

versão integral
com as partituras do diretor

CIP-Brasil. Catalogação-na-Fonte
Sindicato Nacional dos Editores de Livros, RJ

T527t
    Tissi, Tieza
    As três irmãs, de Tchékhov, por Stanislávski / Tieza Tissi. - 1. ed. - São Paulo : Perspectiva, 2018.
    312 p. : il. ; 21 cm. (CLAPS : centro latino-americano de pesquisa Stanislávski ; 1)

    Inclui bibliografia
    ISBN 978-85-273-1135-9

    1. Tchekhov, Anton Pavlovitch, 1860-1904. 2. Stanislavski, Konstantin, 1863-1938. 3. Teatro russo - História e crítica. 4. Representação teatral - Técnica. I. Título. II. Série.

18-52656   CDD: 792.028
                                             CDU: 792.028

Vanessa Mafra Xavier Salgado - Bibliotecária - CRB-7/6644
20/09/2018   24/09/2018

Direitos reservados à

EDITORA PERSPECTIVA LTDA.

Av. Brigadeiro Luís Antônio, 3025
01401-000 São Paulo SP Brasil
Telefax: (11) 3885-8388
www.editoraperspectiva.com.br

2018

À Rosana Seligmann

Para Beatriz

Agradeço a Elena Vássina
pela enorme generosidade
e disponibilidade com que orientou a
pesquisa aqui transformada em livro.

*Viajei por mais terras do que
aquelas que toquei...*

FERNANDO PESSOA, Passagem das Horas

Sumário

13   Uma Pesquisadora-Daguerreótipo
por Juliana Jardim

17   I:
A Composição do Espaço

Introdução 19

Espaço Cênico e Espaço Dramático 23

Mas o Relógio Ainda Bate, as Primaveras se Sucedem
uma Depois da Outra 28

A Cidade 38

Lukamórie 40

A Legião Estrangeira 45

Preparativos Para a Não Festa 48

O Mundo em Desmoronamento 64

Um Caleidoscópio Para Moscou 67

Essa Ignição do Fogo Sempre Interior – Terceiro Ato 70

O Jardim 85

Existe o Tempo 86

Avesso do Avesso 89

Ninguém o Viu Desembarcar na Noite Unânime 91

Epílogo 94

99   II:
**As Três Irmãs, de Tchékhov, Com as Partituras
de Stanislávski**

Nota da Tradução 101

As Três Irmãs 103

301   Bibliografia

Uma Pesquisadora-Daguerreótipo

Para nossa sorte, as últimas décadas têm sido profícuas, no Brasil, em traduções diretas e edições de textos fundamentais para que nos aproximemos das pedagogias inventadas e desenvolvidas na ambiência e no teatro russos. Dentre elas, o conhecimento teórico e prático de parte[1] dessa pedagogia intensifica-se, ainda, para além dessas publicações, pelas presenças, em cursos e criações no país, de alunos da pedagoga Maria Knebel, a mestre-artesã que foi aluna de Konstantin Stanislávski, e pelas ações de alunos e alunas desses alunos, ou seja, russos-brasileiros ou descendentes, diretores, pedagogos e atores que, ademais de suas atividades como criadores, têm traduzido e movido essas conexões entre nós. O trabalho desvairado de Tieza Tissi em parceria com Elena Vasilievich se irmana a esse esforço.

Há uma certa reparação histórica aqui, possibilitada pelo comovente gesto que é a partilha de conteúdos pelas fontes diretas. Para a prática do teatro, a relação mais direta potencializa o trabalho ao dar clareza aos percursos quando nos oferece o caminho originário dessa mesma prática, delimitando as ações. Afinal, teatro é ação.

O presente trabalho de análise e tradução, ousado e imenso, polindo a língua para fazer chegar a nós (e não "nos fazer chegar"; quero insistir no longo percurso temporal) o campo desenhado por

---

[1] Parte, pois omitiremos comentários relacionados a traduções do trabalho de V. Meierhold, também computadas quando falamos do recente aumento de edições.

Stanislávski sobre o texto de Tchékhov me faz pensar em um daguer-reótipo. Há a superfície espelhada, placa de cobre recoberta de fina camada de prata, a ser polida pelo vapor de Tissi, como condutora do trabalho. Esse espelho também pode ser pensado em referência ao trabalho do ator dentro da ação, com os limites da personagem advinda do texto, que o ator faz viver em cena na proposição de Stanislávski. A autora lida com a tradução da língua original que desconhecia, com o amparo imprescindível de uma russa que, por sua vez, desconhecia a língua de chegada. Aqui deu-se um processo pedagógico. Duas línguas interagindo, com um texto e muitas ações entre elas.

Podemos pensar as escolhas tradutórias perto do que se projeta da imagem latente no espelho do daguerreótipo, com todas as variações visíveis para quem a vê, que a luz faz alterar infinitamente. Podemos pensar o trabalho manifesto nas *partituras de encenação* como o daguerreótipo em si, o instrumento preparado pelo encenador-pedagogo, a partir de sua intensa aproximação do texto a ser posto em cena, para preparar a impressão que virá dos elementos da cena e do trabalho de ator.

Como se não bastasse o trabalho de tradução das partituras, a autora publica uma nova tradução direta do texto *As Três Irmãs*. Com eles, afina-se a justeza do que nos chega, tanto para um puro deleite de conhecimento quanto para futuras investigações e encenações. Pesquisa originada em uma faculdade de Letras, mas desenvolvida por uma pessoa que transita entre as áreas prática e teórica do teatro, na pedagogia e na criação artística, a autora nos propõe agir junto à citação de Fernando Pessoa, viajando por terras sem tocá-las.

O livro permite que imaginemos a montagem referida, oferece vestígios para o fortalecimento das pesquisas sobre texto, encenação e trabalho de ator, fundamentalmente àquelas que se dediquem às relações entre texto, espaço e cena. A aliança de Tissi com Iúri Lotman parece delimitar sua divisão da análise e os pontos que determina para a mirada que estabelece em direção às partituras, e destaco sua especial atenção ao olhar para as ações internas (emoção) ligadas às ocupações, copresenças, penetrações e cisões espaciais. Em Tchékhov, especialmente em *As Três Irmãs*, o espaço tem a importância de personagem. Daí, a coerência da análise, que atinge beleza ao dizer que "Stanislávski cria uma cena em que as personagens dançam no silêncio [...] A dança no silêncio deixa tudo em suspensão – é a dança, é a marcha progressiva rumo ao êxtase que, no entanto, sabe que será interrompida (já o foi), que dará só mais alguns passos."

Tentemos comer dessa *arte da experiência do vivo* no trabalho com textos, como pessoas do teatro e da pedagogia, sem perder o mais importante: as ideias vivas dos autores.

JULIANA JARDIM
Pesquisadora, professora,
preparadora de atores, diretora, atriz.

A Composição do Espaço

Introdução

O Teatro de Arte de Moscou (TAM), fundado em 1898 por Konstantin Stanislávski (1863-1938) e Vladímir Nemiróvitch-Dântchenko (1858-1943), revolucionou a cena teatral russa da virada do século XIX para o XX, e influenciou as artes cênicas de todo o Ocidente. Grande parte dos estudos sobre o trabalho do ator, no século XX, tem origem nos escritos de Stanislávski. A intensidade das descobertas do TAM em sua primeira década de existência fez com que muitas das ideias ali discutidas reverberassem até hoje nos palcos de todo o mundo. Concebendo um novo sistema sobretudo ético, questionou-se ali a relação dos atores uns com os outros, com seus papéis e com o texto dramático e, também, a relação da encenação com a plateia e da plateia com o teatro. O diretor assumiu o *status* de encenador, orquestrando todos os detalhes do espetáculo para garantir uma unidade à encenação. A relação com o texto dramático deveria ser abordada com profundidade. Os idealizadores do novo teatro russo desejavam um teatro que se assemelhasse mais à ideia de templo da arte do que de local de divertimento. Sobre o encontro entre Nemiróvitch-Dântchenko e Stanislávski no restaurante Slaviánski Bazar de Moscou e o acerto das diretrizes para o novo teatro a ser construído, muito já foi escrito.

No processo de construção da própria identidade artística, o encontro com a dramaturgia do escritor russo Anton Tchékhov (1860-1904) foi de extrema importância para o Teatro de Arte. Essa parceria exigiu que o trabalho dos atores fosse executado com refinamento, uma vez que, nas peças de Tchékhov, mais importante que o enredo dramático e seu desenvolvimento é o subtexto, o fluxo interno das personagens e a atmosfera que se constrói para a cena. Partindo das experiências com os atores, muitas vezes em busca de soluções cênicas para questões trazidas por essa nova dramaturgia, Stanislávski desenvolveu, ao longo de sua carreira, um minucioso e profundo trabalho de direção de atores. Parte desse trabalho é amplamente conhecida no Ocidente, apesar da abordagem simplificadora com que costuma ser recebida – geralmente como manual para o ator. Sobre a necessidade de um trabalho específico com as peças de Tchékhov, Stanislávski esclarece:

> Suas peças são muito ativas, porém esta atividade não está na forma externa e sim em sua evolução interior. Na própria inatividade das criaturas por ele criadas reside a complexa ação interna. Tchékhov demonstrou melhor do que ninguém que a ação cênica deve ser entendida no sentido interno e que só neste, livre de qualquer pseudorrepresentação cênica, pode-se construir e fundamentar a obra dramática no teatro.[1]

Como as encenações das peças de Tchékhov foram idealizadas para permitir a expressão do trabalho interno dos atores? Em que consistia essa "ação interna" e como ela se tornava perceptível em cena? Pouco se conhece do trabalho de Stanislávski como encenador. Sobre isso, o artista legou-nos suas *Partituras de Encenação*. Antes de se reunir com os atores para iniciar os ensaios das peças, Stanislávski retirava-se para conceber a encenação, depois, no desenvolvimento dos ensaios, fazia modificações e completava as cenas. Apoiado no texto dramático, sistematizava centenas de notas esclarecendo desde entonações da fala das personagens até ruídos externos e detalhes da maquinaria cênica. Com a leitura dessas partituras, torna-se

1   *Minha Vida na Arte*, p. 302.

possível imaginar detalhadamente as montagens do TAM e compreender que tipo de diálogo o encenador está estabelecendo com o texto dramático.

Esta edição apresenta a tradução inédita em língua portuguesa das Partituras de Encenação para a montagem da peça *As Três Irmãs*, que estreou no ano de 1901, no Teatro de Arte de Moscou, acoplada à tradução também direta e inédita da versão do texto dramático *As Três Irmãs* tal como Stanislávski o trabalhou. Acompanha as traduções uma análise da composição espacial da obra dramática e da encenação, procurando compreender como as leituras contrastivas de ambas se complementam. Escolheu-se a obra *As Três Irmãs* por se tratar da primeira peça escrita por Tchékhov para o Teatro de Arte, com a qual os artistas daquele teatro consolidaram um modo particular de encenação.

No verbete "Texto e Cena" de seu *Dicionário de Teatro*, o destacado teórico das artes cênicas, Patrice Pavis, professor de Estudos Teatrais na Université Paris 8, descreve, para esse termo, a concepção de Bernard Dort, um dos mais importantes pesquisadores da arte dramática no século xx. Para o artista, crítico e ensaísta, a encenação seria o local da tensão entre o "eterno e passageiro, universal e particular, abstrato e concreto, texto e cena"[2]. Mas, uma vez que a encenação é impreterivelmente passageira e única, como torná-la objeto de análise e crítica? Se a unicidade é a particularidade da encenação teatral (e também da dança, da ópera, da performance), isso se deve a muitas variantes. Os vestígios que possamos conseguir a seu respeito não deixarão de ser pistas para ajudar na reconstrução daquela encenação.

É possível, portanto, organizar os vestígios, como um arqueólogo pode unir os ossos de homens primitivos, que há muito deixaram de existir. Com sorte, ele encontrará todos os ossos e saberá organizá-los de uma maneira plausível. Embora ele não possa reconstruir aquele homem, que era também órgãos, carne,

2 *Dicionário de Teatro*, p. 407.

A Composição do Espaço

sangue e vida, poderá, organizando os vestígios, conhecer alguns de seus hábitos e algo sobre o meio em que esteve inserido. A respeito da encenação teatral, buscaremos, a partir de pequenos detalhes e da possível noção de conjunto que pudermos adquirir, analisá-la a partir de sua composição espacial, que é organização de objetos e do cenário, movimentação dos atores, luz, som, falas etc. Temos, para tanto, dois materiais que são complementares, embora possam e devam ser também confrontados – o texto dramático de Tchékhov (eterno) e as anotações de Stanislávski sobre sua encenação (passageira, irrecuperável). O sentido de se manter o texto dramático como matéria importante na organização dos vestígios da encenação de Stanislávski reside no fato de que o seu teatro, apesar das inovações sob o ponto de vista da *mise en scène* e de ter consolidado a própria figura do encenador, como Gordon Craig (1872-1966) o fizera na Inglaterra, não deixa de ter uma origem textocêntrica. As próprias partituras foram construídas literalmente sobre o texto de Tchékhov.

Ao serem colocados lado a lado, os dois materiais modificam-se um ao outro. As partituras, evidentemente, foram elaboradas a partir do texto dramático de Tchékhov, mas este último terá seu *status* alterado com a presença das partituras. Ao ler esses escritos de Stanislávski, somos convidados a transpor, em nossa imaginação, aquele universo artístico descrito em tinta sobre papel para o palco, convite este que, na ausência das partituras, é feito pelo texto dramático. As partituras não compõem um texto artístico autônomo, elas exigem o apoio constante do texto dramático de Tchékhov que contém as falas e alguns apontamentos do autor. O texto dramático, porém, não será mais lido com vistas à encenação, mas servirá de base para que as partituras o sejam – desse modo, elas alteram o *status* do texto dramático que as acompanha.

Com as duas traduções diretas do russo em mãos (a do texto de Tchékhov e a das anotações de Stanislávski), apresentaremos uma análise da concepção de encenação paralela à análise dos mesmos elementos no texto dramático. Tais análises deverão centrar-se, como referido, na composição espacial. Para isso, partiremos de conceitos tratados por Iúri Lotman em *A Estrutura do Texto Artístico*, procurando trazer à tona oposições espaciais que elucidem a organização do "texto artístico em sua construção interna, imanente (sintagmática), e que significação possui"[3].

Em seu texto, Lotman propõe um olhar analítico que procure, em seu objeto, oposições binárias. A essas oposições binárias de eixos espaciais, atribuem-se conceitos que não são de natureza espacial.

Construiremos, calcados no procedimento desenvolvido por Lotman, nossa teia espacial da encenação de Stanislávski, elucidando sempre quais são os elementos presentes no texto de Tchékhov e quais são acrescentados ou modificados pelo encenador.

Espaço Cênico e Espaço Dramático

Um dos aspectos mais interessantes da encenação de *As Três Irmãs* é a dinâmica espacial proposta por Stanislávski, a qual podemos abordar a partir das relações que as personagens estabelecem com a casa – isso está no texto de Tchékhov e é fundamental em sua composição. Apoiando-nos nesse ponto de análise, podemos aclarar o modo de organização da peça (tanto de seu texto dramático quanto de sua encenação) – de onde partimos, em que ponto chegamos e como se desenvolve esse percurso por um "recorte de vida" criado pelo autor e pelo encenador. Anatol Rosenfeld – filósofo, crítico e teórico do teatro – considera que Tchékhov segue certa tendência naturalista em sua peça, chegando a "apresentar no palco apenas um recorte da vida"[4], motivo pelo qual "os autores naturalistas são quase forçados a 'desdramatizar' as suas peças para tornar visível

---

3 *A Estrutura do Texto Artístico*, p. 76.
4 *O Teatro Épico*, p. 82.

A Composição do Espaço

o fluir cinzento da existência cotidiana"[5]. O autor, porém, ainda segundo Rosenfeld, faz deste "problema formal o próprio tema de suas peças"[6] e encontra inúmeros matizes de expressão para os seres fadados a viver simplesmente a vida cotidiana, sem qualquer heroísmo ou mesmo sem qualquer impulso que lhes possa impelir à ação. Para esse tipo de dramaturgia que recusa a ação, renegando essencialmente a própria forma dramática, uma observação mais minuciosa das interferências entre espaço e personagens, de como se influenciam mutuamente, constitui um caminho de análise potencialmente rico e auxilia-nos a acercarmo-nos do interior das criaturas de Tchékhov. É no interior dessas criaturas que se encontram os pontos de tensão em suas peças, no atrito entre o texto e o subtexto das personagens, entre a ação exterior e a ação interior.

Em sua autobiografia artística, Stanislávski comenta a peculiaridade da dramaturgia tchekhoviana encenada pelo Teatro de Arte de Moscou:

> Não vou descrever os espetáculos de Tchékhov, isso seria impossível. Do seu encanto consiste em que não se traduz por palavras, mas está oculto sobre elas ou nas pausas ou nas concepções dos atores, na irradiação de seu sentimento interior. Aí ganham vida em cena até os objetos mortos, os sons, as decorações, as imagens criadas pelos artistas e o próprio clima da peça e de todo o espetáculo.[7]

Stanislávski revela, nessa passagem, que monta sua encenação não apenas voltado ao trabalho do ator – como seria mais óbvio de se imaginar, uma vez que seu "sistema" de trabalho para o ator é conhecido em todo o mundo ocidental –, mas dedica especial atenção à disposição espacial, incluindo-se aí, como veremos, suas camadas luminosa e sonora. Como encenador, compõe a cena

5 Ibidem.
6 Ibidem.
7 K.S. Stanislávski, op. cit., p. 300.

minuciosamente, atento a todos os elementos, mesmo aos que devem, propositalmente, estar fora de cena, para que tudo, devidamente orquestrado, favoreça a manifestação do "oculto" que, segundo Stanislávski, reside em Tchékhov. O excesso de teatralidade que descontentava Tchékhov nas encenações de Stanislávski era, às vezes, dosado por Nemiróvitch-Dântchenko, que fazia a ponte entre os tons pastéis tchekhovianos e a paleta de cores absolutas de que se servia, com frequência, o encenador. Para a encenação de *As Três Irmãs*, o pesquisador Rodrigo Alves do Nascimento ressalta, em sua dissertação de mestrado, o trabalho conjunto dos dois fundadores do Teatro de Arte de Moscou no sentido de evitar o nivelamento psicológico e a teatralidade excessiva. O escritor Maksim Górki teria observado que a montagem parecia música e não encenação[8].

Com essas considerações, defendemos a pertinência de se deslocar o enfoque da análise da construção da personagem, e outros temas relacionados com o trabalho do ator, para a organização espacial da montagem de 1901 de *As Três Irmãs*. Observando o grau de detalhamento das partituras preparatórias para a encenação do espetáculo, descobrimos em que consiste o reconhecido esmero, considerado eventualmente por Tchékhov e por outros profissionais ligados às artes cênicas exagero na composição da cena. Não se pode ignorar que Stanislávski, durante toda a vida artística (que ele se esforçou por manter ativa até o fim de seus dias), foi um dedicado investigador. Reconhecendo que o encanto das peças de Tchékhov não se manifesta em palavras, mas se oculta nas pausas ou na manifestação do sentimento interior dos autores, Stanislávski propõe uma complexa investigação cênica que possa favorecer a latência desse encanto indizível. Os inúmeros objetos que põe em cena só fazem sentido quando explorados pelos atores, quando servem à construção do mundo interior das personagens e à criação das atmosferas das cenas.

Assim, o recurso de um ator fumando em cena, mais a informação do texto tchekhoviano de que não há ninguém em casa, somados

---

8 Cf. R.A. do Nascimento, *Tchekhov no Brasil*.

A Composição do Espaço

à ideia de Stanislávski de manter o palco escuro, tudo isso junto cria uma intensa atmosfera de desejo e de suspense para o diálogo dos apaixonados Macha e Verchínin, cujas silhuetas somem e reaparecem conforme a brasa do cigarro acende e apaga. Desse modo, a análise direcionada à composição do espaço deverá atentar para suas diversas camadas, como as de luz e som.

Nosso olhar para o espaço será apoiado pela proposta de Iúri Lotman. Em *A Estrutura do Texto Artístico*, no capítulo "A Composição da Obra Artística Verbal", ele se debruça sobre "o problema do espaço artístico". Para Lotman, a linguagem verbal recorre frequentemente, "mesmo ao nível supratextual"[9], a conceitos espaciais para organizar o mundo (as ideias, as relações). Lotman esclarece:

> Os modelos de mundo sociais, religiosos, políticos, morais, os mais variados, com a ajuda dos quais o homem, [...], confere sentido à vida que o rodeia, encontram-se invariavelmente providos de características espaciais, quer sob a forma da oposição "céu-terra" ou "terra-reino subterrâneo" (estrutura vertical de três termos, ordenada segundo o eixo alto-baixo), quer sob a forma de certa hierarquia político-social com uma oposição marcada dos "altos" aos "baixos", noutro momento sob a forma de uma marca moral da oposição "direita-esquerda" (as expressões "a nossa causa é justa"[10], "pôr qualquer coisa à esquerda"). As ideias sobre os pensamentos, ocupações, profissões "humilhantes" e "elevadas", a identificação do próximo com o compreensível, o "seu", o familiar, e do "longínquo" com o incompreensível, e o estranho – tudo isso se ordena em modelos de mundo dotados de traços nitidamente espaciais.

Também o texto artístico (toda a obra de arte, dentro de seus limites, é considerada texto, ainda por Lotman) se organiza a partir

---

9 I. Lotman, op. cit., p. 361.
10 Nota da tradução portuguesa da obra de I. Lotman em questão: "em russo, a mesma palavra, *pravii*, significa direito e justo".

de traços espaciais. Para organizar nosso olhar, podemos estruturar a análise nas oposições binárias, dividindo o espaço em eixos espaciais (como alto-baixo ou dentro-fora) e atribuindo-lhes conceitos de natureza não espacial. Tomemos como exemplo meramente ilustrativo uma modelização espacial de função basilar na visão de mundo cristã, que atribui ao plano espacial alto o conceito moral de "bem" e, ao plano baixo, o conceito de "mal". Assim, associaremos conceitos de ordem não espacial aos eixos espaciais. Desse modo, selecionaremos alguns eixos espaciais mais significativos nos dois textos de *As Três Irmãs*, o texto dramático e a proposta de sua encenação, ou seja, as partituras de Stanislávski.

A camada sonora da composição espacial de Stanislávski sobressai no trabalho do encenador. No prefácio à edição russa das partituras de Stanislávski, Inna Soloviova resgata um notável comentário a esse respeito. Ela afirma que: "Depois de se passarem muitos anos da publicação das partituras de direção de *A Gaivota*, um conhecedor da cultura musical, V. Assáfiev, chama atenção para o trabalho de princípios musicais que Stanislávski dispensou à peça."[11]

Voltaremos o olhar também para esse ponto específico do que chamamos de "composição espacial", que é a composição sonora da encenação, já que a encenação é um texto artístico audiovisual. Considerando todos os sons e silêncios como parte de uma única sinfonia, as personagens, com suas falas, são instrumentos executando linhas melódicas: as sobreposições de diálogos, contrapontos. Os silêncios não ocorrem quando não há o que dizer, mas compõem, como elemento fundamental, a sinfonia.

---

11 I. Soloviova, Tri Siestri i Vichniovii sad v Postanovke Khudojiestvenogo Teatra, em K.S. Stanislávski, *Rejissiorskie Ekzempliári K. S. Stanislavskovo. Tom Trietii: 1901-1904*, p. 8. (Tradução nossa.)

Но тикают часы, весна сменяет/Одна другую…
Mas o Relógio Ainda Bate, as Primaveras se Sucedem uma Depois da Outra…[12]

O texto dramático de Tchékhov é dividido em quatro atos mais ou menos autônomos. Isso porque o ato posterior não decorre da necessidade de encadeamento de uma ação anterior, como prevê a teoria dos gêneros, de Aristóteles. Cada ato inicia-se com uma rubrica na qual o autor descreve o tempo e espaço da ação; esta, em vez de decorrer da necessidade de suceder a uma ação levada à cena, apoia-se em acontecimentos que não foram postos em cena, evidenciando-se assim a presença épica do autor que maneja o corte.

No primeiro ato, a ação se passa em espaço fechado, casa dos Prózorov. Talvez a casa seja tão importante na peça que possa vir a ser considerada uma personagem. É um espaço bem definido no drama de Tchékhov: casa de província, pertencente à família de um general, possui um grande jardim com acesso ao rio e ao bosque, dispõe de um piano de cauda na sala – uma casa nobre. Stanislávski corporifica essa casa em uma complexa cenografia tridimensional, desenhada por Viktor Símov: há cômodos mais atrás, mais à frente e ao lado. Há também portas que levariam a cômodos no interior profundo da casa, escadinhas, degraus, janelas, móveis e muitos, muitos objetos. A partir do esquema apresentado, pode-se ter uma ideia da cenografia do primeiro ato.

Essa ideia de casa que se origina a partir de um coração (que é o seu espaço coletivo – as salas) parece habitar o imaginário de Tchékhov. Por exemplo, em sua novela *Minha Vida*, de 1896, o narrador, tratando de elucidar a mediocridade do pai, descreve seu procedimento enquanto arquiteto:

---

12 *Antologia Poética: Anna Akhmátova*, p. 127.

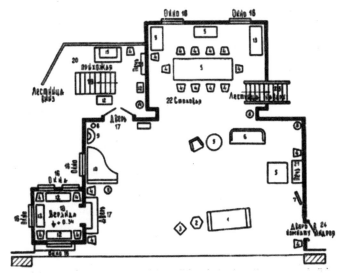

FIGURA 01: Planta do Ato I de As Três Irmãs, desenho de Viktor Símov.
A planta é idêntica para os atos I e II, mudando alguns detalhes. 1. Cama turca; 2. Mesinha redonda; 3. Pufe; 4. Cadeiras; 5. Mesas; 6. Sofá; 7. Cavalete com uma fotografia; 8. Suporte com flores; 9. Jardineira; 10. Piano de cauda; 11. Banqueta; 12. Banco; 13. Aparador; 14. Salamandra; 15. Console com espelho; 16. Janela; 17. Porta; 18. Terraço; 19. Escada para descer; 20. Entrada; 21. Lareira; 22. Sala de jantar; 23. Escada para subir; 24. Porta do quarto de Andrei

> Quando lhe encomendavam uma planta, normalmente ele desenhava primeiro a sala e o salão de festas. [...] Junto deles ia desenhando a sala de jantar, o quarto das crianças, o gabinete, ligava os cômodos com portas, e então, irremediavelmente, todos os cômodos acabavam por servir de passagem, e em cada um sobravam duas ou até três portas.[13]

No primeiro ato do texto dramático, o centro do espaço é composto pela sala de jantar e pelo salão, e o restante do espaço se desenvolve a partir dali. Há dois planos: à frente, a sala de visitas e, atrás das colunas, em segundo plano, a sala de jantar, segundo Stanislávski (ou salão, segundo o texto de Tchékhov). As duas salas são interligadas e as personagens passam o tempo todo de uma

---

13 *Minha Vida*, p. 13.

A Composição do Espaço

para outra. Não há barreira entre ambas e, desse modo, formam um único espaço, podendo uma personagem que se encontre na sala de jantar dirigir-se a outra que esteja na sala de visitas. Somente no final do ato, quando Natacha, sentindo-se incapaz de fazer parte do grupo de pessoas que se reúne ali, foge para a sala de visitas, onde Andrei vai consolá-la, ocorre uma primeira cisão no espaço. A sala de visitas, antes espaço de socialização, agora vazia, torna-se o abrigo que separa o casal das demais personagens reunidas à volta da mesa; de espaço de socialização muda para espaço de separação. Notaremos adiante que Natacha é o pivô da cisão espacial. Na encenação, Stanislávski acrescenta uma terceira subdivisão ao espaço cênico do primeiro ato, o *Erker*[14], ou sacada. Esse espaço intermediário entre fechado e aberto, dentro e fora, atua como espaço de fronteira. A *sacada* não é completamente interna como o são as salas de jantar e de visitas, pois fica anexada ao corpo da casa, pendendo para fora. Por não ter paredes, apenas janelas, recebe a luminosidade do espaço externo, deixando-se, assim, perpassar por tal espaço. No início da cena, na montagem do Teatro de Arte, tal espaço divide as irmãs – Olga e Irina estão ocupadas com seus afazeres na sacada, e Macha, deitada na cama turca da sala de visitas. Conforme Stanislávski:

> À subida da cortina – as irmãs estão sozinhas no palco – Olga, no *fonar*, corrige apressadamente os cadernos das alunas (para se livrar o quanto antes). Irina organiza o balcão de vidro (*fonar*) que acaba de ser aberto, após o inverno. Coloca plantas, pendura as gaiolas com pássaros, troca-lhes a comida e a água, enfia na gaiola os brotos recém-colhidos do cume das árvores. [...] Macha, com um chapéu na mão, lê um livro semideitada em uma cama turca. (p. 101)[15]

---

14 O termo arquitetônico *Erker*, em alemão, designa uma espécie de saleta ou varanda fechada por janelas ou vidros. Não se apoia no chão, mas sobre vigas, ajudando na iluminação da casa. O termo utilizado em russo é *fonar*.

15 Todas as citações diretas das partituras de Stanislávski e do texto dramático *As Três Irmãs*, ambos traduzidos na parte II do presente trabalho, serão referenciados apenas por seu número da nota, quando houver.

É de se notar que Irina, ocupada com os pássaros, carrega uma imagem metafórica da própria condição. Os pássaros na gaiola e a "jovem que acorda ao meio-dia, toma seu café na cama e depois ainda leva duas horas se vestindo", como ela mesma se define (p. 116), e que deseja ardentemente trabalhar, ir para longe dali, para fora da casa, fora da cidade, rumo a Moscou, são imagens complementares. Stanislávski escolheu essa imagem, nada é arbitrário na encenação. A gaiola com os pássaros é uma metáfora de todos os irmãos, aliás, dentro da casa. Nesse momento, Irina tem a potência do voo, mas sua gaiola não é palpável, não bastará abrirem a porta para que se vá. Macha, de maneira mais evidente, veste o luto, fazendo-nos lembrar da Macha de *A Gaivota* e sua emblemática fala: "Estou de luto pela minha vida, sou infeliz."

Olga, por sua vez, usa, segundo o autor, o uniforme azul-marinho de professora do colégio e corrige os cadernos das alunas (apressadamente, aponta o encenador). Seu figurino lhe confere um papel social e, à medida que ela vai se enraizando mais e mais na vida escolar, suas vestes assumem o sentido de uma carcaça aprisionadora. Sua profissão pública oprime seus sentimentos e lhe impõe certo comportamento, é preciso que ela se contenha.

Irina, depois de cuidar dos pássaros, costura a gravata de Andrei; na movimentação desenhada por Stanislávski, a personagem costura o espaço – coloca as plantas, pendura as gaiolas, "encaminha-se para a porta de Andrei. Ele estende a mão e pega a gravata" (p. 105, n. 4), depois volta ao terraço e se debruça sobre a janela. Vai à sala de jantar pegar a comida dos pássaros, na volta, passa no piano e come um bombom, depois vai com a fruteira até a mesa da sala de visitas. Vai ao quarto de Andrei, beija Macha, volta a estar com Olga no terraço. Irina costura o espaço durante o primeiro ato e, fazendo-o, une/costura os irmãos – é ela quem estabelece contato físico com todos. O encenador lhe dá como ação simbólica costurar/unir.

Aos poucos, esse espaço iluminado pelo sol que entra pelas janelas abertas da casa vai se tornando festivo e alegre; é o dia da

A Composição do Espaço

santa[16] de Irina, meio-dia de primavera. Um a um, vão chegando os convidados com flores, tortas e outros presentes. Com as janelas abertas, o jardim, enquanto espaço aberto, não se opõe ao interior da casa; ao contrário disso, o jardim é um espaço externo que envolve e penetra harmonicamente (é harmônico) o ambiente, através do terraço, com suas janelas abertas, influenciando positivamente o estado de espírito de Olga e Irina, que expressam, respectivamente: "Hoje faz calor, podemos deixar as janelas abertas […]. Hoje de manhã, eu acordei, vi esse tanto de luz, vi a primavera e a minha alma se encheu de alegria"; e "Hoje o tempo está bom. Eu não sei por que, mas minha alma está tão leve!" (p. 104 e p. 108).

Mas Macha, separada espacialmente das irmãs, não compartilha do mesmo estado de espírito, não conversa, apenas lê, vez ou outra assobia. Seu estado de espírito é introspectivo. Ao contrário, Olga e Irina, do espaço de fronteira, evocam o passado próximo (a morte do pai, há um ano) e distante (a infância maravilhosa em Moscou, de onde partiram, há onze anos). Através das janelas olham para fora e vislumbram o futuro – o desejado retorno a Moscou. Como espaço de ligação, a sacada possibilita a interpenetração dos espaços fechado-aberto, casa-jardim e passado-presente-futuro. Cuidando dos pássaros, Irina traz elementos do jardim, que compõe o espaço externo, para dentro da casa, e da casa para o jardim – durante a cena, ela manuseia gaiolas com pássaros, água e colhe, debruçada sobre a janela, brotos dos cumes das árvores. Ela está alegre, seu modo de locomoção contribui para a expressão de seu estado de espírito: atravessa o espaço várias vezes, vai para o quarto de Andrei, que está localizado fora da cena e, ainda, "vai à sala de jantar buscar a comida dos pássaros. Leva nas mãos a vasilha de comida deles. No caminho, para junto ao piano, olha para os biscoitos e para os docinhos que foram preparados e come algo" (p. 111).

---

16 Na Rússia, as pessoas comemoram o dia de seu santo homônimo, no chamado "dia do anjo". Muitas vezes, aliás, o dia do anjo é o próprio dia do aniversário.

É abraçada por Tchebutíkin e por Olga, atira-se em Macha para beijá-la. A movimentação de Irina no primeiro ato é leve e intensa. Ela liga os espaços da casa (sacada, sala de visitas e sala de jantar), liga os que estão em cena entre si e o interior da casa aos cômodos que estão em cena quando vai ao quarto de Andrei (somente a porta deste cômodo pode ser vista pelo espectador). Irina costura os espaços e as personagens entre si. Stanislávski materializa essa metáfora da função da personagem, no primeiro ato, atribuindo-lhe a ação de coser antes do início da peça: "Sobre a mesa, há linha, agulha e a gravata de Andrei, que ela estava consertando a seu pedido" (p. 101). Irina irá ao quarto de Andrei para entregar-lhe a gravata.

Alguns objetos também presentificam o interior da casa. Os relógios, por exemplo, que tocam sequencialmente as doze badaladas que marcam o meio-dia: na sala de visitas, na sala de jantar e "ao longe (num dos aposentos contíguos)" (p. 103, n. 2). Unindo o espaço interno da casa ao jardim, "Irina se debruça sobre a janela e despeja a água da vasilha" (p. 109, n. 14). Os espaços fora da cena, portanto, existem para o drama tchekhoviano, e a sacada, posta em cena por Stanislávski, constitui-se, na realidade, em espaço de intersecção externo-interno e presente-passado-futuro. Nesse caso, a sacada é concebida como espaço de fronteira não apenas espacial, mas também temporal, de onde, no presente, as irmãs evocam o passado e premeditam o futuro. Os relógios, além disso, enquanto objetos cenográficos, são uma metáfora cênica do superobjetivo (*sverkhzadatcha*, em russo) do diretor – o passar do tempo é um dos principais traços da peça de Tchékhov.

No esquema que precede suas partituras do primeiro ato, o encenador aponta que, através das janelas da sacada, o público verá os cumes das árvores do lado de fora. Além disso, sonoramente, o espaço externo penetra o interior da casa em muitos momentos: no final do segundo ato, há o som dos guizos da troica de Protopópov, que vem buscar Natacha, e as vozes dos mascarados, que se aproximam alegres, subindo os degraus que conduzem à entrada da casa. Quando Anfissa os dispensa, ouvem-se "ais" e outros lamentos.

A Composição do Espaço

É interessante notar que, com a vinda dos mascarados até a porta, é o espaço cidade, simbolicamente, que se aproxima da casa. Dessa vez, a porta lhes é fechada na cara.

Voltando ao ambiente iluminado do primeiro ato, temos o zigue-zague da criada que, durante todo o tempo, prepara a mesa para o café da manhã. Com essa movimentação ao fundo e o tilintar das louças e dos talheres, os convidados conversam amistosamente, intercalando assuntos fúteis e filosóficos. Sempre que a conversa começa a assumir um tom demasiado sério, há um corte – uma anedota, uma resposta evasiva, a sobreposição de outro tema de conversa (as belas flores, Macha, que decide ficar para o café), a chegada de mais uma personagem. O clima, em geral, é leve. O barão, vez ou outra, toca piano. São íntimos, riem e brincam entre si. O espaço "casa" promove o encontro entre as pessoas.

A importância das personagens, no entanto, é espacialmente marcada desde a abertura das cortinas no texto tchekhoviano. Apenas as três irmãs estão em cena. Para os homens (Tuzembakh, Tchebutíkin e Soliôni), é destinado o fundo do palco. Eles entram pela sala de jantar, que está em segundo plano, e lá estabelecem uma conversa em voz baixa para que a atenção do público não fuja das irmãs. Vez ou outra, marcadamente, seus comentários hão de se sobrepor às falas das mulheres num exercício de contraponto.

Retomemos as primeiras movimentações desse ato. Olga corrige apressadamente os cadernos das ginasianas, Irina cuida dos pássaros – pendura as gaiolas, troca-lhes a água, a comida e a forragem. Enquanto isso, Macha lê um livro, com displicência. Cada uma das irmãs tem um andamento diferente. Essas ações iniciais ocorrem ao som de uma sonata em ânimo primaveril, tocada supostamente pelo irmão Andrei, que está em seu quarto, fora de cena. O público saberá mais adiante que Andrei toca violino.

A sonata, juntamente com a luz do dia ensolarado que entra pelas janelas da casa dos Prózorov, compõe o ambiente primaveril do primeiro ato, carregado do desejo de renascimento e renovação que é próprio do imaginário em torno desta estação do ano. Mas

Andrei erra e repete várias vezes o mesmo trecho – está estudando. Com essa ação cênica (o som do violino atribuído a Andrei), Stanislávski aponta para uma associação que o espectador faria ou poderia fazer: Andrei erra, tenta perseguir seus sonhos, alcançar a felicidade e erra. Andrei erra na vida. O encenador traduz a ideia da personagem na ação, colocada fora de cena, de ensaiar a sonata, errar, começar de novo, errar. Cruelmente, percebemos que a vida não começará de novo. Trata-se de um comentário do encenador. O som do violino de Andrei é sua participação na cena, é sua voz. Enquanto Olga e Irina se entusiasmam planejando o retorno a Moscou, Andrei ensaia o renascimento das esperanças com sua sonata em tom primaveril, que sempre erra e tem que ser recomeçada. Macha, por sua vez, participa, evadindo-se: lê um livro e assobia. Sua presença anímica está em outro lugar. Talvez toda a leveza e desejo de renovação que chegam aos Prózorov, no início da primavera, sejam cíclicos como o suceder das estações e retornem e esmoreçam todos os anos, como a sonata de Andrei, que começa a ser executada, tropeça e recomeça.

Nesse ambiente, na encenação de Stanislávski, Olga relembra a morte do pai e o relógio da sala toca as doze badaladas. Em seguida, toca o cuco, mais ao fundo, na sala de jantar e, após este, ao longe, "apressado, como se estivesse atrasado, toca, em ritmo acelerado, com uma vozinha fina, um relógio pequeno" (p. 103, n. 2). A sequência de doze badaladas acena, ainda, para um recurso simbólico, como se destampasse a caixa das lembranças e soasse como um sinal para que as irmãs embarquem rumo à utopia "Moscou". As doze badaladas, muito recorrentes no imaginário ocidental, significam, com frequência, o marco de uma passagem. Geralmente, marcam uma passagem que é cíclica: à meia-noite, finda e começa um novo dia e o mesmo sucederá todos os dias. Aqui, as badaladas agem como se soassem do outro lado do espelho da Cinderela, que retorna à realidade após as doze badaladas que marcam a meia-noite. Inversamente, as irmãs escapam do cotidiano e, embarcando rumo à utopia, sentem-se renascer com a chegada da primavera, para, ao final do

A Composição do Espaço

quarto ato, no outono que sucedeu a outra primavera, encontrarem-se novamente tentando remendar suas esperanças. Mas, então, é outono, as folhas estão caindo, talvez, na primavera seguinte, a esperança floresça.

Prolongando a duração das doze badaladas, Stanislávski facilita ao público a percepção dessa passagem simbólica inicialmente para um ano atrás, na ocasião do enterro do pai, recuando, em seguida, onze anos no tempo e transportando-se para Moscou. Esse primeiro recuo para um ano atrás é conduzido pela tessitura sonora: Olga embarca nas badaladas do relógio no ato da enunciação e desembarca nas badaladas do relógio um ano antes, reconstituindo a sonoridade do enterro do pai: "quando levaram papai, tocava uma música e, no cemitério, davam tiros. [...] Aliás, chovia. Chovia forte e nevava" (p. 102).

As imagens da música fúnebre com os tiros e a chuva contrastam claramente com as imagens provocadas pela tessitura sonora na cena: o violino ensaiando a sonata, passarinhos, a conversa das irmãs. Tchékhov, com ironia, sobrepõe os comentários dos três homens ao fundo aos devaneios das irmãs. Quando Olga, embalada, pronuncia seu desejo de retornar à terra natal, um fragmento da conversa de Tchebutíkin, Tuzembakh e Soliôni faz um contraponto:

> OLGA: [...] Hoje de manhã, eu acordei, vi esse tanto de luz, vi a primavera e a minha alma se encheu de alegria e eu desejei apaixonadamente estar em minha terra natal.
>
> TCHEBUTÍKIN: Nem pensar!
>
> TUZEMBAKH: Bobagem, claro! (p. 104)

São conversas paralelas; a das irmãs, em primeiro plano, é a conversa principal. A dos homens, embora se desenvolva independente, vez ou outra rasga o espaço, contrapondo-se às falas das irmãs. E, mais adiante, como a sonata de Andrei que ensaia se tornar música, o sonho das irmãs começa a se embalar e sofre o corte:

IRINA: Ir para Moscou. Vender a casa, terminar com tudo aqui
e – a Moscou...

OLGA: Sim, o quanto antes a Moscou.

Tchebutíkin e Tuzembakh riem. (p. 106)

Com a chegada de Verchínin, os três ambientes se unem em um único espaço festivo. Tal evento é marcado por várias explosões sonoras: gritos de entusiasmo ao descobrirem que ele vem de Moscou, choro das irmãs, movimentações frenéticas em cena, risos das irmãs (tempo: alegre). Andrei finalmente é chamado para conhecer o visitante recém-chegado. Macha e Irina brincam com o irmão, trazem-no arrastado, fazem cócegas, batem palmas, riem. Desde sua chegada, o primeiro ato se desenvolverá em crescente alegria. Outras personagens-instrumentos penetram o tecido sonoro: haverá a chegada de Kulíguin, marido de Macha; de Fedótik e de Rodê, tirando fotografias e trazendo uma enorme cesta de flores, que provoca alvoroço entre os convidados; Andrei trocará o violino por um serrote, fora de cena. Enfim, o tecido sonoro se desenvolverá num crescendo eufórico, com explosões de gargalhadas, brindes, campainhas, canções, que culminarão no beijo silencioso de Andrei e Natacha, separados do grupo que está no fundo do palco, provocando a primeira cisão espacial da peça.

Toda essa malha sonora eufórica, sob os constantes ruídos da louça trazida pelos empregados, que estão pondo a mesa para o lanche – marca inequívoca do cotidiano –, justifica-se, em parte, pela presença de Verchínin. Como enviado de Moscou, ele é o elo que as manterá, ao menos nesse momento, ligadas ao paraíso Moscou, explodindo em vida como a primavera, que entra pelas janelas abertas e inunda o ambiente de luz e alegria. A marca musical cíclica é sutil: na primeira cena do primeiro ato, Olga traz à cena, no tecido sonoro da lembrança, a música tocada no enterro do pai – cabe imaginar, em se tratando do enterro de um general, uma marcha fúnebre militar. O quarto ato terminará com a marcha militar ao longe, após a notícia da morte do barão, que se casaria com Irina. Essa dinâmica

A Composição do Espaço

musical em crescendo mudará completamente no segundo ato, com a chegada de Natacha e do inverno. Sempre profundamente ligado ao sentido do texto dramático, com a coloração específica impressa pelo encenador, o complexo tecido sonoro da peça permite a entrada em profundas camadas de significação dessa obra artística.

A Cidade

Se o jardim, enquanto espaço externo, não se opõe ao espaço interno da casa, onde os convidados ensaiam conversas elevadas acerca do sentido (e da falta de sentido) da vida e do trabalho, num entrosamento espacial crescente que culmina com a reunião de todos em volta da mesa, a cidade onde vivem apresenta-se, em oposição à casa, como lugar tedioso, monótono e atrasado. Em relação à cidade, aquele grupo de oficiais, que se encontra ali reunido (as irmãs são filhas de general e cabe a Kulíguin, que é professor do colégio, a única exceção), detém um grau de erudição e sintonia com o progresso que, pelo menos ao seu modo de ver, não encontra eco na província. Estão inseridos contra a vontade em um espaço que não lhes é natural, são todos estrangeiros ali, são migrantes, de fato. A certa altura, o tenente-coronel Verchínin, recém-chegado de Moscou, observa que, pela natureza e excelente clima eslavo, é bom viver naquela cidade, mas não se pode, no entanto, compreender por que a estação ferroviária fica tão distante. Adiante, Macha expressa sua sensação de não pertencimento à cidade: "Nessa cidade, saber três línguas é um luxo inútil. Aliás, não é nem um luxo, é algo inútil como um apêndice, como um sexto dedo" (p. 162).

A oposição casa-cidade é tão fortemente marcada a ponto de o espaço da casa funcionar como uma ilha de erudição em harmonia unicamente com o jardim que está à sua volta, cercada, porém, por uma "massa ignorante" (p. 162) que habita a cidade isolada do mundo. Para Olga, já cansada do lugar, nem mesmo o vigoroso clima eslavo parece positivo, já que considera que: "Aqui faz frio e tem mosquitos" (p. 144). Segundo a atriz e pesquisadora Priscilla Herrerias: "Na província, a beleza das florestas e a força dos rios são arruinadas pela ignorância de seus habitantes."[17] A oposição casa-cidade é definida pelas características: festivo *versus* monótono, erudito *versus* ordinário, alegre *versus* tediosa, entre outros.

Mais do que um ambiente inóspito, a cidade é associada ao tempo presente. Enquanto o passado é feliz e luminoso, o presente é desesperançoso. Olga não se casou e, por passar o dia no colégio e depois dar aulas até de noite, tem dores de cabeça constantes e sente-se esgotada. Queixa-se: "sinto que minhas forças e a juventude se esvaem a cada dia, gota a gota" (p.106). Já Macha é casada com alguém que não suporta e, um ano após a morte de seu pai, ainda não tirou o luto; em suas palavras, a vida que levam (portanto o presente) é "maldita" e "insuportável". Tampouco para Irina a vida parece feliz: "Para nós, as três irmãs, a vida ainda não foi bela, ela nos abafava como erva daninha" (p. 186).

Em meio a certa tensão, quando Macha resolve ir embora porque se encontra na Melancolândia, como ela mesma denomina, Olga chora e diz compreendê-la. As irmãs oscilam entre um estado alegre e eufórico e a possibilidade de cair no choro, como se uma tristeza constante as observasse de perto, latente. Com a chegada de Verchínin, vindo de Moscou, a conversa sempre se voltará a esse ponto magnético que é a cidade natal dos Prózorov. Em oposição ao fracasso e insatisfação ligados à vida presente, Moscou talvez seja, mais do que um lugar, uma dimensão de tempo. É o lugar do passado feliz, onde existia pai e mãe, espaço do tempo perfeito, que é o tempo da infância, mas também é a imagem do futuro impregnado de esperança e de sentido para a vida. Em oposição à cidade, Moscou é o lugar do progresso.

Além da oposição casa-cidade, podemos pensar em Moscou como um terceiro espaço que se opõe a estes, sobretudo por ser

---

17 *A Poética Dramática de Tchekhov*, p. 39.

A Composição do Espaço

um espaço etéreo, um espaço não delimitado, já que está atrelado a uma dimensão temporal e não propriamente física. Está ligado ao espaço da casa enquanto espaço da família Prózorov, invólucro das lembranças que se materializam ali, e se distanciará, mesmo enquanto utopia, à medida que a família for sendo expulsa de sua casa. No entanto, a cidade vai penetrando o ambiente: é dali que chegam as personagens com suas impressões, com seus pensamentos ruminados pelas ruas dela. Chegam também presentes dali, como as flores para Irina, a torta enviada por Protopópov e o pião trazido por Fedótik.

No primeiro ato da encenação, a cidade só existe nas falas das personagens. Stanislávski mantém a casa festiva, resguardada da presença indesejável da cidade. Ao final do primeiro ato, a invasão da casa pela cidade será personificada pela presença de Natacha, conforme o texto de Tchékhov. Seria demasiado, talvez, enxergar sua presença como invasão. Trata-se ainda da penetração deste último espaço, começando a desestabilizar a casa. Stanislávski guardará para o segundo e o terceiro ato os recursos cênicos que revelarão a aproximação desse espaço indesejável para as irmãs e a vulnerabilidade paulatina da casa.

Lukamórie

Moscou assemelha-se ao paraíso para onde os irmãos querem voltar, é um Éden perdido. Lá, Olga se livraria da exaustão do trabalho, Andrei teria um futuro brilhante como professor da universidade, Irina conheceria o amor; apenas Macha, que já está casada, não poderia ir. A melancólica Macha, que não alimenta a ilusão desse retorno que deve conduzir todos a um futuro iluminado, parece, durante o início do primeiro ato até a chegada de Verchínin, submersa em outro mundo, alheia ao momento presente. No início, enquanto as irmãs conversam sobre a morte do pai e o desejo de retornar a Moscou, Macha lê um livro e, na ação proposta por Stanislávski, semideitada, vai cortando (desprendendo) as folhas com um grampo de cabelos, numa atitude explícita de desinteresse e tédio. Vez ou outra, assobia uma mesma melodia e, depois, cantarola. São os primeiros versos de *Ruslán e Ludmila*, poema épico de Púschkin.

Ao citar *Ruslán e Liudmila* na voz de sua personagem, Tchékhov traz à peça outro texto da cultura. O poema de Púschkin é um novo espaço que tem sua unidade e que é trazido para dentro da peça. Assim, Tchékhov traz para dentro do espaço dramático de sua obra o poema épico, tematizando a própria forma de sua nova dramaturgia invadida por traços dos gêneros épico e lírico.

O poema fala de um lugar mágico secreto no fim do universo, onde há uma árvore que é o eixo do mundo; na mitologia eslava, esse lugar fantástico invocado por Púschkin é chamado Lukamórie, e seria um campo próximo ao mar. Esse poema de Púschkin é bem conhecido pelos russos e é bastante comum que as pessoas saibam ao menos esses primeiros versos de cor. A imagem de Lukamórie é muito difundida e está ligada também ao espaço dos contos de fadas ou contos maravilhosos. Mas podemos entendê-lo também como um espaço tão utópico quanto Moscou. Se este último não tem fronteiras, pois é, sobretudo, uma dimensão de tempo, o primeiro também é ilimitado por ser um espaço de ligação entre céu e inferno, entre os mundos terreno e espiritual – uma passagem. Enquanto as irmãs repetem o *leitmotiv* da peça *A Moscou!*, Macha cantarola os versos de Púschkin. Lukamórie é o lugar dos sonhos e da esperança.

Na encenação, durante a conversa com Verchínin, inicialmente sobre Moscou e depois sobre a cidadezinha, Macha vai se tornando mais vivaz em sua movimentação. Pondo e tirando o pincenê, perscruta o recém-chegado, de acordo com a proposta de Stanislávski, e ainda corre até o quarto de Andrei para trazê-lo, arrastado, à sala de visitas. Mais adiante "levanta-se cheia de energia, tira o chapéu e coloca-o sobre o piano" (p. 165, n. 138), declarando que mudara de ideia e agora vai ficar para o café da manhã. Mesmo irritada com

Kulíguin, seu marido, que chegara em seguida, Macha se mantém animada até o final do primeiro ato.

Verchínin é um mensageiro de Moscou. Ou é ele próprio um pedacinho deste lugar utópico. As presença de Verchínin presentifica Moscou, incita a certeza de que os sonhos das irmãs Prózorov se realizarão. A casa, com Verchínin, transforma-se em uma festa; comemoram o aniversário de Irina, que agora afirma não ser mais uma criança. A chegada da primavera renova-lhes o ânimo e a esperança, assim como a chegada de Verchínin. A relação entre os irmãos e os amigos é extremamente amorosa – brincam uns com os outros, fazem cócegas, beijam-se, riem. O ápice da comunhão entre os convidados é quando, finalmente, como já mencionado, sentam-se à mesa, no fundo do palco, para o café da manhã. Stanislávski aponta como deve ser o clima para o ambiente: "Na sala de jantar, conversa geral, brindam, enchem os cálices, alguém faz uma graça e todos caem na risada – gargalhada geral, morrem de rir, cena toda de riso." (p. 181, n. 166)

Adiante, às provocações de Tchebutíkin, Stanislávski responde com a indicação de uma "explosão de gargalhadas" (p. 187, n. 176). O espaço alegre e festivo da casa parece escamotear a iminência quase constante de um choro, um desabafo. Vez ou outra, ele acontece, mas a dinâmica coletiva o transforma. Esse estado limiar entre o riso e o choro revela um descontentamento com o presente, uma tristeza latente que acomete as irmãs. Macha se refugia em Lukamórie – depois da chegada de Verchínin, não assobiará mais até que ele vá embora, com os outros oficiais, no quarto ato. Quando, no segundo ato, o amante se retira para acudir à esposa, Macha se vê arrancada subitamente de seu idílio amoroso. O filósofo Roland Barthes, em seu *Fragmentos de um Discurso Amoroso*, aponta que o sujeito apaixonado vive em "desrealidade", conceito definido por ele como "sentimento de ausência, fuga da realidade experimentada pelo sujeito apaixonado diante do mundo"[18]. Sozinha, porém, Macha tenta religar-se à realidade e, raivosa, destrata Anfissa, desmancha o jogo de paciência de Irina

---

18 *Fragmentos de um Discurso Amoroso*, p. 115.

e Tchebutíkin. Barthes considera que: "Para me salvar da desrealidade – para retardar sua vinda – tento me religar ao mundo pelo mau humor"[19]. Mesmo antes da chegada de Verchínin, Macha parece viver em desrealidade. A "fogosa" Macha, como nomeou Gilda de Mello e Souza, vivia já exilada antes da chegada de Verchínin. Talvez após o desmoronamento da figura do marido (que a personagem confessa ter julgado homem culto e inteligente, antes de se casar), viva em exílio amoroso e, consequentemente, exilada do mundo. Trata-se de uma personagem movida pela paixão amorosa.

Quando partem os militares, desesperada com a separação do amante, Macha volta a cantarolar os versos de *Ruslán e Liudmila*, desconexos, trocados em sua fuga urgente, quando o presente lhe parece ter-se tornado novamente insuportável. A partida de Verchínin impele Macha de volta ao exílio. Barthes aponta, no verbete "Exílio", que: "Ao decidir renunciar ao estado amoroso, o sujeito se vê com tristeza exilado do seu Imaginário". Para Barthes: "A paixão amorosa é um delírio, mas o delírio não é estranho; todo mundo fala dele, ele fica então domesticado. O que é enigmático é a *perda do delírio*: se entra em quê?"[20]

Tentando conter o pranto, Macha se agarra aos versos de Púschkin. Ela evita olhar para o dilaceramento que experimenta com a separação de seu amante, forçando a entrada em seu exílio fantasioso. Está confusa, troca os versos, insiste. Em contato com o presente, deixa escapar: "Estou enlouquecendo…" (p. 588), mas volta, imediatamente, a forçar a porta de entrada de seu refúgio. Quando soa um tiro (que mataria o barão), retoma os versos. Macha transita entre delírios, na peça. Com a chegada de Verchínin, abandona a utopia Lukamórie pela paixão amorosa – delírio; ao ver-se arrancada do delírio amoroso, salta de volta para Lukamórie. Agora, Macha repete os versos de *Ruslán e Liudmila*, avançando algumas linhas, e recupera as imagens da corrente de ouro em volta do carvalho e

---

19 Ibidem, p. 117.
20 *Fragmentos de um Discurso Amoroso*, p. 160. (Grifo do autor.)

A Composição do Espaço

do gato. Lukamórie, então, torna-se uma imagem ambígua – a corrente de ouro prende o gato à árvore, prende Macha a Kulíguin, se quisermos, à sua vida tediosa e pouco interessante, à cidade. Trata-se agora de uma imagem de fuga e aprisionamento.

Macha é como uma única frase melódica que soa, ao longo da peça, o tema do Éden perdido, como as irmãs. O sentido da frase é que vai se transformando ao longo do tempo e dos acontecimentos. São vozes consoantes, embora verbalmente não expressem os mesmos desejos. A realidade sempre incita a projeção da fuga. Macha, porém, seria um instrumento mais melancólico do que Olga e Irina. Na introdução à edição italiana das partituras de Stanislávski, Fausto Malcovati comenta que: "A trama musical colore, então, de realidade o diálogo inteiro, o texto inteiro. A música não é somente aquela produzida pelos instrumentos: é aquela das vozes, das entonações, dos níveis de intensidade de cada verso."[21]

A dor da separação talvez seja o único contato direto com a realidade, para Macha. Ela, porém, evita-o e mantém-se como uma mesma frase melódica de toda a peça. Pouco antes de pronunciar suas últimas palavras ("É preciso viver... É preciso viver...", de acordo com a versão final do texto de Tchékhov), Macha renuncia à catarse da dor e diz ao marido: "Precisamos ir para casa... Onde estão meu chapéu e minha capa?" (p. 602). Retorna, assim, à sua ausência habitual. Seu sentido de não pertencimento é mais explícito quando reage à tentativa de as irmãs lhe conduzirem à casa, declarando com raiva: "Para lá eu não vou!" (p. 592). A casa não é mais passível de ser habitada por Macha. No entanto, ela afirma que precisa ir para a casa (refere-se à sua casa e de Kulíguin, evidentemente). No primeiro ato, ela também resolve abandonar a festa de Irina e ir para a casa, mas não vai. Macha flutua em busca de um lugar para o qual retornar. Tal lugar não existe.

---

21 *Le mie regie*, p. 13. Tradução livre de Adriana Affortunati.

A Legião Estrangeira[22]

Quando Natacha chega, estão quase todos à mesa. Olga vai recebê-la – a moça da província está nervosa, alega se sentir confusa em meio a tantos convidados. O fato é que todos notam que Natacha não pertence àquele ambiente (ela mesma, inclusive), sua lógica interna diverge da lógica das irmãs e dos militares. Em trabalho com atores em São Paulo, o diretor de teatro e pedagogo russo, discípulo de Maria Knebel, Adolf Shapiro, usou uma imagem interessante para ilustrar a discrepância entre Natacha e o círculo da pequena nobreza na casa dos Prózorov: as irmãs e os militares seriam cavalos de raça pura e Natacha, uma vaca que, colocada em meio a eles, pergunta-se "mas por que eles não têm chifres? Chifres são bonitos, eles precisam de chifres"[23]. A questão, ressalta Shapiro, é a educação. Natacha não é pobre, mas tosca. Poderia ser filha de comerciantes da pequena burguesia local. Enquanto os Prózorov têm uma educação refinadíssima (os militares, na Rússia czarista, eram oriundos da nobreza e educados segundo os padrões europeus), Natacha é uma caricatura do mundo culto. Nesse sentido, ela pode ser vista como um espelho distorcido e indesejável da pequena nobreza. Não há possibilidade de comunicação entre eles.

Aqui, retomamos a temática cara a Tchékhov da impossibilidade de comunicação. Natacha e as irmãs, embora tenham estruturas de pensamento muito diferentes, não levam suas ideias ao embate. Nesse caso, o diálogo tchekhoviano, segundo Priscilla Herrerias, deixara "de exercer a função de 'mola propulsora' de acontecimentos externos, como acontece no sistema dramático tradicional, para tornar-se a expressão de indivíduos isolados"[24].

---

22 Título de um conto de Clarice Lispector.
23 Anotação de fala do diretor-pedagogo russo Adolf Shapiro no processo de montagem do trabalho *Tchekhov 4 – Uma Experiência Cênica*, com estreia em 17 de setembro de 2010, na Funarte-SP, apresentado em outubro de 2010.
24 Op. cit., p. 94.

A Composição do Espaço

A discrepância entre Natacha e as irmãs se manifestará em pequenos comentários, como o de Olga em relação à inadequação do cinto verde que a moça está usando. Natacha nem sequer pode compreender sobre o que se trata o espanto de Olga e, na simplicidade de sua lógica, pergunta se o cinto verde "dá azar?" (p. 190). Sem poderem entender-se, elas não insistem no assunto. Sua incongruência não faz com que se choquem, ao contrário, impede que dialoguem e que entrem em embate.

Natacha tenta se comportar com naturalidade. A mesma sensação de não pertencimento das irmãs em relação à cidade acomete Natacha – habitante natural da localidade – quando penetra a casa. Comentando a estranheza de seu cinto verde, Olga consegue deixá-la ainda mais constrangida, e sua chegada à sala de jantar será desastrosa. Stanislávski inclui vários detalhes que explicitam essa sensação de ansiedade e desconforto. "[Natacha] Aparece por detrás da porta e dá uma espiadinha na sala de jantar", "procura pelo lenço; verifica que esqueceu no sobretudo, sai rapidamente e retorna no mesmo instante", "à porta da antessala, tira o chapéu e entrega-o a Anfissa durante o movimento", "Atormentada, ofegante" e acrescenta: "No primeiro ato, Natacha, apesar do mau gosto para se vestir, é bonitinha (como uma boneca). Ela é inclusive sincera, acanhada" (p. 187 e 189, n. 181 e 186). Com este último apontamento, que deverá ser considerado pela atriz que fará o papel de Natacha, Stanislávski evita incorrer no erro de demonizar a personagem ou transformá-la em rival das irmãs.

Tchékhov não julga suas personagens em nenhum momento. Ao contrário, permite, generosamente, que elas se mantenham enquanto ideias, sem que uma delas saia vitoriosa sobre as outras. O pequeno apontamento de Stanislávski sobre Natacha e toda a movimentação que ele desenha para ela, aproximam-na do público, que deverá compreendê-la em sua maneira de pensar. Pode-se evitar assim o achatamento da peça.

Na nota 188, Stanislávski indica que, durante a entrada de Natacha na sala de jantar, Andrei é provocado algumas vezes por

Tchebutíkin e por Irina. Como se cumprisse um ritual de iniciação, Natacha vê-se obrigada a contornar toda a mesa até, finalmente, sentar-se ao lado de Andrei. Há dois tipos de tensão para ambos: um deles consiste no fato de se tornarem discretamente o centro das atenções, e Andrei sofrer por isso toda espécie de chacotas; o outro ocorre devido à própria condição dos recém-apaixonados, quando se encontram. Significativamente, quando Fedótik grita para que todos façam a pose para fotografia, os enamorados são os únicos a não se virar, permanecendo de costas – excluem-se do grupo, nesse momento. Quando Tchebutíkin faz mais um comentário bem-humorado, expondo Natacha, todos riem. Na rubrica do autor: "Natacha sai correndo da sala de jantar para a sala de visitas e, atrás dela, Andrei" (p. 202).

Para que se chegue à rubrica do autor, Stanislávski construiu esse complexo jogo cênico que vai pressionando os ânimos dos enamorados até que Natacha não possa fazer outra coisa a não ser sair da mesa, fugindo dos convidados.

Na indicação do encenador, Natacha corre para a antessala e depois para a sacada, onde, após as súplicas de Andrei, o casal se beija. Essa é, portanto, a primeira grande cisão espacial da peça. Natacha e Andrei separam-se do grupo. Os oficiais que chegaram atrasados presenciam a cena do beijo e, em seguida, deixam o casal isolado e são recebidos com alegria na sala de jantar. A sacada torna-se o abrigo que separa o casal do restante dos convidados. Será a última vez em que esse espaço fará parte da cena; nesse momento, ele é recortado do resto do espaço e deixa de ser uma fronteira aberta que comunica os espaços interno e externo para se tornar uma fronteira fechada que protege os amantes e os separa do mundo. Na união de Andrei e Natacha há o início de uma nova família nuclear e a cisão com a família de origem.

Preparativos Para a Não Festa

O segundo ato da peça tem quase a mesma cenografia, mas são oito horas da noite. A casa está escura, iluminada apenas por uma vela carregada por Natacha, agora esposa de Andrei. Para além da fronteira da casa, não se percebe mais a presença do jardim – que atuava como seu invólucro –, mas da rua, da cidade. Na rubrica inicial do ato, Tchékhov descreve: "É quase possível ouvir que, fora de cena, na rua, alguém toca sanfona" (p. 220). Se antes eram os raios de sol, elementos do jardim, que penetravam o ambiente, além dos sons do violino de Andrei, agora é perceptível a presença da cidade dentro da casa. Com a casa escura (imagem contrastante à do ato anterior), a cidade se aproximou e, com os sons da sanfona, ultrapassa suas fronteiras. Há que se notar que Stanislávski escolhe, não por acaso, o som de uma sanfona. Em oposição aos sons do piano e violino, no primeiro ato, instrumentos ligados ao registro alto, erudito, a sanfona faz parte de um registro cultural de rebaixamento, vulgar.

Nas primeiras notas para o início do segundo ato, Stanislávski aponta um painel pintado com as luzes dos lampiões da cidade, do lado de fora da janela da sala de jantar: "Há uma iluminação vinda dos lampiões da cidade (painel), na janela da sala de jantar" (p. 215). A cidade é visível e seus sons são audíveis de dentro da casa. Ela compõe o último plano da cena, está "colada" à casa. Inicialmente, penetra a casa com sons ébrios – fragmentos da festa que tomou a cidade. Essa possibilidade de visualização do que estaria fora de cena (de segundos e terceiros planos de cenário) são marcas da reescritura do texto pelo encenador, são pistas autorais do encenador. Há um jogo de afrouxamento da fronteira entre esses dois espaços primordiais. A festa passa da casa para a cidade e da cidade vai contagiando a casa.

Antes de começar suas notas, propriamente, Stanislávski faz uma habitual listagem de todos os itens que devem constar no ato. Há, depois, uma longa descrição do "Início do 2º ato", falando das luzes, da movimentação de Andrei fora de cena, de como os móveis foram modificados e de como aparecem os objetos de bebê. Essa descrição termina com uma lista de sons. Há, ainda, uma segunda descrição chamada "Início do ato", mais breve do que a primeira. Ela começa com: "Longa pausa para o estado de ânimo e os sons" (p. 217). Voltemos aos sons, que foram enumerados no final de "Início do 2º ato":

> Sons: 1. Batida dos pêndulos do relógio (na antessala e sala de jantar) em diversos tons; 2. Badaladas do relógio do primeiro ato (*como no primeiro ato*); 3. Bramidos do cano na lareira; 4. Vento (não cortante) e nevasca no vidro; 5. Sons de sanfona vindos do lado de fora, perto do portão; 5. Uma troica com gritos bêbados passa correndo na rua; 6. Ao longe, canção bêbada de farristas que passam. (p. 217)

Notamos que os sons de origem natural (o vento e o bramido – de vento, provavelmente – no cano da lareira) ajudam a construir um clima que contrasta em tudo com o clima do primeiro ato. Há uma situação semelhante: os preparativos para uma festa na casa dos Prózorov. No entanto, é noite. O silêncio é salientado pelo som das badaladas do relógio e pela monotonia das tosses, do arrastar de sapatos da velha babá, do folhear dos cadernos de Andrei. A alegria parece estar na cidade e infiltra-se pelas frestas da casa (vedada para o inverno) através dos sons da sanfona, da passagem da troica, dos gritos bêbados, da canção dos farristas. Com toda a sua vulgaridade, os sons da rua violentam o espaço da casa. A vida, parece, acontece, ao contrário do ato anterior, do lado de fora, na cidade. Invertem-se algumas características de casa e cidade em relação ao primeiro ato.

É a Máslenitsa, festa eslava semelhante ao Carnaval, que marca a passagem do inverno rumo à primavera. Em geral, faz ainda muito frio. Comemora-se com *blini*[25], receitas com manteiga e outros derivados do leite. As pessoas saem mascaradas ou fantasiadas às

---

25 Tipo de panqueca, servida com molho, doce ou salgado, típica da culinária russa. É a comida tradicional do período de Máslenitsa, espécie de carnaval no início da Quaresma.

ruas. Em relação ao tempo natural, do primeiro para o segundo ato é como se estivéssemos para completar um ciclo – estávamos no início da primavera, agora chegamos ao fim do inverno. A mesma cenografia do primeiro ato compõe aqui um espaço completamente diferente. O jardim não está mais em harmonia com o espaço da casa, ao contrário: neva e a comunicação com o espaço externo foi cortada. A sacada é agora uma fronteira interditada. Está fechada por dentro, não se comunica mais com o interior da casa, está fechada por uma tapadeira coberta de feltro para que o frio não penetre o ambiente. Somente a sua lateral externa poderá ser vista pelo público, a parte que pende para fora da casa. Por ali, nota-se que há gelo e neve sobre os vidros e que, do lado de dentro, tudo está atravancado por bancos e mesas cobertos com capas.

Adiante, Stanislávski explica: "A mobília do cômodo foi simplificada de acordo com o gosto de Natacha" (p. 215). O espaço externo não mais penetra harmonicamente o espaço interno, ao contrário, é hostil à casa.

Faz muito frio e a casa pretende-se um abrigo, no entanto, o encenador aponta adiante que as irmãs se abraçam congeladas e os uivos do vento entram pela chaminé. As mudanças no espaço são oriundas, como notamos, do clima e de Natacha – elemento que podemos identificar com a cidade. Ao abrirem-se as cortinas, o público notará a tensão espacial proveniente de algum acontecimento que se deu fora da encenação, entre o primeiro e segundo atos (o casamento de Andrei e Natacha e a chegada do bebê). Tendo o primeiro ato terminado com linhas de conflitos frágeis e pouco definidas, essa tensão espacial criada por Stanislávski será, provavelmente, a primeira impressão criada para o público, revelando a presença de conflitos. Os conflitos que poucas vezes em Tchékhov são levados ao embate, que poucas vezes movem a ação dramática, são aqui encenados por Stanislávski no plano espacial. Essas mudanças de ambiente, nesse segundo ato, são exemplos claros desse procedimento. Junto da nova decoração da casa, por exemplo, há uma invasão de acessórios de criança. São fraldas, cueiros, manta, brinquedos, um carrinho de bebê. Nos apontamentos do encenador estão espalhados sobre o chão, tapete e sofá. Com a troca dos móveis da família por móveis novos, perde-se a ideia de conservação, tão cara à aristocracia. A chegada do bebê, personificada por seus objetos, reforça a ideia de que o "novo" invadiu o espaço da casa. Se antes os objetos de família e retratos do falecido general e de sua esposa davam à casa um caráter de espaço de conservação, podemos considerar que o segundo ato traz à cena a invasão da novidade e da mudança. Notaremos que, no entanto, em relação aos sonhos dos irmãos – a ida a Moscou, a cátedra na universidade – nada caminhou nesse sentido. A ciclicidade do tempo deixa a impressão de que logo será primavera e todo o primeiro ato poderia se repetir, com o renascimento dos sonhos e da vontade de viver e trabalhar.

O novo, embora penetre o espaço de ação dos Prózorov (a casa da família), não é uma característica constitutiva desse espaço, é um elemento de fora, que penetra, contamina, modifica o espaço. O novo estará em tensão com a ideia de conservação, essa sim própria ao meio dos Prózorov e à ideia de família. Em contraste com o ambiente inundado de luz e com a intensa movimentação do final do ato anterior, as cortinas se abrem para um palco semiescuro, recortado por um mosaico de luzes indiretas. Há a luz fraca da lareira que se extingue (em primeiro plano), um candeeiro colocado em segundo plano (sobre a mesa da sala de jantar) prestes a se extinguir; ainda na sala de jantar há "um feixe de luz vindo da porta do corredor que está entreaberta" (p. 214) e a iluminação dos lampiões da cidade, através da janela. "Na antessala arde uma pálida lâmpada de lata" (ibidem), tornando visível Ferapont – o velho guarda do Conselho Municipal –, que dorme. É o único em cena, sentadinho lá atrás, num canto do palco. A presença mais notável talvez seja a do feixe de luz que se estende na sala de visitas, vindo da porta entreaberta do quarto de Andrei. "Por este feixe de luz passa, de quando em quando, a sombra de Andrei, que vaga em seu quarto, relembrando a palestra" (p. 214). A presença de Andrei é cenicamente materializada pela movimentação de sua sombra, um recurso plástico refinado, do qual se utiliza Stanislávski. Nesse ir e vir da sombra de Andrei, Anfissa entra levando uma jarra de *kvas*[26] ao seu quarto. Diferente do primeiro ato, a casa agora está escura, vazia e sonolenta; há inúmeras marcações de bocejos e espreguiçar-se entre os apontamentos de Stanislávski. Na cena com Natacha, Andrei "boceja, [...], se espreguiça" (p. 223, n. 18) e depois fala com a esposa, "bocejando" (p. 227, n. 24). Ferapont, "Meio dormindo, cutuca o livro com os dedos, funga, lambe os dedos, enxuga o nariz com a mão; não encontra, de forma alguma, as páginas onde se deve assinar, já que dormira muito" (p. 235, n. 43). Até a entrada de Macha e Verchínin, há vinte e três pausas apontadas por Stansilávski (até o mesmo momento, no texto de Tchékhov, há quatro). Essas pausas definem o andamento do início do ato. São fundamentais para que a atmosfera interior das personagens possa emergir. As famosas pausas são, nas palavras de Ripellino, "angustiosos silêncios alusivos, como janelas abertas sobre o subtexto, trépidos lampejos de [do] inexprimível que rompiam a fluidez literária do velho teatro"[27].

Nesse clima, Natacha cortará o espaço horizontalmente com uma vela, até o quarto de Andrei. Ao longo da cena com o marido, já na sala de visitas, apagará os rastros de luz deixados pela casa. À saída de Anfissa, apaga a vela esquecida sobre o piano, depois apaga o candeeiro da antessala. Leva consigo a vela da sala de visitas, mas, finalmente, esquece a própria vela ali, antes de chamar Ferapont e sair de cena. Apesar dessa única vela deixada para trás, podemos dizer que Natacha escurece a casa.

Na penumbra, com interferências dos sons vindos da rua, Andrei e Ferapont iniciarão o conhecido diálogo de surdos em que Andrei desabafa sobre o tédio e a mediocridade de seu trabalho como secretário do Conselho Municipal, sobre o desejo (já como um sonho impossível) de estar em Moscou e ser professor na universidade. O tom absurdo dessa cena, como foi escrita por Tchékhov, é

---

26 Bebida fermentada não alcoólica, muito popular na Rússia.
27 *O Truque e a Alma*, p. 29.

sublinhado pelos apontamentos de Stanislávski (p. 235-41, n. 41, 42, 44, 49, 54, 56, 60, 64 e 66), que indicam a movimentação contínua de Ferapont destapando e voltando a tapar as orelhas com o lenço que traz amarrado à cabeça. Toda vez que Andrei fala, as orelhas estão cobertas. O velho funcionário as descobre para tentar ouvir e torna a cobri-las. Ouve, evidentemente, fragmentos do que o patrão diz. Resolve então contar os dois casos extraordinários sobre Moscou, já que identificou a cidade como tema da conversa. O teórico Peter Szondi aponta a existência não de um diálogo, mas de monólogos simultâneos, considerando a impossibilidade de um entendimento genuíno nas falas sobre um mesmo objeto:

> O que aparece aqui como diálogo, com o apoio do motivo da mouquidão, é no fundo um monólogo desesperado de Andrei, que tem como contraponto o discurso igualmente monológico de Ferapont. Enquanto na fala sobre o mesmo objeto se mostra comumente a possibilidade de um entendimento genuíno, aqui se expressa sua impossibilidade. A impressão de divergência é tanto mais forte quando ela simula uma convergência como pano de fundo. O monólogo de Andrei não resulta do diálogo, antes se desenvolve por meio de sua negação. A expressividade desse "diálogo de surdos" se baseia no contraste doloroso e paródico com o verdadeiro diálogo, que ele relega assim para a utopia. Mas isso coloca em questão a própria forma dramática.[28]

Não basta, portanto, que o objeto do assunto seja comum às personagens. Isso não garante o diálogo. Como veremos adiante, em Um Caleidoscópio Para Moscou, esse objeto, Moscou, será sempre múltiplo na peça, variando de acordo com a percepção de cada personagem, provocando, por vezes, a impressão de que, conversando, entendem-se. Anatol Rosenfeld considera, a exemplo dessa passagem da peça, que o próprio diálogo, na obra dramática de Tchékhov

---

28 *Teoria do Drama Moderno*, p. 53.

A Composição do Espaço

participa do retardamento do tempo. Em vez de produzir modificações pela dialética comunicativa, isola as personagens, exprimindo essa paralisia da alma, já por si evidente em seres que não vivem em interação atual, mas que se escondem na "concha" das suas vivências subjetivas, ligadas ao passado relembrado ou ao futuro utópico. [...] Andrei só fala porque o outro não o entende: "Acho que não lhe diria nada se você ouvisse bem."[29]

Temos, neste ponto, a sensação de que o ruir da casa, que começa com a chegada de Natacha, simboliza também o ruir da própria família – que dará lugar a uma nova família nuclear – e do próprio modo de vida da aristocracia (há indícios disso já no primeiro ato, nas falas de Irina e do barão sobre o trabalho: o barão acredita que ainda haverá um dia em que toda a humanidade trabalhará). Esse movimento de desmoronamento revela-se também em outro nível, na própria forma dramática de Tchékhov. O diálogo de surdos seria um dos procedimentos que desestabilizam a própria forma dramática pura[30] sobre a qual o autor constrói sua peça.

Durante o diálogo, a tessitura sonora é constituída pela conversa desencontrada entre os dois (com o tom confessional de Andrei e o tom absurdo de Ferapont), com frequentes penetrações dos ruídos da rua. O som da sanfona, introduzido por Stanislávski, dá uma dimensão extremamente poética ao diálogo absurdo. A atmosfera da festa que domina a cidade, durante o ato, insiste em se infiltrar no ambiente da casa. A festa, agora, acontece do lado de fora, no espaço externo, e a casa, antes cheia de convidados, festiva e iluminada, tornou-se escura, cheia de portas fechadas e vazia. Os sons produzidos no interior da casa, durante as cenas de Natacha e Andrei, Ferapont e Natacha e Andrei e Ferapont, são todos instrumentos para a construção da monotonia: os já mencionados

---

29 *O Teatro Épico*, p. 85.
30 Cf. Idem, *Texto e Contexto*.

barulho constante das batidas do pêndulo do relógio, tossidinhas, folhear de páginas, arrastar dos chinelos e, ainda, bocejos, suspiros, abrir e fechar da portinhola da chaminé, conversas baixas fora ou ao fundo da cena, uivos na lareira. Os sons que chegam da rua são quase eventos sonoros que invadem a cena, como "Passagem de dois bêbados pela rua. Ouvem-se suas canções e suas vozes" (p. 233, n. 38) e, adiante, "Pausa. Ao longe, na rua, tinem os guizos, a troica avança, ouvem-se os gritos do cocheiro e vozes de bêbados. Pode ser que sejam os mascarados ou Protopópov" (p. 241, n. 68).

Até que soa a campainha. Com a chegada de Macha e Verchínin, a casa, aos poucos, começa a recuperar a vivacidade. Na rubrica de Tchékhov, a camareira acende as lâmpadas e as velas à sua entrada. Stanislávski aponta que as luzes, indicadas pelo autor, serão duas velas acesas na sala de jantar. Macha e Verchínin sentam-se no escuro, em primeiro plano, na sala de visitas – estão contra a luz, compondo um interessante efeito para o espectador, um diálogo de silhuetas. Essa sequência de cenas em duplas que caracteriza o início do segundo ato – as três duplas anteriores (Natacha, Andrei e Ferapont, em todas as combinações), Macha e Verchínin, e, a seguir, Irina e Tuzembakh – traz uma dinâmica completamente diferente da que vigorou no primeiro ato, constituído quase todo por uma longa cena coletiva. Agora, privilegia-se o diálogo privado, a casa reorganiza-se pelo modo de vida burguês, a partir da chegada de Natacha.

Quando entram, Irina e o barão Tuzembakh não notam o casal na penumbra da sala de visitas e iniciam seu diálogo na sala de jantar iluminada. Com essa inversão de planos, colocando a cena principal no fundo do palco e mantendo o primeiro plano no escuro, Stanislávski desestabiliza a percepção do espectador. Inesperadamente, uma faísca seguida de uma chama luminosa fugaz revela aos recém-chegados a presença dos amantes na penumbra. Um após o outro, Macha e Verchínin riscam fósforos, um a um, e ampliam, assim, o espaço cênico, colocando novamente as duas salas em contato. Os amantes são apenas silhuetas, sentados bem próximos, no escuro, iluminados pela luz que vem da sala de jantar, ao fundo.

A Composição do Espaço

Sua conversa é interrompida várias vezes pelo barulho de um rato e barulhos na lareira, uivos na chaminé, a presença de Andrei em seu quarto, fora de cena. Em uma das interrupções do rato, Stanislávski aponta que

> Andrei afasta a cadeira violentamente. Suspira, caminha e começa uma terrível e lamentosa melodia no violino. Verchínin, durante a pausa, troca de lugar para ficar mais perto de Macha. A arrumadeira traz o candeeiro aceso para a sala de jantar e sai. Na sala de jantar, há luz. (p. 253, n. 87)

Verchínin, com a "lamentosa melodia" ao fundo, aproveita para se aproximar de Macha. A conversa de silhuetas continuará por sobre o som de um serrote – Andrei deixou o violino e começou a serrar alguma coisa. Nessa situação, os amantes passam a falar de si e ouviremos o som de um beijo no escuro, compondo uma imagem sonora inusitada – beijo sobre serrote.

Quando passam a se iluminar com os fósforos (após a chegada de Irina e Tuzembakh), inicia-se uma conversa coletiva. É surpreendente a complexidade da composição da iluminação para essa montagem. É preciso lembrar que estamos em 1901, a eletricidade ainda é novidade, Stanislávski se arrisca por um caminho completamente novo: a luz elétrica no teatro. Aqui, no início do ato, no início do terceiro ato (como veremos) e em muitos outros momentos, Stanislávski lida brilhantemente com a materialidade da luz.

Iluminada pelos candeeiros da sala de jantar, no plano ao fundo, a figura de Irina contrasta visivelmente com a jovem alegre do primeiro ato; é agora uma moça esgotada pelo trabalho no telégrafo, no qual não vê poesia. A conversa é pesada, fala-se também sobre os boatos de que Andrei vem perdendo dinheiro no jogo. Stanislávski incrementa a sensação de desconforto no ambiente, incluindo o já mencionado barulho do rato que, vez ou outra, arranhando o assoalho, interrompe a conversa. É uma imagem da decadência da casa dos Prózorov. Utilizando-se de um procedimento semelhante ao de Tchékhov, que com frequência quebra a solenidade de uma cena com algum comentário sarcástico, cômico ou que fuja totalmente ao assunto, o encenador introduz, no meio de falas muito sérias, uma quebra. Enquanto Irina se queixa do trabalho, o rato arranha. Em seguida, Verchínin pega o Petruchka batedor de pratos, brinquedo de Bóbik, o bebê, e bate com os pratos. Adiante, repete a ação, quando falam sobre as dívidas de Andrei. Impede-se, desse modo, que qualquer assunto se torne muito sério ou solene por mais do que poucos segundos. Quando, adiante, Irina clama por Moscou, como no primeiro ato, o rato arranha o assoalho novamente. Em outro momento, quando Verchínin, após receber um bilhete comunicando uma tentativa de suicídio da esposa, vai embora, deixando Macha furiosa, há uma explosão de risos na sala de jantar. Stanislávski propõe esses contrapontos – como pontuações sonoras – em momentos escolhidos nos diálogos.

Em meio a um grande monólogo de Verchínin sobre a passagem do tempo, Macha ri e Tuzembakh lhe pergunta: "O que há?". Ela responde: "Não sei. Hoje estou rindo o dia todo, desde manhã." (p. 270). Stanislávski propõe, então, um poema visual, até mesmo sinestésico, que dilata e prolonga o estado de espírito de Macha para além de sua fala, faz com que o estado que a leva a rir e a afirmar que, sem saber o porquê, fica rindo desde manhã, fique reverberando na continuação da cena, quando Verchínin voltará a filosofar. Sobre a fala de Macha, Stanislávki escreve sua nota da seguinte maneira:

> <Neve. Escuridão. Lua>
> Risada nervosa de Macha. Ela pode explodir em pranto, por isso, apaga ambas as velas rapidamente. Escuridão. Apagar metade da ribalta (na sala de jantar, iluminar bem). Verchínin continua a discutir, senta-se junto a Macha no sofá. Na escuridão, às vezes ele, às vezes Tuzembakh, acende um fósforo. É visível a brasa de seu cigarro de palha.
>
> Escuridão. Atrás do *fonar*, nas janelas, introduzir a luz pálida do luar. Neva. Começa uma tempestade de neve e o tempo se torna claro. (p. 169, n. 271)

A Composição do Espaço

A fala de Macha é muito discreta. Rindo, ela foge do assunto em pauta, mas o comentário com Tuzembakh é muito breve. É suave também. Não se trata do mesmo tipo de contraponto notado no primeiro ato (sonhos das irmãs – corte dos homens). O corte, aqui, é discreto, como se Macha continuasse a soar a sua frase melódica, como se, dos versos de *Ruslán e Liudmila*, da fantasia com Lukamórie para o romance com Verchínin, o mesmo instrumento tocasse as mesmas notas em tons próximos. Oferecendo-lhe o poema cênico descrito acima, Stanislávski expande o estado de espírito da personagem para toda a cena. Esse estado não é simples de se contornar, é desenhado de forma quase impressionista. Macha está prestes a chorar (de acordo com o encenador) e ri. Está apaixonada, está vivendo, possivelmente, o estado de suspensão provocado pela paixão, sobretudo secreta. É seu amado quem está falando, mas ela não consegue lhe ouvir – ouve sua voz, vê que ele está ali e ri. Escurecendo ainda mais o ambiente, o encenador estreita o clima intimista e "forra" a casa, para que as personagens conversem à vontade. A luz da lua é o lugar-comum dos apaixonados, e a tempestade de neve que se inicia transforma a casa, por contraste com o lado de fora, em um ambiente acolhedor. Aliás, a lua e a luz da lua são elementos de pouca ou nenhuma importância para o teatro naturalista, mas de enorme importância para a poesia simbolista – em sua composição cênica, Stanislávski cria inúmeros poemas cênicos, servindo-se de uma rigorosa composição de luz, de sons e silêncios, gestos, movimentos, objetos. Diferente do que muitos críticos e teóricos do teatro apontam, o encenador não é um refém do teatro naturalista, mas um pesquisador inquieto que não hesita em experimentar.

Antes do luar, com a chegada de Tchebutíkin, a cena começara a recuperar a alegria do ato anterior. Riram pela primeira vez. E, novamente, começaram a filosofar: falavam sobre a vida, sobre o futuro daqui a trezentos anos, mil anos, sobre as futuras gerações... A solenidade do discurso de Verchínin, no entanto, será pontuada por várias intervenções do orgãozinho de criança que emite sons agudos (é tocado por Tuzembakh). Enquanto isso, Irina joga paciência e relaciona a ida a Moscou com o jogo de azar ou sorte que será decidido pelas cartas. Adiante, Macha, raivosa com a partida de Verchínin, irá misturar todas as cartas do jogo – uma pontuação simbólica de Tchékhov, como a gaivota que Trépliev coloca aos pés de Nina, em *A Gaivota*[31]. Nesse momento, a casa está recuperando suas características anteriores – a conversa coletiva vai engrenando e, aos poucos, o palco vai se enchendo com as ações desenvolvidas simultaneamente pelas personagens.

Começa a tempestade de neve, que clareia por instantes todo o ambiente – deixamos a penumbra, embora a luz fria da tempestade se distinga completamente da luz do sol de primavera que invadia o espaço no primeiro ato. Até que, repentinamente, Fedótik e Rodê, que haviam entrado há pouco e cantarolavam "baixinho com o violão", irrompem na sala de visitas e "fazem uma pose como ciganos e golpeiam as cordas do violão" (p. 277, n. 143), provocando uma explosão de sons e movimentos no espaço. Imediatamente, Irina fará com que silenciem, para que não acordem a criança – há novas regras na casa. A arrumadeira acende a lâmpada e as velas. Tuzembakh senta-se ao piano, estão animados à espera dos mascarados, têm a expectativa de festejar. A movimentação em cena começa a se intensificar: Irina corre para receber um presente, finalmente trazem o samovar. Entretanto, a sala de visitas, em primeiro plano, continua na penumbra. Vez ou outra, nota-se a brasa do cigarro de Verchínin, que acende e arrefece como um farol que completa o seu giro e ilumina por um segundo um barquinho em alto mar. Esses breves clarões reforçam, por contraste, a percepção da escuridão na sala de visitas. Stanislávski parece descobrir que, tecnicamente, só se nota o silêncio quando se pontua a cena com algum som, assim como só se percebe a escuridão com algum ponto de luz.

Enfim, parece que se iniciará ali uma festa, novamente: há chá, tortas, pães, risos, música, conhaque. Natacha se juntou aos convidados.

---

31 Primeira peça de Tchékhov encenada pelo Teatro de Arte de Moscou. Estreou em 1898 e foi responsável pelo fortalecimento da identidade estética da companhia.

A Composição do Espaço

Ela mesma é motivo de risos, porque encena tudo – fala francês, ensina boas maneiras a Macha, conta coisas sobre o seu bebê – com certa artificialidade de quem se adapta a um novo meio, transformando-se, ao contrário do que seria desejável, na caricatura do mundo das irmãs, conforme mencionamos. No texto de Tchékhov, o leitor mais atento perceberá a ironia do autor ao colocar Natacha falando francês, mas Stanislávski torna mais acessível a compreensão desse detalhe ao criar uma maravilhosa cena de riso: Natacha fala em francês, conta coisas sobre o bebê e vai embora.

> Assim que ela sai, Tuzembakh cai na risada. Tchebutíkin, Fedótik e Irina chiam. Ele vai correndo para a sala de visitas e, atrás dele, Rodê – não resiste. Irina também corre atrás deles e chia. Rodê e Tuzembakh estão jogados na cama turca, rolando de rir. Tuzembakh trouxe consigo dois cálices e a garrafa de conhaque. (p. 303, n. 195)

A festa está armada. Fedótik e Rodê continuam com o violão. Os convidados cantam, Tuzembakh dança uma valsa, depois faz um treliçado, Tchebutíkin acende um candelabro na sala de visitas e Irina, outro sobre o piano. Cantam, bebem, dançam até ficarem ofegantes. Tuzembakh abraça Soliôni. A alegria e o amor com que brincam uns com os outros e se abraçam e beijam está voltando. Finalmente, Macha, muito irritada com a partida do seu amante, "cai na dança […], dança com desespero" (ibidem). A ação de Macha imprime uma atmosfera expressionista à festa. O direcionamento de Stanislávski para a cena solicita o transbordamento dos sentimentos da personagem. Ao ler a indicação "dança com desespero" imaginamos o corpo da atriz deformado, o rosto como uma máscara. É a noite dos mascarados, as pessoas comemoram na rua, a cidade está em festa. Na festa que começa a se armar na casa dos Prózorov, as personagens parecem mesmo vestidas com máscaras do próprio rosto. Destilaram suas angústias e insatisfações e agora dançam. Parecem se encaminhar para um momento catártico, quando Natacha entra e chama Tchebutíkin, diz-lhe algo no ouvido e sai. Stanislávski antecipa metaforicamente a dissolução da festa:

> Tchebutíkin interrompe Tuzembakh, que tocava música, para falar-lhe. Os dançarinos dançam sem música durante algum tempo, depois algo "encrenca" na dança. Todos olham interrogativos para o músico e aproximam-se do piano. Tchebutíkin faz-lhes um "psiu", emite sinais enigmáticos, sussurra. (p. 321, n. 234)

Stanislávski cria uma cena em que as personagens dançam no silêncio. Isso certamente foge ao naturalismo. Tentar enquadrar o trabalho do encenador em uma escola pareceria uma leitura simplificadora de seu trabalho. Quando o classificam de naturalista pelo trabalho de interpretação desenvolvido com os atores, disso se exclui, certamente, o seu trabalho de encenador que, como temos visto, não se atém aos princípios de tal escola. A dança no silêncio deixa tudo em suspensão – é a dança, é a marcha progressiva rumo ao êxtase que, no entanto, sabe que será interrompida (já o foi), que dará só mais alguns passos. É uma dança que termina no começo. É como a sonata de Andrei, que começa, erra e volta. Como Moscou, que será sempre um plano. Como a felicidade, sempre buscada e nunca alcançada pelas personagens de Tchékhov. Essa dança um pouco patética, que continua no silêncio até que algo encrenque, é uma metáfora das personagens tchekhovianas. Sobre o típico herói tchekhoviano, Vladímir Nabokóv escreve que "O que vemos em todas as histórias de Tchékhov é um tropeção contínuo, mas é o tropeção de um homem que tropeça porque vai olhando as estrelas. Esse homem é infeliz e faz infelizes aos demais."[32]

Tchebutíkin avisa que devem ir embora e Andrei completa, comunicando que os mascarados não serão recebidos, porque o bebê está doente. Certamente, a atitude de Natacha é inadmissível

---

32 *Curso de Literatura Rusa*, p. 449.

A Composição do Espaço

no rol de possibilidades de comportamento das irmãs, mas obedece a uma lógica também legítima. Natacha é uma personagem ligada à vida prática e está comprometida com a manutenção de sua prole. Em seu artigo homônimo sobre *As Três Irmãs*, Mello e Souza a expõe sob mais de uma perspectiva:

> Natacha não é apenas a intrusa, a estranha que vem de fora para lhes roubar o irmão e romper o equilíbrio de um universo ordenado (como a veem as cunhadas); é, na verdade, a erupção brusca do presente no mundo das saudades e visões. Encarada da perspectiva das irmãs (e do passado), talvez pareça vulgar e má. No entanto, do ponto de vista do presente, é a única pessoa viva da casa, tão viva que, às vezes, parece a André "antes um animal que um ser humano"[33].

A atitude de Natacha deflagra uma grande mudança na dinâmica do espaço, a casa não é mais governada pelas irmãs, aliás, talvez antes já não o fosse. Mais de uma vez, por exemplo, Verchínin, que chegara em companhia de Macha, queixa-se de sede, perguntando pelo chá; Macha olha para o relógio e responde que logo será servido. Ela é da casa, mas não se levanta para pedir que sirvam o chá. Há, na casa, uma ordem estabelecida das coisas, um funcionamento imutável em conflito, agora, com as mudanças estabelecidas por Natacha. Existe um horário em que o chá é sempre servido; quando os ponteiros do relógio marcarem tal horário o chá será inevitavelmente servido. Nesse sentido, é possível uma análise que considere a presença de Natacha, que altera completamente o funcionamento das coisas, como a referida tomada de espaço pelo burguês em um mundo em desmoronamento. Natacha é uma representante da pequena-burguesia provinciana, enquanto os Prózorov e seus convidados fazem parte de uma pequena aristocracia decadente. Quando a festa é dissolvida, Macha dirige-se a Irina, acusando Natacha de

---

33 *Literatura e Sociedade*, n. 1, p. 324.

"pequeno-burguesa!"[34]. Do ponto de vista espacial, é de se notar que, no primeiro ato, quando a presença de Natacha era tida como a presença de um estranho, a conversa entre os convidados era coletiva, todos se relacionavam entre si.

Agora, com a entrada do burguês que passará a administrar o espaço, não só os convidados são expulsos da casa como é possível também observar uma mudança no padrão dos diálogos, que serão, preferencialmente, privados. A casa transforma-se, aos poucos, no espaço da vida particular, o espaço burguês. Natacha é quem governa e, logo, ocupará todo o espaço da casa até que os Prózorov sejam expulsos. As irmãs não têm nenhuma ação ante as investidas da cunhada.

Esse episódio da festa frustrada na casa dos Prózorov é uma reiteração do caráter intransponível da vida cotidiana. A comemoração da Máslenitsa (embora a festa tradicional se repita a cada ano) é uma oportunidade de extravasar o andamento da rotina. Essa oportunidade foi retirada das irmãs.

Com a saída das irmãs e dos convidados, a casa vai retomando as características do início do ato: silenciosa, escura, vazia. Tchékhov escreve que "Na rua, uma sanfona; a babá canta uma canção" (p. 348), Stanislávski aponta para:

> Vozes afastadas, porta fechada e ferrolho. Do lado de fora – as vozes dos que partem, barulho da cancela. / Badaladas do relógio. / Anfissa e a arrumadeira apagam o fogo na antessala e onde acenderam as velas – sobre o piano e do candeeiro da mesa [...]. Canção da babá. (p. 325-27, n. 249-251)

---

34 Segundo Schnaiderman (1917-2016), a palavra russa *meschánin* aqui utilizada, "vem sendo traduzida no Ocidente como 'pequeno-burguês', mas ela tem sentido mais lato. A rigor, *mieschanin* era o homem que não pertencia nem à nobreza, nem ao campesinato, nem ao clero, isto é: o habitante das cidades". Com a literatura de Górki, a palavra ganhou outras acepções, passando a referir-se ainda ao '"gosto burguês', e tem igualmente um sentido moral, sendo *mieschanin*, nesta acepção, o homem mesquinho, inimigo de tudo o que é grande e belo". B. Schnaiderman, Prefácio em M. Górki, *Pequenos-Burgueses*, p. VII.

A Composição do Espaço

O andamento cotidiano domina o espaço da casa. Nesse ambiente, o público ouvirá a chegada dos mascarados – a campainha soará altíssima por três vezes. Os mascarados sobem as escadas que levam à porta da casa, são visíveis. Irina e Anfissa comunicam-se aos sussurros, o alarido está do lado de fora. Quando Anfissa dispensa os mascarados, após uma pausa "baixa, imediatamente, um silêncio. Toda a alegria cai por terra. Alguém dá um assobio. Os de cima começam a agitar os braços para que os debaixo vão embora. Ouvem-se exclamações tristes". (p. 333, n. 266)

Não apenas a realização da festa foi impedida, mas também uma possível integração casa-cidade. Os mascarados, como foliões da cidade, chegaram até a porta da casa dos Prózorov, onde eram aguardados, mas foram barrados. Nesse revés da alegria, Irina sobra dentro de casa. Como no início do ato, Natacha passa novamente com uma vela na mão. Quando estiver finalmente sozinha, Irina clamará, como no primeiro ato, por Moscou. Dessa vez, no entanto, não há alegria, esperanças, nem primavera, irmãs, convidados, festa, flores... No escuro, Irina clama as últimas palavras do ato, gemendo "como se tivesse dor" (p. 349, n. 315). Por fim, deita-se sobre o piano. Se este estiver aberto (Stanislávski não deixa claro), podemos imaginar uma profusão de notas simultâneas a desmanchar as palavras de Irina. O som do pêndulo do relógio recomeça, segundo o encenador, como um metrônomo que marca o escoar do tempo e a monotonia do cotidiano. As lamparinas que tilintavam agora se extinguem e a cortina se fecha.

O Mundo em Desmoronamento

Resignados com a perda de espaço na casa, os irmãos, que antes depositavam no retorno a Moscou a esperança de uma vida melhor, parecem ter-se conformado com o presente e estar irresistivelmente submissos a uma ordem inalterável das coisas. Andrei começou a jogar e não está feliz com o casamento, desistiu da carreira de professor catedrático e amarga, com escárnio, seu cargo de secretário do Conselho Municipal daquela insignificante cidade sem nome. Na conversa com Ferapont, admite que todas as noites sonha em ser professor da universidade em Moscou. O espaço Moscou encerra em si todas as utopias, e o fracasso das vidas dos Prózorov poderia ser evitado, se eles lá estivessem. No entanto, com o passar do tempo, cada um está mais preso à cidade e não há nenhuma ação no sentido de alcançar Moscou. Segundo Irina, a partida estaria marcada para junho, eles estão em fevereiro e não há qualquer ação no sentido de concretizar a viagem. Pelo contrário, continuam a filosofar com os convidados sobre como a vida será bela para as futuras gerações e essa será a recompensa pela vida de trabalho e sofrimento que levam. A felicidade, a verdade e a beleza são valores associados ao futuro e não estão mais, necessariamente, ligados a Moscou.

As personagens compõem o retrato de um mundo que desmorona, de um mundo de erudição e pouco ou nenhum trabalho. Olga e Irina, apesar de serem muito eruditas, veem-se obrigadas a trabalhar; a primeira, por não ter se casado e a última, porque crê que possa encontrar ali o sentido da vida. Andrei passa a encenar o típico jovem aristocrata que, à moda das personagens românticas, dissipa nos jogos a fortuna da família; Soliôni seria a caricatura do herói pré-romântico – apaixonado e amargurado, jura eliminar todos os pretendentes de sua amada, declama Liérmontov e sente-se mesmo parecido com o poeta, desdenha tudo e todos e tem um imenso orgulho ferido. Esse exemplar caricato do romantismo que, vertendo perfume sobre as próprias mãos, evoca ainda a figura shakespeariana de Lady Macbeth, é frequentemente ridicularizado pelos demais e é exemplo do modo como o espaço romântico é trazido ao texto também como espaço decadente; o romantismo não é tratado com seriedade no espaço cotidiano de Tchékhov, espaço antirromântico, onde nenhum acontecimento é encenado e qualquer notícia que se pretenda extraordinária será recebida com apatia.

A Composição do Espaço

A especialista em teatro russo Arlete Cavaliere aponta que esse tipo de procedimento crítico-paródico é "orientado menos à alusão intertextual a escritores ou textos específicos do que a gêneros literários e dramatúrgicos consagrados e às formas literárias vigentes"[35]. O espaço romântico será recuperado algumas vezes na peça de Tchékhov, tendo o surgimento do cômico ou do patético em cena como resultado. A pesquisadora acrescenta que

> O estudo mais atento de seus primeiros textos teatrais evidencia a experimentação da linguagem teatral do humor e do riso não apenas pelo enfoque crítico e irônico com relação à realidade social focalizada em seus textos, mas sobretudo pela paródia em estilos, formas e gêneros da tradição literária e teatral.[36]

Assim, o desafio ao duelo (lugar-comum do romantismo) entre Soliôni e o barão Tuzembakh acontece, alegoricamente, em frente ao teatro e realizar-se-á do outro lado do rio, fora dos domínios dos espaços propriamente trazidos à cena, ou seja, para além da fronteira da casa, do lado oposto à cidade. Como na estrutura da tragédia grega, o duelo, que seria um grande acontecimento, não será encenado. As personagens passam pelo espaço da cena antes de seguirem para o encontro e, quando Tchebutíkin retorna com a notícia da morte do barão (que se casaria com Irina), não há qualquer reação por parte das personagens, o fato é recebido como qualquer evento corriqueiro. Não há acontecimento extraordinário na peça de Tchékhov. A morte, o incêndio, a hipoteca da casa – todas essas notícias de fatos jamais levados à cena são recebidas com a mesma impassibilidade com a qual conversam sobre o sentido da vida e do trabalho ou sobre as particularidades de *tcheremtchá* ou *tchekhartmá*, pratos da cozinha caucasiana.

35 *Teatro Russo*, p. 181.
36 Ibidem.

Um Caleidoscópio Para Moscou

> *O homem que cavalga longamente por terrenos*
> *selváticos sente o desejo de uma cidade.*
>
> ITALO CALVINO, *As Cidades Invisíveis*

Diferente da ordinariedade do cotidiano no espaço do presente, o espaço utópico, além de abarcar a felicidade e satisfação da vida, opõe-se de outro modo à monotonia da vida na província. Para Ferapont, que nunca esteve em Moscou porque "Deus não quis", o lugar é um espaço fantástico, as histórias que conta de lá são extraordinárias ou sem sentido. Conta ter sabido que, em Moscou, "uns comerciantes estavam comendo *bliní*, e um deles, que comeu quarenta, parece que morreu" (p. 238) e também que "em Moscou, estenderam uma corda passando por toda a cidade" (p. 240). Se, sob a perspectiva dos irmãos, Moscou é associado ao passado perfeito da infância e ao futuro promissor em oposição à cidade (e aqui poderíamos acrescentar província) presente, do ponto de vista do funcionário do Conselho Moscou pode ser visto como espaço sem tempo em sua semelhança ao espaço fabuloso. No quarto ato, o mesmo funcionário comenta ter ouvido falar que, em São Petersburgo, "fez duzentos graus abaixo de zero" (p. 550). A lógica gira em torno da ideia de que, se na província o cotidiano sucede a si mesmo, repetidamente, nas capitais, ao contrário, coisas extraordinárias devem acontecer.

Para Andrei, Moscou é acolhedora, é o lugar onde não se sentiria estranho nem solitário. Macha afirma que, em Moscou, não repararia se é inverno ou verão, atribuindo-lhe, assim, o valor de ser um espaço de perfeição onde o próprio espaço deixa de ter importância, ou seja, anula-se, funde-se Moscou à utopia em seu sentido literal, do grego *u* + *topos*, nenhum lugar. Irina, por sua vez, como falamos, decide nas cartas do jogo de paciência a ida a Moscou: o lugar está somente ao alcance da sorte, os irmãos não se deslocam entre os

A Composição do Espaço

espaços; há uma fronteira invisível entre o espaço presente e Moscou, que é a própria imobilidade das personagens. Seguindo a leitura do desmoronamento de certa "ordem imutável" do mundo, relacionada com o espaço da aristocracia, a imobilidade dos Prózorov, sobretudo ante a crescente mobilidade de Natacha, diz respeito à imutabilidade própria do mundo ordenado de acordo com os valores da aristocracia. A impossibilidade de ação que os acomete tem origem na relação entre esses seres e o meio em que se encontram. A debilidade dessa relação atinge diretamente os anseios mais profundos desses seres. O teórico do teatro J. Guinsburg, em seu livro *Stanislávski e o Teatro de Arte de Moscou*, editado a partir de seu trabalho de livre-docência, discorrendo sobre as personagens de *As Três Irmãs*, associa a paralisia que as caracteriza à estagnação da província. Descreve as personagens como

> criaturas cuja sensibilidade e cujos anseios veem-se enredados e paralisados pelas redes liliputianas da monotonia e da sonolência, do atraso e da estagnação provincianos, evidenciando a impossibilidade de que as aspirações mais criativas e nobres, os apelos mais elevados e de propósitos menos conformes aos da mediania mesquinha e chã, possam satisfazer as demandas mais vivas e dar-lhes alguma expressão concreta no quadro da realidade social em que se encontram, a da sociedade russa do fim do século XIX, com sua atmosfera pesada e desestimulante para todos os esforços da vida criativa e verdadeiramente renovadora[37].

Em sua lógica prática, Natacha dispõe da mobilidade do mundo da burguesia – já que o burguês não ocupa um lugar garantido e está em constante esforço para se manter em sua classe. Ela entra intimidada (e mesmo deslocada) no primeiro ato, mas ocupará, paulatinamente, todos os espaços da casa, até a expulsão dos Prózorov.

---

37 J. Guinsburg, *Stanislávski e o Teatro de Arte de Moscou*, p. 116.

Natacha sabe como se locomover. Ante suas investidas no segundo ato, quando, depois de expulsar os convidados, solicita a Irina que ceda seu quarto ao pequeno Bóbik, "fala ternamente, quase carinhosamente, consertando-lhe a gravata" (p. 339, n. 279). Essa Natacha confiante e decidida não se parece mais com a moça do primeiro ato, chegando atrasada ao aniversário de Irina "bonitinha (como uma boneca). Ela é, inclusive, sincera" (p. 189, n. 186), acrescenta Stanislávski. Ante a ação inequívoca da cunhada, Irina limita-se a clamar, saudosa: "A Moscou! A Moscou! A Moscou!" Nesse momento, a cortina desce encerrando o ato; do ponto de vista do palco, é um limite. Como significado, a cortina corta o espaço impondo um limite ao alcance do sonho; o fechamento da cortina encerra em si Moscou.

Certamente, a associação entre Moscou e o passado é central na peça de Tchékhov. O desejo de retorno a Moscou, ao passado já perdido (já passado!), é o que move as irmãs; aliás, o que as paralisa está no âmago da insatisfação que é onipresente em suas vidas. Sobre o entendimento do tempo, o cineasta Andrei Tarkóvski coloca algumas questões.

> Mas o que será, exatamente, esse "passado"? Aquilo que já passou? E o que essa coisa "passada" significa para uma pessoa quando, para cada um de nós, o passado é o portador de tudo o que é constante na realidade do presente, de cada momento do presente? Em certo sentido, o passado é muito mais real, ou, de qualquer forma, mais estável, mais resistente que o presente, o qual desliza e se esvai como areia entre os dedos, adquirindo peso material somente através da recordação[38].

A impossibilidade da ação faz com que Olga e Irina voltem seus olhos para o passado. Na percepção das irmãs, há algo naquele tempo que não perdura no tempo presente, algo que se perdeu e que elas desejariam reencontrar. Compreendem, talvez, que o mundo está em

---

38 *Esculpir o Tempo*, p. 65.

A Composição do Espaço

desmoronamento, o que significa estar em transformação. Diante do movimento frenético de novidades e mudanças, na virada do século, os Prózorov são exemplares de uma organização de mundo que não existe mais integralmente. Confinados em uma bolha de ilusões, talvez sejam eles, não Natacha, a *legião estrangeira*. A impossibilidade de ação que acomete os Prózorov passa pela dissonância entre a própria constituição das personagens e do novo mundo que se lhes apresenta – um mundo calcado na desestabilização de si mesmo. Voltando o olhar ao passado, as irmãs procuram a estabilidade, o reconhecimento de si mesmas e de seu lugar no mundo. A imagem de Moscou, nesse caso, está mais ligada à estabilidade, reconhecimento e pertencimento.

Essa Ignição do Fogo Sempre Interior[39] – Terceiro Ato

Com o espaço apertado, no terceiro ato, confinadas em um único quarto, as personagens expurgam suas derrotas. Todo o ato se passa no quarto de Olga e Irina, que estão juntas por desejo de Natacha, para que o bebê possa ter um quarto mais arejado. Neste cômodo dividido por dois biombos, as irmãs receberão quase todas as personagens que frequentam a casa. Há um incêndio na cidade, há desabrigados pela casa, de tempos em tempos ouve-se o toque do sino a rebate, vindo da igreja, bem próxima à casa. Em oposição ao caos da cidade, o quarto das irmãs (espaço que lhes resta na casa) é que agora se assemelha a uma pequena ilha (como a casa no primeiro ato) de ilusória tranquilidade: "Deste quarto não dá para ver o incêndio, está tudo tranquilo..." (p. 374), observa Olga. O restante da casa é domínio de Natacha e está tomado pelos desabrigados do

---

39 Verso do poema "A Cabeleira Voo de Flama ao Extremo", do poeta francês Stéphane Mallarmé (1842-1898).

incêndio. De fato, o espaço interno, reduzido a um único quarto, mantém-se preservado da desordem ao redor, mas, frequentemente, personagens ultrapassam essa fronteira entre espaço interno e externo, portando notícias de fora. Assim, a todo o momento, elementos do espaço externo irrompem no quarto das irmãs. Por meio de Anfissa, sabemos da presença dos desabrigados na casa, Natacha traz a notícia de que há a *Influenza*, ou seja, a gripe espanhola, na cidade e, finalmente, com a entrada de Ferapont atrás de Andrei, têm-se a notícia de que os bombeiros passarão por dentro do jardim dos Prózorov para chegar ao rio.

A cidade, antes isolada da casa, veio se aproximando com os sons da harmônica que penetravam o ambiente, com a chegada dos mascarados até a porta da rua e o toque da campainha. Agora, a cidade invadiu a casa: o jardim se tornou uma passagem e há muitos desabrigados à espera de auxílio; constantemente, o toque do sino a rebate rasga o espaço. O incêndio é visível por uma janela que aparece quando a porta se abre: "Através da porta aberta, vê-se a janela vermelha pelo clarão do incêndio; ouvem-se os bombeiros como se estivessem passando perto da casa" (p. 366). Stanislávski idealizou a encenação do terceiro ato deixando o quarto das irmãs em primeiro plano. No entanto, ele é protegido por um corredor que vai desde a metade do lado esquerdo, atravessando horizontalmente todo o fundo do palco, e emendado, à direita, às escadas do sótão e do porão. O encenador, tendo criado uma luminosidade vermelha intermitente de incêndio pelos janelões do corredor, aponta com insistência aos atores que sairão pelas portas E ou J que as fechem imediatamente, para que o público não se enfastie do efeito luminoso.

O início do ato é alvoroçado pelo toque de sino a rebate, assim que a cortina se abre, e pela "conversa (não é uma rebelião) de muitas vozes femininas, masculinas e de crianças, ao longe" (p. 356). Sobre o estado de espírito, Stanislávski aponta nervosismo e ritmo acelerado, com travessias e movimentos sempre apressados. Antes da entrada de Anfissa e Olga, como aponta Tchékhov para o início do ato, a babá e a arrumadeira gemem e choram, olhando o incêndio pela janela.

A Composição do Espaço

Não se sabe se, durante os ensaios, Stanislávski mudou o tom para esse momento da peça. Mediante correspondências entre o encenador e Tchékhov, e este último e Olga Knípper (1868-1959)[40], temos ideia da discussão sobre o tom do terceiro ato e a discordância de Tchékhov em relação aos primeiros direcionamentos de Stanislávski. Em carta de janeiro de 1901, Stanislávski atualiza Tchékhov sobre os ensaios da peça, fala sobre o desempenho de cada um dos atores e define o ritmo de cada ato da seguinte maneira:

> Primeiro Ato – alegre, vivo;
> Segundo Ato – atmosfera tchekhoviana;
> Terceiro Ato – terrivelmente nervoso, muito rápido até o final, quando a energia se dissipa e o ritmo decresce;
> Quarto Ato – não está suficientemente analisado.[41]

Em carta de 11 de janeiro do mesmo ano, Knípper escreve a Tchékhov:

> Passamos duas vezes o Terceiro Ato. Nemiróvitch deu uma olhada e parece que vai fazer muitas mudanças. Stanislávski criou uma tremenda desordem em cena, com todos nervosos, correndo em todas as direções; Nemiróvitch, ao contrário, aconselha criar uma forte agitação fora de cena, ficando em cena o vazio e um ritmo lento, desse modo, ficará mais forte.[42]

Ao que Tchékhov responde, em 17 de janeiro:

> É claro que o Terceiro Ato deve ser conduzido calmamente, de maneira que transmita a sensação de que as pessoas estão exaustas e querem ir para cama dormir. Por que todo o barulho? Os momentos em que o sino toca fora de cena estão indicados.[43]

---

40 Uma das atrizes de maior destaque no Teatro de Arte de Moscou. Tchékhov escreveu para ela o papel de Macha. Os dois, mais tarde, casaram-se.
41 Apud C. Takeda, *O Cotidiano de uma Lenda*, p. 163.
42 Ibidem, p. 162.
43 Ibidem, p. 166.

Através da leitura das partituras, a impressão que se tem é de que, apesar de toda a algazarra nos corredores e do lado de fora da casa, o quarto das irmãs está preservado. Talvez o ato inicie em *allegro*[44]. Poderia ser um *allegro vivace*[45] na cidade que invade a cena com seus sons e luzes e um *allegro ma non troppo*[46] para o quarto das irmãs. O andamento na cidade é marcado por algumas indicações de Stanislávski que precedem o terceiro ato. O encenador aponta: "Durante o abrir da cortina, toque de sino a rebate, acelerado, denso, ao longe" (p. 356). Com isso, alarga as fronteiras do texto artístico (retomando conceito de Lotman), fazendo com que o terceiro ato comece ainda com as cortinas fechadas. Podemos imaginar que o público fosse surpreendido pelo toque de sino a rebate alardeando o incêndio, assim como as personagens da peça teriam, supostamente, sido surpreendidos. Só então a cortina começa a se abrir. Há também outro toque de sino a rebate redobrado, vindo de uma igreja próxima à casa e outros sons externos ao quarto:

> 3. Conversa (não é uma rebelião) de muitas vozes femininas, masculinas e de crianças, ao longe. [...] 5. Lamentos e soluços da babá junto à janela, por trás do tabique [...]. 6. A camareira desce correndo do sótão, aproxima-se da janela D, abre um pouco a cortina – luz vermelha. A babá se aproxima dela. Olham juntas, choram, lamentam (p. 356-57).

Como se nota, há uma intensa movimentação fora de cena. Em cena, há a passagem da arrumadeira, a entrada e saída de Kulíguin, a fuga da arrumadeira e da babá, que se escondem de Kulíguin. À entrada de Olga e Anfissa, Kulíguin, que as acompanhava até a porta do quarto, sai correndo pelo corredor. O quarto escuro é cortado por alguns pontos de luz.

44 Em italiano, termo musical: andamento rápido.
45 Em italiano, termo musical: variação do *allegro*; trata-se de um *allegro* mais rápido.
46 Em italiano, termo musical: outra variação do *allegro*, um *allegro* "mas não muito" em tradução literal.

A Composição do Espaço

Está escuro em cena, apenas o lampião verde queima colorido no dormitório das irmãs, sobre a mesa (redonda) queima uma vela. Pelo corredor, um feixe de luz vindo da porta Z. Nas janelas A e B há uma forte luz vermelha (do clarão do céu – vermelho), nas janelas V e G –, uma luz mais fraca. A luz vermelha forma manchas pelo chão (p. 357-58).

Aqui, novamente nos deparamos com uma composição de luz muito minuciosa e precisa, com variações de cores, texturas e intensidade. Estamos no interior profundo da casa, invadindo a intimidade das irmãs. Stanislávski esclarece que as badaladas dos relógios devem ser invertidas em relação ao primeiro ato. O relógio denso da sala de visitas será um som ao longe, enquanto os dois relógios apressados, que antes soavam no interior da casa, agora "batem, muito alto e apressadamente, em cena" (p. 358). Esse quarto-ilha, porém, isolado do incêndio, mas cercado por ele, transforma-se em uma panela de pressão, onde algumas personagens explodirão e darão voz aos seus fracassos, angústias ou segredos. É como se, pressionadas pelo calor que vem do incêndio, as entranhas da casa (o quarto) produzissem pequenas contrações a incitar as personagens a destamparem seus monólogos internos. As derrotas pessoais estão potencializadas, as personagens como que purgam em meio ao incêndio.

Quando o ato se inicia, são duas horas da madrugada. A disposição dos horários em sequência (meio-dia, no primeiro ato, oito horas da noite, no segundo, e duas da madrugada, no terceiro) dá a ilusão de continuidade cronológica. Parece que todos os acontecimentos, tratados sob o filtro do cotidiano, não impedem que o tempo continue a passar igual; é como se somente o espaço se alterasse. Como se, através do tempo – que passa tão ordinariamente quanto todos os acontecimentos que eclodem sem jamais alterar seu compasso –, somente o espaço fosse cedendo em relação à província e a Natacha, até expulsar a todos os Prózorov.

A madrugada que, poder-se-ia dizer, é uma noção simultânea de tempo e de espaço, exalta simbolicamente os sentidos e os sentimentos, em detrimento da razão. A escolha de situar todo um ato na madrugada privilegia ações mais instintivas que racionais e assim, nesse terceiro ato, ocorrerão momentos catárticos de algumas personagens que, sem encontrar grande ressonância entre seus interlocutores, caem em um vazio de sentido e seus desabafos tornam-se, em alguns casos, ridículos. Devemos resgatar a tese da função lírica ou expressiva dos diálogos tchekhovianos, de Rosenfeld, para compreender como esses desabafos não asseguram o diálogo e mantêm, pelo contrário, as personagens isoladas umas das outras. O diálogo, na dramaturgia de Tchékhov,

> Passa a ter função sobretudo expressiva, ou seja, lírica (o que representa na estrutura dramática função retardante, épica. Debaixo da troca superficial de comunicações, revelam-se estados emocionais, aquela "corrente submarina" de que fala Stanislávski. O diálogo é eivado de entrelinhas expressivas e passa a compor-se em larga medida de monólogos paralelos, cada personagem falando de si, sem dirigir-se propriamente ao outro. É uma espécie de cantarolar que suspende a situação dialógica.[47]

Assim é com o desabafo de Andrei e também com a confissão de Macha ou a indignação de Soliôni, quando Irina o expulsa. O ataque histérico de Natacha tem uma constituição um pouco diferente, já que a personagem fala se dirigindo a um interlocutor.

Este, porém, recusa-se a responder. Esse "diálogo eivado de entrelinhas", composto com frequência por "monólogos paralelos", não abrange especialmente essas falas longas do terceiro ato, mas, sobretudo, as inserções das personagens nos diálogos coletivos, como Tuzembakh, com seus recortes de notícias de jornal, Verchínin, com seus devaneios sobre o futuro (que parecem formar um único monólogo do início ao fim, quando se despede de Olga Serguêievna) e Macha.

47 A. Rosenfeld, *O Teatro Épico*, p. 85.

A Composição do Espaço

Em toda a peça, há ações que, muitas vezes, são metáforas do movimento interno das personagens. Na cena inicial do ato, Olga está separando roupas suas para serem doadas às vítimas do incêndio e diz à babá: "pode dar tudo, não precisamos de nada". Em seguida, a babá vai implorar para não ser mandada embora. Está velha e sente-se desnecessária; na ação com as roupas, enxerga a própria situação e percebe que podem, a qualquer momento, querer se livrar dela – peça velha, desnecessária.

Os desabafos do terceiro ato começam com Natacha, que destrata Anfissa e exige que a velha seja mandada embora; ante a recusa de Olga, tem algo semelhante a um ataque de nervos e pede-lhe que cuide somente do colégio, enquanto ela administra a casa. Chega a "bater os pés" como uma criança e sugere a Olga que se mude com urgência para o andar de baixo. Está mais explícita em suas ofensivas à conquista do espaço. Aliás, Stanislávski coloca-lhe um molho de chaves nas mãos – objeto de forte carga simbólica, especialmente em relação ao espaço primordial de nossa análise, a casa – que ela exibe, chacoalhando. Adiante, Andrei entrará no quarto solicitando a chave do armário, pois a dele perdeu-se. É interessante a metáfora da chave – Andrei, na realidade, hipotecou a casa da família e sua mulher ficou com todo o dinheiro. Natacha exibe seu molho de chaves como quem precisa afirmar o seu lugar de dona da casa. E é a Olga, na madrugada, que ele vem pedir a chave do armário. Tchékhov é sucinto (como costuma ser) em sua rubrica: "(*Olga lhe dá a chave em silêncio* [...].)" (p. 456). Nas partituras, Stanislávski indica que

> [Olga] Vai à escrivaninha, tira da gaveta um molho de chaves no claviculário e começa a desenrolar a chave. [...] Ólia[48] o tempo todo se retorce com as chaves. [...] atirou as chaves sobre a mesa sem tirá-las do claviculário (Andrei fará isso durante a próxima cena) (p. 457-61, n. 234-35 e 243).

48 Ólia é o diminutivo de Olga.

As chaves de Olga estão embaraçadas, com o seu funcionamento comprometido. Como perdera dinheiro no jogo, Andrei hipotecou a casa e confessará a hipoteca enquanto tenta desembaraçá-las. As irmãs vivem agora em um espaço que já não lhes pertence. Tornaram-se estrangeiras em sua casa. A casa, antes oposta, torna-se quase uma extensão da cidade. Há limites, ainda – Andrei precisa autorizar a passagem dos bombeiros pelo jardim, a cidade é uma ameaça para Natacha, pois há a epidemia de *Influenza*. Desejando evitar uma discussão com o irmão (a recusa ao embate é a própria recusa à ação, no drama tchekhoviano), que também lhes invadiu o quarto, escondem-se, cada uma atrás do biombo que mantém reservadas suas camas. A confissão de Andrei é feita de costas para o público, sem que ele possa ver as irmãs. Andrei, com a afetação de um superior ante seu subalterno, ordenara a Ferapont que o tratasse por Vossa Excelência. Essa atitude talvez seja recebida quase com constrangimento pelo espectador, que poderá se lembrar do escárnio da personagem em relação ao mesmo cargo, anteriormente. Colando esses dois momentos da cena – a entrada com Ferapont e a confissão –, a solenidade e o peso desta última são relativizados.

Como quem porta todas as chaves, Natacha entra (no início do ato) sem a menor cerimônia no quarto das irmãs e senta-se à mesa de Olga para usar-lhe a pena, o tinteiro e papel. "Natacha entra rapidamente, administrando a casa sobre a mesa de Ólia" (p. 373, n. 28). Até mesmo a pequena ilha está ameaçada. Está claro a quem pertence agora a casa, embora em pouco tempo, com o vencimento da hipoteca, possa deixar de pertencer. Natacha, como nova dona da casa, quer expulsar Anfissa – seu caráter prático não pode compreender que a criada, já muito velha, seja mantida pela família. À saída de Anfissa, expulsa grosseiramente por Natacha, Olga mantém em mãos o copo em que a velha babá bebera água para se acalmar. Com esse detalhe de encenação, cria-se uma imagem em cena que dá vazão ao desejo da personagem de que Anfissa permaneça, desejo que muito lhe custa a exprimir. Olga segura a permanência de sua babá. O declínio de Anfissa, que será revelado

A Composição do Espaço

na cena, ganha também uma pintura interessante nas mãos de Stanislávski. Anfissa tem nas mãos uma pilha de roupas para levar aos desabrigados, "À medida que aumenta o peso, Anfissa 'dá uma sentadinha' na cadeira ou na arca. [...] Anfissa está abaixo. Olga lança as roupas sobre ela, para baixo" (p. 363, n. 4 e 5). A imagem de Anfissa, cansada, sendo soterrada pelas roupas que Olga, de cima, atira-lhe, ilustra o seu declínio. Em seguida, será expulsa por Natacha, que a enxerga como inútil, como um objeto velho. Esse sentido de coisificação do homem também se adéqua às novas características do mundo burguês em ascensão.

Natacha provoca um escândalo. É interessante notar, nos apontamentos de Stanislávski, que a personagem começa a enfrentar Olga realmente quando esta última, após tomar suas gotas calmantes de louro e cereja, vai até o leito e desaba sobre ele.

Natacha se fortalece quando seu interlocutor "desaba", quando não poderá entrar em embate. É nessa situação, com Olga deitada atrás do biombo, que Natacha (sozinha em cena) enfrentará a cunhada. É um embate monológico – o interlocutor está oculto. Neste momento, Natacha é um instrumento estridente, como se pode perceber a partir das indicações do encenador:

> Olga está na cama, atrás do arco. Natacha está no arco. Natacha começa, sem gritar, mas com firmeza; ao menor movimento de Olga, se irrita; mais e mais forte. Vai até o grito agudíssimo e lágrimas. [...] Natacha sacode nervosamente as mãos, tapa os ouvidos balançando nervosamente a cabeça. [...] Atira as chaves no chão. [...] Gane com lágrimas na voz (p. 387, n. 64-68).

É notável a posição em que Stanislávski coloca a personagem para essa situação: "Natacha está no arco." Entendemos que "no arco", em realidade sob o arco, é uma posição espacial em que a personagem experimenta o limite. Além de marcar uma mudança ou uma divisão entre espaços, o arco é fundamentalmente um elemento arquitetônico de sustentação da construção. Natacha disputa com

Olga o domínio da casa protegida sob o arco. Sua última fala deverá ser proferida calmamente (ela experimenta a oscilação emocional a partir de sua posição espacial fronteiriça), e determina que Olga mude-se para o andar de baixo da casa. O andar de baixo, onde vive Tchebutíkin, é um lugar independente da casa. Expulsando Olga para lá, para baixo (relacionando o andar de baixo com o porão temos este lugar como depósito, como lugar para onde se envia aquilo de que não se precisa mais ou aquilo que não se quer ver), Natacha, proferindo, expulsa a cunhada da casa da família.

Ao contrário de Natacha, Olga, mesmo que a muito custo, mantém o controle sobre seu temperamento – toma gotas de louro e cereja para se acalmar. Consegue dar apenas uma resposta a Natacha, que alega que Anfissa só dorme ou fica sentada: "Que fique sentada" (p. 384). O quarto-ilha é invadido por Natacha e, vez ou outra, pelas luzes do incêndio que penetram pela porta. Resta às irmãs somente o cercadinho com os biombos; é ali que Olga vai se refugiar. O quarto é uma toca, um abrigo, que é frequentemente invadido. A presença do fogo na cidade pode ser interpretada como explosão da vida em oposição à morte, associada ao espaço interno quarto. Se emprestarmos o sentido dado ao fogo por Heráclito e descrito pelo poeta Cirlot, em seu *Dicionário de Símbolos*, como "'agente de transformação', pois todas as coisas nascem do fogo e a ele retornam"[49], a cidade contrapõe-se à monotonia do espaço interno, onde nada acontece. O movimento do mundo, de transformação constante, relacionado com a cidade, avança sobre a casa, que é um espaço em desmoronamento análogo à própria estrutura dramatúrgica de Tchékhov em relação ao drama rigoroso, conforme descrição dos gêneros de Anatol Rosenfeld, em *O Teatro Épico*. A vida, com sua nova dinâmica e novos valores, prevalecerá sobre esse mundo da aristocracia já fora de lugar. Não é pouco relevante que aconteça, durante o incêndio, a revelação de que os militares, também representantes da antiga ordem social, deixarão a cidade. Em uma estrutura dramática em

---

49 *Dicionário de Símbolos*, p. 258.

A Composição do Espaço

que as personagens não têm o poder da ação, o mundo é que muda à sua volta, obrigando-as a se readaptarem.

Pode-se pensar no papel de Natacha, que transita entre os dois espaços, como agente da vida dentro da casa, já que ela deverá alterar, em todos os sentidos, a dinâmica de um espaço antes imutável. Sem que a questão social observada na transição do mundo da aristocracia para o mundo da burguesia assuma o primeiro plano na obra, observamos a impossibilidade de ação das personagens que, submersas nas próprias angústias (*toscá*[50]), mantêm-se à parte dos acontecimentos. A vida parece acontecer somente do lado de fora. Dentro ocorre, talvez, algo semelhante a um simulacro da vida. Mello e Souza fala em um "espaço fictício e recluso isolado do espaço real da cidade provinciana"[51].

Quando Natacha finalmente se cala, o ritmo parece se abrandar na cena. Quando ela sai, o sino toca a rebate mais vinte vezes e mais alto, conforme a indicação: "À entrada de Kulíguin, cessa o sino pequeno e, depois, na fala de Kulíguin, 'cansei', cessa também o sino grande. Olga, esgotada, se levanta e caminha até o sofá; começa, preguiçosamente, a corrigir os cadernos" (p. 389, n. 71). Os sinos compõem um símbolo muito importante na realidade e no imaginário dos russos, a tal ponto que o compositor Serguei Rakhmanínov fez uma sinfonia inteira chamada *Os Sinos*. Tchékhov dizia gostar de ouvir os sinos, que, para ele, eram tudo o que sobrara de sua religiosidade.

O cansaço começa a se instaurar em cena e muda o andamento da peça. Macha esteve em cena, no início do ato, como um pequeno ponto de retardo no andamento. Esteve deitada, escondida debaixo das cobertas, até se irritar com Natacha e sair. Agora, Olga corrige "preguiçosamente", Kulíguin desmorona no sofá. Os sinos silenciam. Essa calmaria dá o clima para o desabafo ébrio e solitário de Tchebutíkin. Sua confissão não se torna um diálogo em que pudesse haver o embate ou o entendimento. Kulíguin se esconde e

---

50 Há outras acepções para a palavra russa *toscá*, tais como: tristeza, melancolia, nostalgia, aborrecimento, tédio, saudade.

51 G. de Mello e Souza, op. cit., p. 323.

não ouve – ironiza fazendo a mímica das falas do velho médico, de acordo com as indicações de Stanislávski. A seriedade do tema da fala de Tchebutíkin é relativizada pelo modo bem-humorado como seu interlocutor oculto interage. É como quem chega a um abrigo que Irina entra no quarto para lanchar, acompanhada de Verchínin e Tuzembakh: "Vamos sentar aqui. Aqui ninguém vai entrar" (p. 398). Está amanhecendo. A dinâmica[52] aparentemente caiu de *forte*, no início do ato para *piano*, agora. Em uma nota, Stanislávski descreve claramente o clima que se instaurou no quarto das irmãs:

> Estão cansados, todos instalados, recostados nos encostos do sofá e da poltrona; de vez em quando, inclinam-se, tomam um gole de chá e, outra vez, recostam-se. Verchínin fuma à porta. Sonolência. Estão de olhos fechados. Todos vencem o sono (p. 401, n. 109).

Dentro dessa sonolência, as personagens conversam lentamente sobre a possibilidade de um concerto em benefício das vítimas do incêndio. Após uma pausa, a sequência de relógios badala novamente. Primeiro, o da sala de jantar, em seguida, o da sala de visitas e, por fim, o pequeno relógio do quarto. Após algumas pausas, Verchínin conta ter ouvido sobre a possível transferência da brigada para outra cidade, talvez para longe. "A cidade vai ficar vazia" (p. 296), comenta Tuzembakh, "E nós iremos embora!" (Ibidem), exclama Irina. E, novamente, o dramaturgo pontua o corte – Tchebutíkin quebra o relógio de porcelana. Esse acontecimento quebra a dinâmica da cena. Todos se agitam, levantam-se, recolhem os cacos, tentam restaurar o relógio. Logo toca o sino a rebate, mais uma vez.

Em termos musicais, os planos de retorno a Moscou constituem-se em tema, de acordo com a definição de Dourado: "Em geral, é a parte mais facilmente reconhecível em uma obra ou trecho

---

52 Segundo definição de Henrique Autran Dourado, *dinâmica* "refere-se à organização da intensidade dos sons na música", *Dicionário de Termos e Expressões da Música*, p. 109.

A Composição do Espaço

musical."[53] Este tema do retorno a Moscou, no entanto, não é nunca plenamente desenvolvido, já que é sempre cortado ou sobreposto ou cortado por outras linhas melódicas como nos atos anteriores.

Quando tudo volta a se acalmar e todos saem de cena (à exceção de Macha, que está deitada), Irina começa a purgar. Em seu expurgo, chora constatando o fracasso de sua vida. Admite, por fim, casar-se com Tuzembakh, seguindo o conselho de Olga. Aceitando, renuncia ao sonho de conhecer o amor e a felicidade. Sua perspectiva da vida é oposta ao otimismo de Verchínin e do barão, que enxergam no futuro a felicidade. Desiludida com o trabalho, com a possibilidade de encontrar o amor, Irina ainda deseja retornar a Moscou. Passaram-se mais de três anos entre este e o primeiro ato. A Irina alegre, que desejava a mudança, acreditava no trabalho e na possibilidade de uma vida feliz, sufocou-se. Desabafa:

> Não posso trabalhar, não vou mais trabalhar. Chega, chega! […] odeio e desprezo tudo o que me dão para fazer… […] meu cérebro secou, eu emagreci, fiquei feia, envelheci e nada, nada, nenhuma satisfação e o tempo passa e tenho a impressão de que estamos nos afastando de uma vida bela e verdadeira, estamos nos afastando mais e mais e algo está se perdendo. Eu estou desesperada… (p. 438 e 440).

Em sua fala, Irina espanta-se por ter ficado confusa. Confessa ter esquecido como dizer em italiano "chão" ou "teto". Com a escolha dessas duas palavras ligadas ao campo léxico da casa, temos a analogia entre uma casa sem chão e sem teto cuja estrutura está ruindo, assim como a própria organização interna da personagem, sua constituição: seus sonhos, planos, gosto, desejos. Tudo está ruindo, juntamente com a estrutura dramática sobre a qual Tchékhov constrói seu drama. Sobre a possibilidade ou a impossibilidade de ação das personagens, Mello e Souza acrescenta que

---

53 Ibidem, p. 327.

Neste mundo de frustrações e mal-entendidos, a escolha quase não ocorre e a conduta é imposta do exterior para o interior. Na medida em que o indivíduo aceita o papel que lhe é atribuído, está sufocando para sempre o herói que porventura trazia dentro de si.[54]

Stanislávski aponta que, durante o monólogo de Irina, ouve-se a voz de Natacha, que reverbera muito aguda. Grave, volta a tocar o sino a rebate. Cuidadosamente, o encenador desloca o "autêntico ataque histérico" de Irina para trás do biombo. Às irmãs, como náufragos, resta apenas um pequeno bote salva-vidas – os leitos de Olga e Irina. É o único espaço ainda não violado da casa. Somente quando Irina silencia e é deitada e coberta pelas irmãs é que cessa o sino. Nota-se que há uma estreita relação entre o comportamento da personagem e o movimento da cidade. Pode-se pensar que, à medida que as irmãs vão perdendo a casa, a cidade vai-se fundindo a elas. No último ato, Olga já não sonha com a partida. Está totalmente imbuída de sua figura social – é a diretora do liceu.

O apelo de Irina, no final ainda do ato, "Nada no mundo é melhor que Moscou. Vamos, Ólia! Vamos!" (p. 472), é escondido por Stanislávski atrás do biombo. Olga, sua interlocutora, também está atrás de seu biombo. O público ouvirá esse apelo, "com voz débil, quase gemendo" (p. 471, n. 277), diante de um palco desabitado, e esse apelo será cortado novamente pela *cortina*.

A confissão de Macha acontecerá às seis horas da manhã. Batem apenas as badaladas dos dois relógios da sala; o do quarto foi quebrado e já não responde. Macha confessa diretamente para as irmãs, porém Olga tapa os ouvidos e vai para trás de seu biombo. Em carta de janeiro de 1901, Olga Knípper, que interpretou Macha, descreve a Tchékhov sua construção da confissão da personagem e de como recebe o chamado de Verchínin.

---

54 G. de Mello e Souza, op. cit., p. 323.

No terceiro ato, falo com as irmãs – ou, como digo, me confesso – de forma comedida, com voz entrecortada, com pausas como se me custasse me expressar em voz baixa. E nesse momento, como se gritasse: "Ah, que tonta você, Ólia. Se amo, esse é meu destino…" etc… e, depois, novamente em voz baixa, nervosa. Fica imóvel o tempo todo, com os braços sobre os joelhos, até que ouve o "tram-tram" entre as coxias. Então levanta a cabeça, seu rosto se ilumina, se levanta de um salto e se despede das irmãs rápida e nervosamente. Eu decidi que "tram-tram" (no seu texto ela pergunta e ele responde) ela diz que o ama e que será dele, ou seja, é uma confissão que ele há muito tempo desejava. Estou sentada à escrivaninha, perto da ribalta, de frente para o público, rabiscando com o lápis algo nervosamente. Quando ele começou a cantar ela olha para ele, sorri, depois vira-se, ou seja, inclina a cabeça e pergunta: "tram-tam?" Depois da sua resposta, ela fala ainda mais perturbada "tra-ta-ta" e, finalmente, decidida, "tram-tam". Se tudo isso fosse feito com um sorriso, leve, para que não se tornasse vulgar, como em um simples *rendez-vous*? Pois é verdade que suas relações permanecem puras até essa noite?[55]

Após a confissão, Macha decide se calar "como um louco gogoliano" (p. 450). Permanece calada durante a cena com Andrei, até que venha o chamado de Verchínin.

Em carta, Tchékhov afirma que esse jogo de pergunta e resposta utilizando "tram-tram" teria saído da lembrança de um trecho de uma ópera da qual não se lembrava mais. Esse diálogo deve ser cantado. Andrei fará o seu desabafo após a saída de Macha, com as irmãs exaustas – Irina e Olga, cada qual escondida atrás de seu biombo. Após dizer tudo, Andrei implora "Minhas irmãs queridas, amadas, não acreditem em mim, não acreditem…" (p. 468) e sai.

---

55 Olga Knípper apud A. Tchékhov, *Anton Pavlovitch Tchekhov: Pierepiska s Jenoi*, p. 147. (Tradução nossa.)

O Jardim

Essas mudanças consideráveis no espaço, sobretudo no espaço privado das irmãs, não dão, no entanto, um caráter dinâmico ao texto. A impressão é de que a vida continua igualzinha, que todos continuam frustrados como no início e que os movimentos que acontecem não alteram o que poderíamos chamar de ciclo da vida. O fato de o quarto e último ato da peça iniciar ao meio-dia, como o primeiro ato, dá-nos a forte impressão de que se fecha um ciclo. Tivemos, no primeiro ato, a primavera, no segundo, o inverno. O incêndio do terceiro ato poderia representar o verão e, agora, é outono. A sucessão das estações parece reafirmar a posição do autor de que a vida continua. Assim também a partida do batalhão parece, mais do que um grande acontecimento, o final de um ciclo, e tem-se a impressão de que, em breve, tudo continuará do mesmo modo como sempre tem sido. É possível que, após o inverno, a primavera traga de volta as aspirações à felicidade ou o desejo de retorno a Moscou...

O quarto ato se passa inteiramente do lado de fora da casa – no velho jardim dos Prózorov e no terraço. Os oficiais, amigos da casa, Fedótik, Rodê, Verchínin, estão partindo; Soliôni e Tchebutíkin partirão em breve, Tuzembakh se despede de Irina e, em seguida, morrerá em duelo. As irmãs e também Andrei permanecem no jardim, que se transformou em uma passagem. Os oficiais atravessam-no em sua partida, entram músicos pedindo dinheiro, "De vez em quando, passam pelo jardim transeuntes que vêm da rua para o rio" (p. 482). Pode-se marcar a oposição passagem-permanência para o espaço neste último ato, já que, segundo Olga, "Nosso jardim é uma passagem pública" (p. 558), onde somente os irmãos permanecem. Nesta fala da personagem, denota-se a passagem de um espaço privado para o espaço público.

Mesmo no plano do desejo, os irmãos, agora, permanecem: Olga é diretora do colégio, vive com Anfissa em um apartamento, Irina planejava se casar e partir para trabalhar na fábrica de tijolos, com

Tuzembakh, mas ele morre, Andrei já desde o terceiro ato está bem "enraizado" na cidade (membro do conselho, pai de dois filhos). Macha, que nunca fizera planos de voltar a Moscou, com a partida do amante volta a repetir os versos de Púschkin – fuga para Lukamórie. Agora, somente o espaço fantástico, espaço da fantasia, opõe-se ao presente, que está associado ao fracasso e à desilusão. Nem Moscou, nem o Futuro são tangíveis – o futuro será uma interminável sucessão de "presentes", como expressa Sônia, personagem de *Tio Vânia*, no monólogo final da peça: "O que se pode fazer? Viver é preciso! (*Pausa.*) E nós viveremos, tio Vânia, viveremos a longa, longa sequência de dias e de noites."[56] A relação de inversão da associação do conceito Éden ao espaço jardim pode ser observada agora que todos se encontram no "velho jardim" transformado em passagem pública e nem mesmo sonham com Moscou, antes associada ao Éden perdido. Não há mais possibilidade de encontro do Éden perdido.

Existe o Tempo

Tchékhov inicia o quarto ato com despedidas no terraço, Stanislávski inicia com o zelador e o ordenança, trazendo um baú com a mudança de Tchebutíkin. Depois, saem para pegar outra arca. Revela-se a mudança imediatamente – a mudança e a separação. As despedidas vêm em seguida, com a entrada de Fedótik e Rodê, que se beijam, abraçam-se e tiram fotos. A fotografia eterniza o momento ou pode sempre ressuscitá-lo à lembrança. Esse ato é atravessado pela impressão de suspensão do tempo. É uma despedida e há várias eminências em jogo: os militares vão embora, Verchínin espera por Macha para se despedir, Irina e o barão vão se casar e mudarão de cidade para

---

56 *Teatro I: A Gaivota, Tio Vânia*, p. 123.

trabalhar na fábrica, Tchebutíkin aguarda o chamado para o duelo, Kulíguin pode perder Macha ou tê-la de volta para si (existe a possibilidade de que Macha fuja com Verchínin, ao menos na imaginação do marido). Stanislávski aponta uma ação simbólica para Fedótik, na qual o oficial olha várias vezes para o relógio e, finalmente, põe-se a escutá-lo, no intuito de descobrir se ele funciona. Descreve que "Durante a fala anterior de Kulíguin, Fedótik olha várias vezes para o relógio e põe-se a escutar se ele funciona ou não" (p. 489, n. 15). Desse modo, Stanislávski aponta para o ator não só a ação, mas a intenção de sua personagem ao executar a ação. Não saberemos se o relógio de fato parou, mas ocorre que a dúvida dá ao espectador a possibilidade de colar-se à noção de tempo da personagem e reconsiderar a elasticidade do tempo. No momento, o tempo se alarga.

Verchínin e Tchebutíkin olharão muitas vezes para seus relógios. Este último também terá a impressão de que o relógio parou. Após uma *"Pausa."*, "Tchebutíkin folheia o jornal, olha o relógio, encosta-o na orelha e cantarola 'A Prece da Virgem'" (p. 507, n. 58). As personagens verificam se o tempo está mesmo passando. Talvez para se certificarem de que estejam mesmo vivos, de que, ao contrário do que afirma Tchebutíkin, nem tudo é ilusão. Adiante, o doutor mostrará o relógio como se fosse um brinquedo atraente ao bebê que despertara em seu carrinho. Stanislávski reforça essas marcas de tempo, tornando sua relevância mais acessível ao público. É necessário traduzir as linhas literárias de Tchékhov em imagens visuais e sonoras; o espectador deve ver, de uma só vez, aquilo que o leitor pode apreender demorando-se mais ou mesmo ao voltar um trecho na obra literária. Um exemplo do procedimento de tradução é a escolha de Stanislávski, para encenar o ato da mudança, pelo outono como sendo a sua estação, e aponta a necessidade de que, durante todo o ato, caiam folhas secas, criando uma imagem poética para terminar sua peça. Há nisso a iminência do inverno também, como estação de silêncio, de recolhimento. Agora, as folhas estão caindo e os militares indo embora, e os sonhos vão se despedaçando.

A Composição do Espaço

Existe uma brincadeira com o tempo aí, revelada na ação de Tchebutíkin oferecendo ao bebê o relógio como brinquedo, uma metáfora criada pelo encenador. O relógio-objeto não é apenas o tempo, mas a passagem do tempo – é a vida e a morte. O bebê (o novo) e a morte estão ligados pelo tempo. A morte está espreitando: é a partida dos militares, o duelo que acontecerá em breve, o outono com as folhas caindo, durante todo o quarto ato. Com a estrutura da peça em quatro atos, cada um relacionado com uma estação, junto com a sucessão das horas (meio-dia no primeiro ato, oito da noite no segundo, duas da madrugada no terceiro e, novamente, meio-dia no quarto ato), conferem à peça uma noção circular do tempo, noção ligada ao tempo mítico. É interessante pensar nessas personagens totalmente imersas em seus conflitos cotidianos e internos, relacionadas com o tempo dos deuses e dos heróis. Nossos heróis são pessoas comuns. No entanto, mais de cem anos após sua estreia no Teatro de Arte de Moscou, continua-se encenando *As Três Irmãs* por todo o mundo e todos os atores (do chamado "Ocidente", ao menos) conhecem Olga, Macha e Irina. Elas se tornaram, se não míticas, lendárias.

Além do tempo circular, há, para as irmãs, o conflito entre a noção temporal dos antigos e a noção moderna de tempo retilíneo. Assim, depositando todas as esperanças de alcançar a felicidade no retorno a Moscou, as irmãs partilham a ideia de que o tempo é um suceder degenerativo que, à medida que ruma ao futuro, afasta-se de um tempo primordial perfeito (a infância, a cidade natal) – degenera-se, mas se reengendra. Ao mesmo tempo, estão inseridas no mundo moderno, onde a compreensão do tempo é retilínea: o tempo ruma sempre ao futuro e o presente é único, e o novo é, em si, um valor. Em seu ensaio "Invenção, Subdesenvolvimento, Modernidade", o poeta e ensaísta Octavio Paz discorre sobre a diferença entre a noção temporal dos antigos e a noção moderna. Ele aponta que

> A ideia da imitação dos antigos é uma consequência da visão do suceder temporal como degeneração de um tempo primordial

perfeito. É o contrário da ideia de progresso: o presente é insubstancial e imperfeito frente ao passado e o amanhã será o fim do tempo. Esta concepção postula, por um lado, a virtude regeneradora do passado; por outro, contém a ideia do regresso a um tempo original – para recomeçar o ciclo da decadência, a extinção e o novo começo. O tempo se gasta e, portanto, se reengendra. De um ou de outro modo o passado é o modelo do presente: imitar os antigos e a natureza, modelo universal que contém em sua forma todos os tempos, é um remédio que adia o processo da decadência. A ideia da modernidade é filha do tempo retilíneo: o presente não repete o passado e cada instante é único, diferente e autossuficiente.[57]

Natacha será a figura da modernidade, ela não tem seus olhos voltados para o passado. Para ela, o presente é único e autossuficiente.

Avesso do Avesso

O lado de fora ganhou a cena e o lado de dentro da casa está, ao contrário, fora de cena. Como no primeiro ato, a casa voltou a ter um apêndice, um espaço de fronteira dentro-fora – a varanda. Ali acontecem as primeiras despedidas. As personagens saem para o jardim e voltam, com frequência, para a varanda. Irina senta-se no degrau, Kulíguin, no parapeito. Às vezes, sobem ou apoiam-se na cerca, em suma, ensaiam a saída. Aos poucos, o zelador e o ordenança vão trazendo também os objetos de Irina e Tuzembakh. Surge, empacotado, o retrato do general Prózorov.

No jardim, há "Uma longa alameda de abetos, no fim da qual se vê um rio" (p. 482). Notamos que a alameda constitui um caminho que

---

57 Invenção, Subdesenvolvimento e Modernidade, *Signos em Rotação*, p. 136.

A Composição do Espaço

chega ao rio – outro caminho que segue, corre, continua. Do outro lado do rio, há uma floresta, o desconhecido. É essa a alameda que Natacha deseja mandar cortar. Se, antes, a casa da família se organizava como uma ilha onde o mundo aristocrático (da tradição e da erudição) ficava isolado ou, ao menos, protegido da mediocridade da cidade, pode-se dizer que os irmãos ultrapassaram a fronteira. Aliás, foram expulsos de sua fortaleza e há rumos para seguirem. A casa que os protegia também os aprisionava. Estão todos do lado de fora, à expectativa do novo, e o lado de fora apresenta caminhos. À medida que vão se desvencilhando (ou sendo desvencilhados) da casa, o passado vai se tornando rarefeito e o futuro, embora desconhecido, abre-se como possibilidade. Serão impelidos a escolher, com maior ou menor autonomia. A respeito das personagens da peça, Stanislávski explica: "elas não vivem consumidas pelo tédio, mas, ao contrário, procuram a alegria, o riso, a animação; querem viver e não vegetar"[58].

A cidade, que agora passa pelo jardim, deixou de ser ameaçadora. Há passantes que querem chegar ao rio, músicos pedintes, soldados. A casa é que se tornou um lugar inóspito. Macha, após a partida de Verchínin, mesmo oscilando entre o delírio e a razão, recusa-se a entrar na casa. Somente Natacha e um de seus filhos estão do lado de dentro, junto a Protopópov, seu amante. A ligação com o interior da casa dá-se através da janela, por onde Natacha espia. Ela é o elemento de dentro que interfere no espaço externo, cortando o desabafo terno de Andrei em relação às irmãs. Natacha está na fronteira entre a casa e o jardim e logo aparecerá do lado de fora.

Seguindo a ideia de um ciclo, que não termina, podemos enxergar, nesse final, a instabilidade da permanência dos Prózorov no jardim, reforçada pela impressão de que eles certamente serão expulsos também dali. Novamente, a entrada de Natacha desestabiliza o espaço. Sem saber da morte do barão, lamenta futilmente a partida de Irina e promete transferir Andrei e o violino para o seu quarto. Com isso, fica consumada a partida de Irina. No quarto de Andrei,

---

58 *Minha Vida na Arte*, p. 320.

que está sendo também expulso, colocará Sófotchka, o novo bebê. Afirmando que "amanhã [...] estarei aqui sozinha" (p. 584), torna-se senhora de toda a propriedade. Natacha, que no início estava deslocada no espaço, dominou a casa e vê-se em condições de colocar as irmãs em tal situação. Ao referir-se ao mau gosto do cinto de Irina, repete uma situação que viveu no primeiro ato com Olga, mas em posição oposta.

O jardim também deverá mudar para agradá-la; mandará cortar abetos e plantará florzinhas. O abeto, além de ser uma árvore muito comum nas florestas russas, é um símbolo que representa, em geral, a tradição. Ao derrubar as árvores do jardim, Natacha substituirá a tradição, com sua intrínseca característica de durabilidade e permanência pela volatilidade ou inconstância das flores, que fatalmente morrerão no inverno e serão substituídas por outras, na primavera. Entende-se, nesse texto, que nenhuma permanência é eterna. Sob outro aspecto, o espaço aristocrático da permanência e da tradição cederá, dando espaço ao mundo burguês, aqui representado pelas florzinhas descartáveis e consumíveis em sua beleza.

Ninguém o Viu Desembarcar na Noite Unânime[59]

Costurando-se ao espaço romântico trazido à peça pela figura de Soliôni, o lugar do duelo, do outro lado do rio, embora não seja visível, está presente na cena. Deve-se ultrapassar a fronteira (o próprio rio) para alcançá-lo; no entanto, fala-se sobre ele. Irina sabe que algo aconteceu na frente do teatro (note-se a escolha do teatro para o desafio do duelo), Kulíguin confirma que houve uma discussão entre os rivais. Mais tarde, pressionado por Macha, Tchebutíkin

59 J.L. Borges, *Ficções*, p. 46.

A Composição do Espaço

finalmente relata o desafio e confirma o duelo no bosque público, à uma e meia da tarde. Stanislávski, como em muitos outros momentos, coloca a personagem de costas para o público para anunciar um acontecimento que poderia ser decisivo ao desenvolvimento da peça – não será, como veremos. Macha alardeia para a possibilidade de que o barão seja morto, mas fala "olhando para baixo, distraída" (p. 527, n. 104). Ao longo do quarto ato, todos tangem o assunto do duelo, mas ninguém toma nenhuma atitude para impedi-lo, nem mesmo Irina, noiva do barão. A falta de ação ganha expressão física na repetição constante dos apontamentos de Stanislávski, que dá indicações às personagens para que se apoiem, encostem, escorem – no portão, na cerca, na grade da varanda, no banco, nos degraus. O retrato de uma figura escorada é a própria representação da inação.

A inserção do romântico na peça de Tchékhov é tanto mais interessante por contrastar com o espaço cotidiano e com a impossibilidade de ação que caracteriza suas personagens. Soliôni, com traços do romantismo, "dá grande ênfase à vida sentimental, tornando-se intimista e egocêntrico, enquanto o coração é a medida exata da sua existência", de acordo com a descrição das características de personagens tipicamente românticas[60]. Movido pelo amor que sente por Irina, age. Age à maneira de Púschkin, que escrevia sobre duelos e morreu em um deles. No entanto, é um desencaixado na peça de Tchékhov. A própria figura do barão, que carrega esse título decadente, é um par para Soliôni; talvez seja o barão o elo entre Soliôni e a casa dos Prózorov. Há, em seu título de barão e em seu amor desmedido por Irina, um traço romântico. Em sua morte, no entanto, em vez de herói, torna-se patético. Primeiramente, porque Soliôni afirma que o abaterá como a uma galinhola – a imagem da galinhola colada ao barão torna-o ridículo. E também a falta de magnitude com que a notícia de sua morte é recebida contribui para tirar-lhe a possibilidade de heroísmo. O espaço romântico é frequentemente evocado

---

60 A. Candido; J.A. Castello, *Presença da Literatura Brasileira: História e Antologia. V. 1: Das Origens ao Realismo*, p. 158.

no texto tchekhoviano, como um contraponto ao espaço cotidiano, e reforça a percepção da inação que caracteriza suas personagens.

As atitudes românticas são, por outro lado, ironizadas por essa impossibilidade de ação que caracteriza as personagens. Se, ao receber a notícia da morte, Irina chorasse e se arrependesse por não tê-lo amado, o desaparecimento de Tuzembakh talvez se tornasse um acontecimento grandioso, transformador, mas, ocorrendo fora de cena e recebido pelo comentário quase apático de Irina "eu sabia, eu sabia..." (p. 592), torna-se mais um acontecimento cotidiano, menor do que a certeza da passagem do tempo e da repetição das estações.

Os Prózorov, desvencilhando-se do passado, dos sonhos e ilusões, assumindo o fracasso de suas vidas, ganham a liberdade. Como os pássaros migrantes observados por Macha, eles não têm para onde retornar; a vida deve seguir adiante, portanto. Mas, para os pássaros migrantes, a casa está em todos os lugares aonde chegam. A chegada não existe, é só um momento. Irina, que apesar da morte do barão mantém-se firme em sua decisão de partir, está rumando. É possível que não encontre a felicidade, mas segue buscando. Tchebutíkin, quando encerra a conversa com Andrei, aconselha-o: "Vá embora, vá, vá sem se virar para trás. E quanto mais longe você for, melhor!" (p. 530). À imagem da pessoa que vai embora sem olhar para trás cola-se a história bíblica da saída de Sodoma – o conselho de Deus a Abraão era que não olhasse para trás. A esposa de Ló não resiste, olha para a cidade em chamas e vira pedra. Aqui, Tchebutíkin sinaliza que Andrei deve deixar que o presente se queime completamente, que se desfaça, não olhar para trás é também evitar que essa esposa, essa casa, essa cidade, essa vida, enfim, virem lembranças – como Moscou. Sugere que Andrei experimente se mover para outro presente. Assim, as personagens de *As Três Irmãs* experimentam a própria passagem para a vida moderna, com todas as promessas de transformação, aventura e autotransformação que a acompanha e com a possibilidade constante de destruição de tudo o que têm, tudo o que sabem e tudo o que são[61].

---

61 Cf. M. Berman, *Tudo Que É Sólido Desmancha no Ar*, p. 15.

Epílogo

Ao longo da peça, os movimentos cotidianos vão se perdendo. Do segundo para o terceiro ato, quando estão todos confinados no quarto das irmãs, cercados pelos desabrigados do incêndio que estão espalhados pela casa e pelo próprio incêndio e toda a correria dos bombeiros para além da casa, estamos quase retirados das atividades cotidianas. Há cores fortes para essa situação em que as personagens purgam, no entanto, elas tentam ainda comer, tomar chá, fumar seu cigarro de palha, tomar suas gotas de louro e cereja, pentear a barba...

No quarto ato, saímos da casa – Stanislávski escolhe suspender as cortinas ao toque do sino de uma igreja vizinha, anunciando o final da missa. É outono, o encenador aponta para folhas secas caindo durante todo o ato – uma mudança. Entram os baús dos que vão partir. Partem os oficiais ao som da música militar, Olga e Macha confortam Irina e a si mesmas em seus monólogos finais. É quase uma suspensão da vida, este último ato. Ninguém toma chá ou joga paciência, não se sentam ao piano, não brincam – mas dentro de casa Protopópov toca "A Prece da Virgem" –, lá dentro a vida continua. Tchebutíkin, aliás, prestes a apadrinhar o duelo entre Soliôni e Tuzembakh, está o tempo todo lendo seu jornal – como no primeiro ato. O caseiro varre as folhas caídas ao longe. No entanto, os militares partem, a morte acontece, depois do outono virá um longo inverno, mas, depois, a primavera. E chegará novamente o aniversário de Irina, e as esperanças talvez renasçam. Apoiado no tempo cíclico da natureza, Tchékhov não escreve um final, ele é um ponto antes do recomeço. Essa diferença de tons entre o primeiro e o terceiro atos se revela na dosagem de cores mais puxadas ao prosaísmo poético ou mais aos voos poéticos impressionistas e simbolistas, de acordo com observação de Jacó Guinsburg.

> A bem dizer, [Stanislávski] sentia-se igualmente seduzido pelo prosaísmo naturalista, enquanto daguerreotipia veraz e minuciosa da natureza do homem, das condições do meio e das

determinações da espécie, e pelos voos poético-metafísicos do assim chamado "decadentismo" impressionista e simbolista, com seus requintes de sensibilidade, suas cavilações subjetivistas e existenciais, e suas vibrações tonais num bater de asas de borboletas crepusculares.[62]

De certo modo, os três primeiros atos da encenação de Stanislávski parecem mais encarnados, mais vivos. Neste quarto ato, há algo (que está mesmo no texto de Tchékhov) de etéreo, de fugaz, que, como imagens projetadas em bolhas de sabão, nasce, vive brevemente e, de repente, desaparece. De alguma maneira, as personagens são mais próximas a ecos de si mesmas, lembrando a imagem do simpático Rodê, que se despede das árvores com seu eco. A brincadeira do eco significa poder notar do presente uma ação passada e conseguir ver um simulacro do que fomos. É isso o que diz o eco de nossas vozes. As vozes de Macha, "é preciso viver", e de Olga, "ah, se soubéssemos!" (por que vivemos, por que sofremos), ditas sobre o eco da partida de seus amigos, sobre a música ao longe, parecem ecoar para a eternidade. O quarto ato tem início ao meio-dia, como o primeiro – a expectativa é de que tudo continue a se repetir. O cotidiano é próximo ao tempo cíclico da natureza – acordamos, comemos, tomamos o chá, fazemos planos e dormimos; acordamos, comemos, tomamos o chá...

Parece ser essa a sensação de Macha quando, sentada com Tchebutíkin à espera de Verchínin, diz: "Vive-se em tal clima que pode começar a nevar que todos continuarão com essas conversas" (p. 528). O cotidiano vai se tornando insuperável, intransponível e sempre alimentado pelo passado. Assim como Moscou (uma lembrança, uma projeção) é eco do passado e o desejo de futuro que molda o presente, o eco da partida dos militares vai sobrevivendo à presença física daqueles que partiram, e vai se tornando a matéria que preencherá o presente de seus cotidianos, amanhã. Esse momento

---

62 *Stanislávski e o Teatro de Arte de Moscou*, p. 33.

A Composição do Espaço

estranhamente percebido, tão etéreo enquanto se dá (cheio de acontecimentos, como a despedida de Verchínin, a morte do barão), está prestes a se tornar matéria "mais estável", à medida que passa, como observa Tarkóvski.

> o que essa coisa "passada" significa para uma pessoa quando, para cada um de nós, o passado é o portador de tudo o que é constante na realidade do presente, de cada momento do presente? Em certo sentido, o passado é muito mais real, ou, de qualquer forma, mais estável, mais resistente que o presente, o qual desliza e se esvai como areia entre os dedos, adquirindo peso material somente através da recordação[63].

A recordação é o que alimenta as personagens da peça, é o que não move o presente porque se está, de certa forma, atado a ela. Por outro lado, na encenação, a ênfase dada por Stanislávski à tessitura sonora faz com que as sensações do espetáculo se fixem inconscientemente em nós, leitores/espectadores (leio as partituras como se estivesse assistindo à encenação, coloco-me, portanto, no lugar do espectador), como uma melodia esquecida que soa fragmentada em nossa lembrança – não se sabe exatamente que formas ela tem, mas vem carregada de sensações. Como vêm à memória de Macha os versos de Púschkin. Os sons, assim como os cheiros, guardam as sensações da lembrança.

A complexidade da sonoplastia criada por Stanislávski em suas partituras tem uma função dúbia quanto à finalidade de criar a sensação da vida, como se diz comumente a respeito das encenações do Teatro de Arte de então. De fato, o som da troica de Protopópov se aproximando, o canto dos pássaros à janela no dia do aniversário de Irina, dos bêbados cantando ao longe e tantos outros sons externos à cena que se desenvolve no palco diante dos olhos do espectador criam a forte sensação de estarmos diante da vida cotidiana. Por outro lado,

---

63 *Esculpir o Tempo*, p. 65-66.

a harmonização desses sons com os sons de dentro da cena (louças, batidas dos relógios, instrumentos musicais – piano, realejo, violão –, inclusive as falas das personagens) compõe uma sinfonia de sons e movimentos que dão um contorno quase simbólico ou um "descontorno" impressionista ao espetáculo como um todo.

As notas de Stanislávski, com seu alto grau de detalhamento, assemelham-se mesmo a partituras musicais. Nessa música, ouvimos a história escrita por Tchékhov das irmãs Prózorov, e também a história das inquietações estéticas do encenador revolucionário que foi Stanislávski na direção do Teatro de Arte de Moscou, na virada do século XIX para o XX. Angelo Maria Ripellino observa que: "No intento de transformar a arte teatral numa ciência rigorosa, almejou uma interpretação tão regrada quanto a música, mensurável enredo de 'tempo-ritmos.'"[64] É possível. Pelas partituras, notamos um rigor extremo que impõe uma acentuada subserviência do ator em relação ao encenador. O teatro contemporâneo (já desde Grotówski, talvez) tem dado mais autonomia aos atores. Mas então, na virada para o século XX, era o momento de se consolidar a figura do encenador e do olhar minucioso para o texto dramático.

Foi Stanislávski, juntamente com Nemiróvitch-Dântchenko, quem trouxe Tchékhov ao público. As particularidades inusitadas da dramaturgia tchekhoviana o levaram a descobertas preciosas em termos de encenação e de trabalho do ator. A música das cenas, por exemplo, era repleta de pausas (o autor as indicara) – foi preciso descobri-las. O que acontece na pausa? Há recursos para valorizá--la – Stanislávski, por vezes, insere um som ao longe que evidencia o silêncio em cena. Mas o que acontece no interior das personagens durante a pausa? Stanislávski descobre que as pausas de Tchékhov não são estáticas, há turbilhões em movimento dentro das personagens, será preciso conduzir seus atores a esse entendimento. E o encenador descobre ainda outras dezenas de pausas para colocar em cena, para compor sua sinfonia.

64 *O Truque e a Alma*, p. 89.

A Composição do Espaço

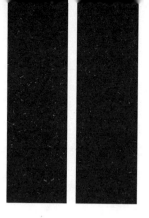

As Três Irmãs, de Tchékhov, Com as Partituras de Stanislávski

Nota da Tradução

Em 8 de janeiro de 1901, Konstantin Stanislávski assina o manuscrito de suas notas para a encenação de *As Três Irmãs*, texto inédito de Anton Tchékhov. Após 82 anos, suas notas foram editadas em oito volumes chamados *Exemplares do Diretor – de K. S. Stanislávski*, pela série Patrimônio Teatral da editora Iskusstvo ("Arte"), de Moscou. As partituras de *As Três Irmãs* integram o terceiro volume da série, juntamente com as partituras referentes à montagem de *O Jardim das Cerejeiras*, e prefácio de Inna Solovieva, respeitada estudiosa do Teatro de Arte de Moscou.

Durante a pesquisa, encontramos uma tradução de 1999 das partituras para *As Três Irmãs* pela Ubilibri, editora italiana especializada em teatro. Em 2011, saiu uma edição em francês.

Para a presente tradução, tivemos acesso à edição da Iskusstvo (de 1983) e mantivemos rigorosamente as marcas no texto de Tchékhov atribuídas a Stanislávski, sem o cotejo com os manuscritos. As notas de rodapé assinadas por (N. da E. russa) são traduzidas da edição russa dos *Cadernos de Stanislávski*, cuja redatora e editora é também Inna Solovieva.

Os símbolos ↑, [+], (-), colchetes e grifos, bem como os números e as chaves, foram inseridos sobre o texto de Tchékhov por Stanislávski de acordo com a edição russa dos *Cadernos* e literalmente mantidos por nós. Introduzimos os números para as legendas dos esquemas de Stanislávski, no entanto, para aproximar do leitor brasileiro os esquemas com anotações em cirílico.

Com a possibilidade de cotejar o texto dramático de Tchékhov com o texto final em russo e com três traduções diretas para o português (todas referidas na bibliografia), elaboramos algumas notas com comentários sobre eventuais mudanças entre a versão entregue a Stanislávski e a versão final que chegou aos leitores de diversos países após a encenação do Teatro de Arte de Moscou. A encenação de Stanislávski foi o primeiro contato entre o público e o texto de Tchékhov – foi inicialmente pelos olhos do encenador e de seus atores que o texto se deu a conhecer. Por meio da presente tradução poderemos recuperar um pouco desse olhar, da tradução ou da recriação de Stanislávski (com a presença invisível para nós, mas sem dúvida de suma importância, do parceiro Nemiróvitch-Dântchenko) da obra delicada e cheia de camadas (como um doce mil-folhas), *As Três Irmãs*.

Esta tradução é um ato totalmente desvairado. A tradutora, que somente neste momento se nomeará *eu*, conhecia muito pouco a língua russa no início da aventura. Então *eu* contei com a ajuda de uma senhora russa, estudiosa de Tchékhov, que vive no Brasil, mas não falava quase nada de português. Não falava, mas entendia. Eu, por minha vez, falava muito pouco a sua língua, mas a compreendia. Durante dois anos, nós nos reuníamos no prédio do Departamento de Letras da Faculdade de Filosofia, Letras e Ciências Humanas da Universidade de São Paulo para ler as partituras em russo. Nós líamos e ela fazia com que eu compreendesse o que havíamos lido – explicando em russo, fazendo mímicas, desenhos na lousa e, às vezes, arriscando o português. Eu anotava tudo o que compreendia e, em casa, começava uma infindável busca por palavras e sentidos precisos. Eu agradeço com alegria o encontro com essa senhora, Elena Vasilievich.

As Três Irmãs

Drama em Quatro Atos

PERSONAGENS

Prózorov, Andrei Serguêievitch.

Natália Ivanovna, *sua noiva e, depois, esposa.*

Olga
Irina } *suas irmãs.*
Macha

Kulíguin, Fiódr Ilítch. *Professor do colégio, marido de Macha.*

Verchínin, Aleksandr Ignátievitch. *Tenente-coronel, comandante de bateria.*

Tuzembakh, Nikolai L'vóvitch. *Barão, tenente.*

Soliôni, Vassíli Vassílievitch. *Capitão.*

Tchebutíkin, Ivan Románovitch. *Médico militar.*

Fedótik, Aleksei Petróvitch. *Alferes.*

Rodé, Vladimir Karlóvitch. *Alferes.*

Ferapont. *Guarda da administração rural municipal, um velho.*

Anfissa. *Babá, uma velha de oitenta anos.*

A ação se passa em uma cidade provinciana.

ESQUEMA CENOGRÁFICO DO ATO I

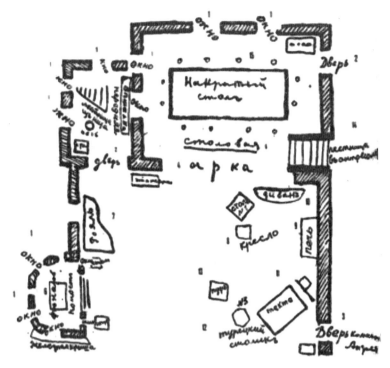

FIGURA 2:
1. Janela; 2. Porta; 3. Porta do quarto de Andrei; 4. Arco; 5. Sala de jantar; 6. *Fonar*; 7. Piano; 8. Poltrona;
9. Lareira; 10. Sofá; 11. Cama turca; 12. Mesinha turca n. 3; 13. Pufe; 14. Escada; 15. Mesa posta.

Da janela do **fonar**[1] é possível ver o cume das árvores com seus brotos quase esverdeados. Do lado de fora, atrás do **fonar**, há um gorjeio de pássaros e o arrulhar de pombos.

---

1 No original, *fonar* designa uma espécie de saleta ou varanda fechada por janelas ou vidros. Não se apoia no chão, mas sobre vigas, ajuda na iluminação da casa.

ACESSÓRIOS DO ATO I

Três cestas do armazém – com biscoitos, uma torta e frutas.
Duas caixas de bombons.
Quatro travessas para frutas e biscoitos.
Três cestas para pão e biscoitos.
Dois vasos de flores.
Uma cesta de flores (presente).
Uma torta doce e um prato para ela, faca, bolo.
Três buquês de flores do mesmo tamanho no fonar.
Um livro para Macha na mesinha turca.
Treze couverts.
Mesa com antepastos.
(Fora de cena, para Irina): seis xícaras de chá, seis pratinhos, seis colheres e seis pratinhos para geleia. Uma enorme torta de aniversário com couve em um grande prato e, para ela, uma molheira com molho. Uma bandeja, um samovar de níquel, uma chaleira. Dois vasinhos com geleia.
Duas gaiolas com tabuinhas móveis para passarinhos, com recipientes para comida e água e passarinhos vivos (no fonar).
Trinta cadernos de alunos.
Um lápis azul e um vermelho (no fonar e na sala de visitas).
Uma faca no carrinho de chá.
Uma gravata, agulha e linha (para Irina).
Ramos com brotos arrancados.
A torta de Prózorov em uma cesta amarrada por um lenço (colorido ou toalha de mesa).
Álbum sobre a mesa n. 1.
Um retrato do general jovem. Um grande retrato do general e da esposa velhos (na moldura entalhada por Andrei).
Violinista atrás do palco.
Piano de cauda.
3-4 badaladas de relógios (cuco) fora de cena.
Relógio pendurado na sala de visitas.
Fósforos e cinzeiro sobre a mesa turca.
Moldurinha entalhada por Andrei sobre a mesa n. 1.
Mesa posta para o café da manhã. Garfos, facas, garrafas, guardanapos, pratos, garrafões, copos etc.
Uma grande cesta de flores.
Aparelho fotográfico.
Um pince-nez de Macha.

As Três Irmãs, de Tchékhov, Com as Partituras de Stanislávski

Ato I

Na casa dos Prózorov. Uma sala de visitas com colunas, através das quais se vê um salão. Meio-dia. Lá fora está ensolarado e alegre. No salão estão pondo a mesa para o café da manhã. Em seu uniforme azul de professora do colégio feminino, Olga corrige os cadernos das alunas o tempo todo, em pé ou andando. Macha, de vestido preto, está sentada com um chapéu sobre os joelhos e lê um livro. Irina usa um vestido branco e está em pé, pensativa.

OLGA [1]: Papai morreu há exatamente um ano, no dia 5 de maio, dia do seu aniversário[2], Irina. Fazia muito frio e nevava então. Parecia-me que eu não ia sobreviver e você estava deitada, desmaiada, como uma morta. Mas já se passou um ano e nós nos lembramos disso com leveza, você já está de vestido branco e seu rosto resplandece. (*O relógio bate doze badaladas.*)[2] Naquele momento, o relógio também bateu. (*Pausa.*) Eu me lembro que, quando levaram papai, tocava uma música e, no cemitério, davam tiros. Ele era general, comandava uma brigada e, mesmo assim, veio pouca gente. Aliás, chovia. Chovia forte e nevava [3].

IRINA: Para que lembrar? [4]

Por trás das colunas, no salão, aparecem Tuzembakh, Tchebutíkin e Soliôni [5].

OLGA: Hoje faz calor, podemos deixar as janelas abertas, mas as bétulas ainda não se cobriram de folhas [6]. Há onze anos papai recebeu a brigada e partiu conosco de Moscou, e eu me lembro perfeitamente que, no início de maio, nessa época, em Moscou, faz calor e tudo já está coberto de flores e inundado de sol.

---

2 Antigamente, na Rússia, as pessoas comemoravam o dia de seu santo de batismo, que frequentemente coincidia com o dia do aniversário. (N. da T.)

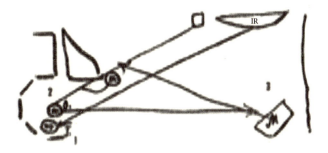

FIGURA 03
1. Irina limpa a gaiola e se ocupa dos pássaros; 2. [O]lga; 3. [M]acha.

À subida da cortina, as irmãs estão sozinhas no palco. Olga, no fonar, corrige apressadamente os cadernos das alunas (para se livrar o quanto antes). Irina organiza o balcão de vidro (fonar) que acaba de ser aberto, após o inverno. Coloca plantas, pendura as gaiolas com pássaros, troca-lhes a comida e a água, enfia na gaiola os brotos recém-colhidos do cume das árvores. Sobre a mesa, há linha, agulha e a gravata de Andrei que ela estava consertando a seu pedido. Macha, com um chapéu na mão, lê um livro, semideitada em uma cama turca. O livro está sobre uma mesinha turca. Ela corta as páginas com um grampo do chapéu.
Com ânimo primaveril, nos bastidores, um violino toca (mal) uma sonora sonata. De vez em quando erra e repete (estuda) várias vezes. É Andrei. Cortina – (Durante algum tempo, pausa.) – Ólia[3] suspirou, largou os cadernos, espreguiçou-se e, para descansar, aproximou-se da janela, beijou Irina (como uma mãe, admirando-a) e apoiou o cotovelo no batente próximo ao fonar, olhando para longe. Irina costura a gravata.

[1] À janela.
[2] O relógio bate às 12 horas. Mal ele bate, o cuco começa a cantar na sala de jantar. Quando ele também marca, fanhosamente, o meio-dia, ao longe (num dos aposentos contíguos), apressado, como se estivesse atrasado, toca, em ritmo acelerado, com uma vozinha fina, um relógio pequeno.
[3] Pausa. Ambas ficam pensativas. O violino silencia.
[4] Interrompe o estado meditativo. Encaminha-se para a porta de Andrei. Ele estende a mão e pega a gravata, beija a mão de Irina; ela se esgueira, beija-o, aproxima-se, cantarolando, de Macha, olha o que ela lê, beija-a e, continuando a cantar, segue animadamente para o fonar. Olga continua, quando ela volta.
[5] Macha assobia. Som dos passos e da conversa (em voz baixa) de Tuzembakh, Tchebutíkin e Soliôni. Eles entram pela direita (do público) e ficam andando em torno da mesa na sala de jantar.
[6] Pausa. Ela retoma o que estava fazendo. Irina também.

3 Diminutivo de Olga. (N. da T.)

Passaram-se onze anos, mas eu me lembro de tudo, como se tivéssemos partido ontem. Hoje de manhã, eu acordei, vi esse tanto de luz, vi a primavera e a minha alma se encheu de alegria e eu desejei apaixonadamente estar em minha terra natal [7].

TCHEBUTÍKIN: Nem pensar!

TUZEMBAKH: Bobagem, claro! [8]

Macha, inclinada sobre o livro, está pensativa e assobia uma canção.

OLGA: Não assobie, Macha! Como pode!? (*Pausa.*)[9] Minha cabeça dói constantemente porque passo o dia todo no colégio e depois dou aulas até a noite; e tenho tais pensamentos, como se tivesse me tornado uma velha. E, de fato, nesses quatro anos em que trabalho no colégio, sinto que minhas forças e a juventude se esvaem a cada dia, gota a gota. E apenas cresce e se fortalece um único sonho... [10]

IRINA: Ir para Moscou. Vender a casa, terminar com tudo aqui e – a Moscou...

OLGA: Sim, o quanto antes a Moscou.

Tchebutíkin e Tuzembakh riem [11].

IRINA: Nosso irmão provavelmente será professor universitário e não vai mesmo ficar aqui. Só Macha vai ficar, coitada.

OLGA: Macha virá, todos os anos, passar o verão em Moscou [12].

Macha assobia baixinho uma canção [13].

IRINA: Se Deus quiser, tudo se arranjará. (*Olhando pela janela.*) [14] Hoje o tempo está bom. Eu não sei por que, mas minha alma está tão leve! Hoje de manhã, lembrei que era o dia de meu aniversário e, de repente, senti uma alegria e comecei a lembrar da infância, de quando mamãe ainda era viva. E que pensamentos maravilhosos me invadiram, que pensamentos!

OLGA [15]: Hoje você está radiante e, como de costume, extraordinariamente bela. Macha também é bela. Andrei seria bonito se não tivesse engordado tanto. Assim ele não fica bem. E eu envelheci, emagreci tanto. Deve ser porque me zango com as meninas no colégio [16]. Hoje, que estou livre, que estou em casa, não tenho dor

[7] Pausa. Jogo cênico anterior: Macha assobia, há a conversa de Tchebutíkin, Tuzembakh e Soliôni. Anfissa traz a louça e faz barulho na sala de jantar.

[8] Olga estremece, vai à estante, pega outra pilha de cadernos e coloca os corrigidos de volta.

[9] No momento em que remexe os cadernos.

[10] Olga vai ao fonar e, no caminho, apanha alguns biscoitos de cima do piano. Enfia um deles na boca de Irina. Esta aceita e continua a cuidar das gaiolas.

[11] Rubrica do autor.

[12] Pausa. Passagem de Anfissa, que leva a roupa escovada e as botas engraxadas a Andrei. Conversa atrás das portas.

[13] Rubrica do autor.

[14] Irina se debruça sobre a janela e despeja a água da vasilha (de uma gaiola). Anfissa passa de volta.

[15] Olhando-a com enlevo, como mãe ou irmã mais velha. Levanta-se e beija Irina, com ar protetor.

[16] Com animação. Em seu quarto, Andrei toca exercícios musicais.

de cabeça e sinto-me mais jovem que ontem. Eu tenho apenas 28 anos. Está tudo bem, é a vontade de Deus, mas me parece que, se eu fosse casada e ficasse em casa o dia inteiro, seria melhor. (*Pausa.*) Eu amaria meu marido.

TUZEMBAKH (*a Soliôni*): O senhor diz tantas bobagens que estou farto de ouvir. (*Entrando na sala de visitas.*) [17] Esqueci de dizer. Hoje virá visitá-las o nosso novo comandante de bateria, Verchínin. (*senta-se ao piano*)

OLGA: Que bom! Fico muito contente.

IRINA: Ele é velho?

TUZEMBAKH[18]: Não muito. Tem no máximo uns 40, 45. (*toca baixinho*) Parece um bom rapaz. Não é bobo, isso é certo. Só que fala muito [19].

IRINA: É um homem interessante?

TUZEMBAKH: Sim, mais ou menos. Só que tem esposa, sogra e duas filhas. E é casado pela segunda vez. Ele faz visitas e sempre conta que tem mulher e duas filhas. E aqui vai contar também. A esposa é meio maluca, usa uma trança longa de moça, fala umas coisas empoladas, filosofa e frequentemente tenta o suicídio, evidentemente para aborrecer o marido. Eu, há muito tempo, já teria ido embora, mas ele suporta e apenas se lamenta [20].

SOLIÔNI (*passando do salão para a sala de visitas com Tchebutíkin*) [21]: Com uma mão eu levanto só um *pud*⁴ e meio, mas com as duas, levanto cinco, até seis puds. Com isso eu concluo que duas pessoas são mais fortes do que uma, não só duas, mas três vezes ou até mais...

TCHEBUTÍKIN (*caminhando, lê o jornal*): Contra a queda de cabelos, dois gramas de naftalina para meia garrafa de álcool... diluir e usar diariamente. (*Anota em uma caderneta.*) Vamos anotar! (*A Soliôni.*) Então, como eu estou lhe dizendo, enfia-se a rolha na garrafinha e, através dela, passa-se um tubinho de vidro. Depois você pega uma pitadinha do alume mais simples, mais comum...

IRINA: Ivan Románovitch, querido Ivan Románovitch!

---

4 Antiga unidade russa de medida, equivalente a 16,3 kg. (Fonte: Klara Gurianova.) (N. da T.)

[17] Como se lembrasse de algo, aproxima-se rapidamente. Pega um bombom e vai ao piano, senta e toca.
[18] Irina sai do fonar e vai à sala de jantar buscar a comida dos pássaros. Leva nas mãos a vasilha de comida deles. No caminho, para junto ao piano, olha para os biscoitos e para os docinhos que foram preparados e come algo.
[19] O violino toca exercícios musicais. Tuzembakh procura um acompanhamento.

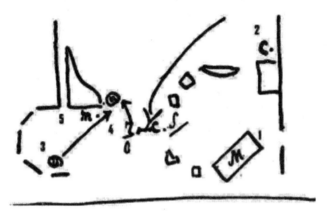

FIGURA 04
1. M[acha]; 2. [S]oliôni; 3. I[rina]; 4. T[chebutíkin]; 5. T[uzembakh].

[20] Termina a escala.
[21] Rubrica do autor. Tchebutíkin vai sucessivamente até Irina, Soliôni, e para trás da lareira, de onde a olha com admiração.

TCHEBUTÍKIN: O que é, minha menina, minha alegria?

IRINA [22]: Diga-me por que estou tão feliz hoje? É como se eu estivesse de velas içadas e, sobre mim, um imenso céu azul e grandes pássaros brancos a voar. E por que isso? Por quê?

TCHEBUTÍKIN (*beijando-lhe as duas mãos, carinhosamente*): Meu pássaro branco...

IRINA: Hoje, quando eu acordei, levantei e me lavei, tive, de repente, [23] a impressão de que tudo estava claro e de que eu sabia como é que se deve viver. Querido Ivan Románovitch, eu sei tudo. O ser humano deve trabalhar, trabalhar com o suor de seu rosto, seja quem for. Nisso consiste o sentido e o objetivo de sua vida, sua felicidade e seu encanto [24]. Como é bom ser um operário que se levanta ao amanhecer e vai quebrar pedras na rua ou um pastor ou um professor que ensina as crianças ou um maquinista na estrada de ferro... [25] Meu Deus! Ser apenas um ser, uma pessoa, não, é melhor ser um boi ou um simples cavalo e apenas trabalhar do que ser uma jovem que acorda ao meio-dia, toma seu café na cama e depois ainda leva duas horas se vestindo... Oh, como isso é horrível! [26] No calor se tem tanta sede quanto eu tenho vontade de trabalhar. E, se de agora em diante eu não começar a levantar cedo e trabalhar, negue-me sua amizade, Ivan Románovitch.

TCHEBUTÍKIN (*carinhosamente*): Eu negarei, eu negarei... [27]

OLGA [28]: Papai nos ensinou a levantar às sete horas. Agora Irina acorda às sete, mas fica na cama até às nove, pelo menos, pensando sabe-se lá em quê. E com um ar tão sério! (*Ri.*)

IRINA [29]: Você se acostumou a me ver como menina e agora estranha quando estou com um ar sério. Eu tenho 20 anos!

TUZEMBAKH [30]: Saudade do trabalho, ai meu Deus, como ela me compreende! Eu não trabalhei nem uma vez na vida. Nasci em Petersburgo, uma cidade fria e ociosa, em uma família que nunca conheceu o trabalho nem qualquer preocupação. Eu me lembro que, quando eu voltava do quartel para casa, era o lacaio quem me tirava as botas enquanto eu fazia caprichos e minha mãe me olhava com veneração e se surpreendia quando os outros não me olhavam

[22] Irina está perto do piano. Encosta-se em Tchebutíkin, que se aproxima e, como um parente, abraça-a pelas costas.
[23] Irina dá um bombom a Tchebutíkin, colocando-o em sua boca.
[24] Num acesso de ânimo, pega a fruteira e coloca-a na mesa n. 2.
[25] Tuzembakh sustenta o acorde. Irina atira-se em Macha e a beija. Ela resmunga. Soliôni espia por detrás da lareira.
[26] Irina volta para o piano e dirige-se a Tuzembakh, que para de tocar e a escuta atenciosamente.
[27] Pausa. Irina parece que se anima e vai até a sala de jantar. Tchebutíkin também está brincalhão. Ele lhe beija a mão, manda-lhe um baiser [beijar. Stanislávski erra o francês, provavelmente diria bisou.] e fez um entrechat [Figura de dança. No balé clássico, o entrechat é um salto em quinta posição no qual o bailarino cruza as pernas no ar uma, duas ou três vezes antes de cair.] alegremente. Aproveitando a ocasião, beija o pensativo Tuzembakh, começa um agudo e fica, com dois dedos, tocando três notas. Tuzembakh preguiçosamente fez-lhe o acompanhamento. Depois faz mais um entrechat, vai ao pufe turco, senta-se de costas e começa a pentear a barba.

FIGURA 05
1. Irina; 2. Tche[ebutíkin]; 3. M[acha].

[28] Irina volta com forragem em um saquinho. Atrás dela vem Anfissa, que organiza os vasos sobre o piano. Olga continua a corrigir os cadernos no fonar.
[29] Irina corre para o fonar, impedindo-a de falar.
[30] Tuzembakh para de tocar o piano, fecha a tampa. Está pensativo, girando em frente ao piano. Irina se ocupa dos pássaros, pendura a gaiola; ouvindo Tuzembakh, medita por um minuto, aparecendo ou apoiando-se no batente do fonar.

assim! Protegeram-me do trabalho. Mas eu duvido que tenham conseguido, duvido! É chegada a hora, um gigante se aproxima, está se formando uma saudável e fortíssima tempestade, que já vem vindo, já está próxima, logo varrerá de nossa sociedade a indolência, a apatia, o preconceito contra o trabalho, a podridão do tédio. Eu vou trabalhar e, dentro de 25 ou 30 anos, todos os homens trabalharão. Todos! [31]

TCHEBUTÍKIN: Eu não vou trabalhar.

TUZEMBAKH: O senhor não conta.

SOLIÔNI [32]: Dentro de 25 anos, o senhor já não estará neste mundo, graças a Deus. Em 2 ou 3 anos, terá um piripaque e morrerá ou então eu me irritarei e lhe darei um tiro no meio da testa, meu anjo. (*Tira do bolso um frasco de perfume e borrifa no peito e nas mãos.*) [33]

TCHEBUTÍKIN (*ri*): Mas eu, de qualquer modo, nunca fiz nada. Depois que saí da universidade, não movi um dedo, não li nem sequer um livro, só alguns jornais... (*Tira outro jornal do bolso.*) [34] Veja... Eu sei pelos jornais que existiu um certo Dobrolíubov[5], mas o que ele escreveu eu não sei... Só Deus sabe... (*Ouvem-se batidas no chão vindas do andar de baixo.*) [35] Vejam, estão me chamando lá embaixo, chegou alguma coisa para mim [36]. Eu já vou... esperem... (*Sai apressadamente, penteando a barba.*)

IRINA: Ele deve ter inventado alguma coisa.

TUZEMBAKH: Sim. Saiu com um ar tão solene, pelo visto vai lhe trazer algum presente agora [37].

IRINA: Como isso é desagradável!

OLGA: Sim, é terrível. Ele sempre faz alguma bobagem [38].

MACHA [39]: Em Lukamórie[6] há um carvalho verde, e no carvalho, uma corrente de ouro[7]. (*Levanta e cantarola baixinho.*)

---

5   Filósofo materialista e crítico literário russo. Revolucionário, considerava que a literatura deveria despertar a consciência da sociedade russa para a necessidade da revolução que extinguiria o regime de servidão. (N. da T.)

6   Lukamórie é um lugar bastante frequente na mitologia eslava – um campo próximo ao mar. Esse lugar mítico costuma ser o cenário de parte dos contos maravilhosos (ou contos de fadas). (N. da T.)

7   São os primeiros versos do poema épico de Púchkin *Ruslan e Ludmila*. São versos bem conhecidos pelos russos. As crianças costumavam decorá-lo nas escolas. (N. da T.)

[31] Pausa, ficam imóveis. Tchebutíkin, após a pausa, folheia o jornal, olha para o lado de Tuzembakh através do pince-nez de modo totalmente inesperado.
[32] Também inesperadamente – uma voz por detrás da lareira.
[33] Olga atravessa, traz os cadernos e aponta os lápis com a faca que está sobre a mesa n. 2.
[34] Mostrando o jornal, saca outro. Tuzembakh entra no fonar e ajuda Irina a pendurar a gaiola com os passarinhos no meio do fonar.
[35] Tchebutíkin aguça os ouvidos e levanta o dedo solenemente.
[36] Bate com o pé no chão.

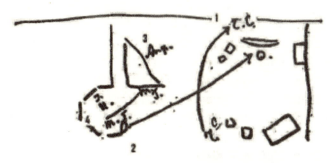

FIGURA 06
Legendas: 1. Tch[ebutíkin] e S[oliôni]; 2. O[lga]; 3. Anf[issa].

[37] Pendura a gaiola.
[38] Pausa. Soliôni estica-se por detrás da lareira, pega um bombom e senta-se novamente.
[39] Depois da brincadeira de Soliôni, atira o livro; senta, olhando para o chão, pensativa.

OLGA: Hoje você está triste, Macha [40]. (*Cantarolando, Macha veste o chapéu* [41].) Aonde você vai?

MACHA: Para casa.

IRINA: Que estranho... [42]

TUZEMBAKH: Ir embora do aniversário! [43]

MACHA: Tanto faz... [44] À noite eu volto. Adeus, minha querida... (*Beija Irina.*) Desejo, mais uma vez, saúde, felicidade. Antigamente, quando papai era vivo, nos dias de aniversário sempre vinham uns trinta, quarenta oficiais, havia barulho. Mas hoje, há apenas dois ou três gatos pingados e um silêncio, é como um deserto... Eu vou embora... Hoje eu estou em *merlekhliúndi*[8], estou triste, mas não me escute. (*Ri entre lágrimas.*) [45] Depois falaremos e até lá, adeus, minha querida, vou para algum lugar.

IRINA (*aborrecida*): Mas como você é...

OLGA (*entre lágrimas*): Eu entendo você, Macha.

SOLIÔNI [46]: Se um homem filosofa, isso então é filosofística ou sofística. Mas se uma ou duas mulheres filosofam isso já quer dizer – socorro!

MACHA: O que você quer dizer com isso, pessoa terrivelmente medonha?

SOLIÔNI: Nada. Sem nem ter tempo de soltar um ai, um urso em cima dele cai[9]. (*Pausa.*)

MACHA (*a Olga, com raiva*): Não chore [47].

Entram Anfissa e Ferapont trazendo um bolo.

ANFISSA: Por aqui, paizinho. Entre, está com os pés limpos. (*A Irina.*) É do Conselho Municipal, de Protopópov, de Mikhail Ivánitch... uma torta.

---

8 Há relatos de que tenha sido Tchékhov o responsável por introduzir essa palavra na língua russa. A palavra já aparece na peça *Ivánov*. Em carta a Suvórin, de 27 de agosto de 1893, o autor conta que seminaristas costumam usar essa palavra para se referir a uma condução psíquica não saudável, a um estado de humor tristonho, a pessoas melancólicas, queixosas. É um neologismo. Pode ser um jogo com as palavras *liúdi* (homem, pessoa) ou mesmo *land* (ilha, em inglês). O prefixo *merlekh* lembra ainda a palavra russa de origem grega *melankholia* (melancolia). Na tradução de *As Três Irmãs* por Klara Guriánova, encontramos o neologismo melancolândia. (N. da T.)

9 Trecho da fábula *O Camponês e o Pião*, de Krílov. (N. da T.)

[40] Aponta o lápis, ordena os cadernos.
[41] Canta, levanta, se espreguiça, põe o chapéu, vai atrás do casaquinho, procura-o preguiçosamente sobre o piano e sobre a cadeira próxima ao piano.
[42] Sai para a sala de visitas.
[43] Estende a mão, despedindo-se.

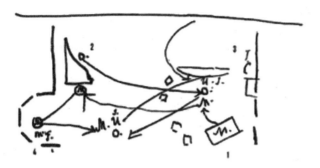

FIGURA 07
Legenda: 1. M[acha; 2. O[lga]; 3. Tch[ebutíkin e S[oliôni; 4. T[uzumbah].

[44] As irmãs a acompanham. Veste as luvas e o casaquinho. Grupo das três irmãs carinhosas à porta de entrada. Macha, andando, despede-se de Anfissa, que a acompanha até a antessala.
[45] Pronta para começar a chorar.
[46] Esticando-se, pega um punhado de bombons. Durante o tempo dessa cena, umas batidas vindas debaixo. Anfissa desce para abrir.
[47] Macha está pronta para ir embora. Segura na maçaneta. Entra Anfissa, atrás dela, Ferapont.

IRINA: Obrigada. Agradeça. (*Pega o bolo.*)

FERAPONT: O quê?

IRINA (*mais alto*): Agradeça! [48]

OLGA [49]: Babá, dê-lhe um pedaço de torta. Vá, Ferapont, vão lhe dar um pedaço de torta.

FERAPONT: O quê?

ANFISSA: Vamos, paizinho Ferapont Spiridônitch. Vamos... (*Sai com Ferapont.*)

MACHA: Eu não gosto de Protopópov, desse Mikhail Potápitch[10] ou Ivánitch. Não deve convidá-lo.

IRINA: Eu não convidei.

MACHA: Ótimo.

Entra Tchebutíkin. Atrás dele vem um soldado com um samovar de prata; rumores de surpresa e de descontentamento [50].

OLGA (*cobre o rosto com as mãos*): Um samovar! Isso é terrível! (*Vai até a mesa da sala.*)

IRINA: Ivan Románovitch, querido, o que você fez! [51]

TUZEMBAKH (*ri*): Eu avisei [52].

MACHA: Ivan Románovitch, você realmente não tem vergonha!

TCHEBUTÍKIN: Minhas queridas, bondosas, vocês são tudo para mim, são o que eu tenho de mais precioso. Logo eu terei 60 anos, sou velho, sozinho, um velho insignificante... Não há nada de bom em mim, só esse amor que tenho por vocês e, se não fosse por vocês, eu não estaria vivo há muito tempo. (*A Irina.*) Minha querida, minha criancinha, conheço você desde o dia em que nasceu... carreguei você nos braços... eu amava sua falecida mãe...

IRINA: Mas por que dar presentes tão caros?! [53]

TCHEBUTÍKIN (*entre lágrimas, bravo*) [54]: Presentes caros... Deixem disso! (*Ao ordenança.*) Leve o samovar para lá... (*irritado*) Presentes caros. (*O ordenança leva o samovar para o salão.*) [55]

---

10 Nome próprio dado aos ursos na Rússia. (N. da T.)

[48] Põe o bolo sobre o piano.
[49] Falando com Macha, que se apoia no arco da sala de jantar.
[50] Tchebutíkin, solene, abre caminho. O ordenança está atrás dele com o samovar.

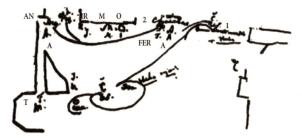

FIGURA 8

[51] Tchebutíkin deita o samovar no colo de Irina, espera o efeito. Por trás, o ordenança dá um risinho. Pausa. Soliôni gargalha. Tuzembakh espia do fonar.
[52] Campainha na antessala. Anfissa passa. Macha aproxima-se do grupo. Soliôni sai detrás da lareira, ajoelha-se e olha o samovar, rindo. Tuzembakh está do outro lado. Irina está embaraçada. Tchebutíkin derrama umas lágrimas. Beija Macha e Irina.
[53] Ter em vista que, por declaração do autor, Irina é (provavelmente) filha de Tchebutíkin, que viveu com sua mãe.
[54] Zanga-se, bate-lhe suavemente com a mão.
[55] Vai para a sala de jantar atrás do ordenança. Irina iria atrás dele, mas Macha, atrás de Irina, dá um risinho. Risada de Macha e de Tuzembakh, resmungo de Tchebutíkin. Anfissa desce correndo; atrás dela, num capote militar, surge Verchínin. Ele se despe na antessala. Soliôni aproxima-se do bombom.

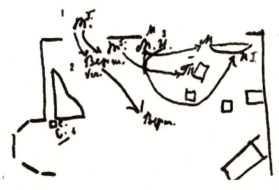

FIGURA 09
1. Tch[ebutíkin]; 2. V[erchínin]; 3. T[uzembakh]; 4. S[oliôni]; 5. Anf[issa]; 6. M[acha], Ir[ina].

ANFISSA (*atravessando a sala de visitas*): Queridas, está aí um coronel desconhecido. Já tirou o casaco, crianças, está vindo para cá. Arínuchka[11], seja carinhosa, gentil... (*Vai saindo.*) E já não é sem tempo de sair o café da manhã... Ai, meu Deus...

TUZEMBAKH: Deve ser Verchínin [56]. (*Entra Verchínin.*) Tenente-coronel Verchínin! [57]

VERCHÍNIN (*a Macha e Irina*) [58]: Tenho a honra de me apresentar: Verchínin. Estou muito, muito contente por estar, finalmente, em vossa casa. Puxa, como cresceram!

IRINA: Sente-se, por favor. É um prazer [59].

VERCHÍNIN (*alegre*) [60]: Como estou contente! Mas, vocês são três irmãs. Eu me lembro – três moças. Não me lembro dos rostos, mas que vosso pai, o coronel Prózorov, tinha três mocinhas pequenas, eu me lembro perfeitamente, eu vi com meus próprios olhos [61]. Como o tempo passa! Poxa vida, como passa!

TUZEMBAKH: Aleksandr Ignátievitch é de Moscou.

IRINA: De Moscou? O senhor é de Moscou? [62]

VERCHÍNIN: Sim, de lá. Vosso falecido pai comandava uma bateria lá e eu era oficial da brigada, então. (*A Macha.*) [63] Parece que estou começando a me lembrar de seu rosto.

MACHA [64]: Mas eu não!

IRINA: Ólia, Ólia! (*Grita para o salão.*) Ólia, venha aqui! [65] (*Olga vem do salão para a sala de visitas.*) [66] É que o tenente-coronel Verchínin é de Moscou [67].

VERCHÍNIN: A senhora deve ser Olga Serguêievna, a mais velha... A senhora Maria... E Irina, a mais nova...

OLGA: O senhor é de Moscou? [68]

VERCHÍNIN [69]: Sim, eu estudei em Moscou e comecei a servir em Moscou, servi lá por bastante tempo e, finalmente, recebi uma bateria aqui e vim para cá, como vê [70]. Eu não me lembro da senhora, exatamente, lembro-me apenas que eram três irmãs. Vosso pai ficou gravado em minha memória, se fechar os olhos

---

11 Diminutivo de Irina, tratamento carinhoso. (N. da T.)

[56] Vai à antessala. Lá, cumprimentam-se, conversam. Irina e Macha param no arco. Macha arruma o penteado de Irina. Tuzembakh entra primeiro, atrás dele Verchínin.
[57] Tuzembakh apresenta.
[58] Cumprimenta suavemente, amável com Macha e Irina. Levanta os braços, maravilhado com a beleza das duas.
[59] Com cortesia e simplicidade, gentilmente convida-o para sentar.

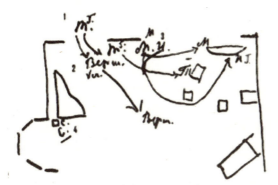

FIGURA 10:
1. T[uzembakh]; 2. V[erchínin]; 3. M[acha] e I[rina]; 4. S[oliôni].

[60] Alegre, familiarizou-se imediatamente, sentindo-se em seu próprio círculo. Atravessam a mobília, Verchínin cumprimenta Soliôni, que se afasta. Verchínin tira as luvas.
[61] Irina oferece a poltrona para se sentar, ela mesma senta-se no sofá, Verchínin faz cerimônia, oferece a poltrona a Macha, que está em pé atrás do sofá. Macha faz um gesto para que ele se sente. Tuzembakh aproxima-se da mesa. Verchínin se senta.
[62] Encheu-se de vida, com sinceridade.
[63] Pausa. Olha para Macha. Macha põe o pince-nez [pincenê: mantido aqui grafia em francês do original] primeiro.
[64] Sorri. Pausa. Silêncio embaraçoso. Verchínin observa a sala de visitas.
[65] Todos olham para trás, esperam a entrada de Ólia. Tuzembakh sai para chamar Ólia. Ouve-se como ele chama e fala com Ólia. Tuzembakh se demora nos bastidores. Ele provavelmente estava acalmando Tchebutíkin.
[66] Apresentam-se. Irina senta, Verchínin se levanta. Olga o cumprimenta formalmente de maneira simples e correta.
[67] Soliôni fuma um cigarro de palha e coloca os fósforos cuidadosamente na ponta do piano (quer mostrar decoro). Olga vai até o sofá. Irina cede seu lugar.
[68] Com grande interesse.
[69] Verchínin fala em pé. O meigo grupo das três irmãs está de mãos dadas.
[70] Ajeita-se na poltrona.

o vejo, como se estivesse vivo [71]. Eu frequentava vossa casa em Moscou...

OLGA: E eu achava que me lembrasse de todos e, de repente... [72]

VERCHÍNIN: Eu me chamo Aleksandr Ignátievitch...

IRINA [73]: Aleksandr Ignátievitch, o senhor é de Moscou... Veja que surpresa!

OLGA [74]: E nós mudaremos para Moscou!

IRINA: Pensamos em estar lá no outono. Nossa cidade natal, nós nascemos lá... Na rua Stáraia Basmánnaia... (*Ambas riem de alegria.*) [75]

MACHA: De repente encontramos um conterrâneo. (*Vivamente.*) [76] Agora me lembrei! Lembra, Ólia, que em casa falavam do "major apaixonado". Na época o senhor era tenente e estava apaixonado por alguém e todos o provocavam chamando-o de major, não sei por quê.

VERCHÍNIN (*ri*) [77]: Pois é, pois é... major apaixonado, isso mesmo...

MACHA [78]: Na época o senhor só usava bigodes. Ó, como envelheceu! (*Entre lágrimas.*) [79] Como envelheceu!

VERCHÍNIN: Sim, quando me chamavam de major apaixonado eu era jovem, estava apaixonado. Agora não é mais assim [80].

OLGA : Mas o senhor não tem nenhum cabelo branco. Envelheceu, [81] mas ainda não é velho.

VERCHÍNIN : Porém já tenho 43 anos. Faz tempo que vocês saíram [82] de Moscou?

IRINA: Onze anos [83]. Mas Macha, por que você está chorando? Que excêntrica... (*Entre lágrimas.*) Eu também vou chorar... [84]

MACHA: Não é nada. E em que rua o senhor morava?

VERCHÍNIN [85]: Na Stáraia Basmánnaia.

OLGA [86]: E nós também!

VERCHÍNIN [87]: Eu vivi algum tempo na rua Nemétskaia. Da rua Nemétskaia eu costumava ir aos quartéis Vermelhos. Pelo caminho há uma ponte sombria e, sob a ponte, a água murmura. Um solitário entristece quando passa por lá. (*Pausa.*) [88] Mas aqui, como é largo e abundante o rio! Que rio admirável!

OLGA [89]: Sim, porém é gelado. Aqui faz frio e tem mosquitos... [90]

[71] Observa o retrato. Verchínin vê, aproxima-se do retrato, olha e volta, guardando o pince-nez que pegara para examinar.

[72] Sentam-se.

[73] Esforçando-se para lembrar.

[74] Vivamente, com interesse.

[75] Prolongar esta cena: olham uma para a outra, apertando as mãos de alegria. Irina balança as perninhas de impaciência. Escorrem duas lágrimas. Enxuga-as rapidamente. Macha está séria. Pausa. Verchínin, surpreso, olha furtivamente para Macha.

[76] Para esconder seu deslize. Larga o pince-nez energicamente. Entusiasmada com a lembrança, anima-se.

[77] Anima-se também. Os dois riem. Pausa constrangedora.

[78] O tom é baixado drasticamente; lembra-se, séria, colocando o pince-nez.

[79] Aos poucos, todos baixam o tom meneando a cabeça.

[80] Macha chora, vira-se de costas escondendo as lágrimas.

[81] Todas as irmãs abaixam o tom. Olga vê que Macha está chorando. Tenta se conter, baixa os olhos.

[82] Sente-se constrangido.

[83] Não consegue segurar e, com a voz abafada, sai rapidamente para desatar em pranto. Irina chora. E atrás dela, Olga; as duas se desafogam.

[84] Pausa. Na sala de jantar, ouve-se Macha servindo água. Irina, para esconder o embaraço, levanta de repente, como se fosse pegar uns bombons. Pega e muda o vaso para perto de Verchínin.

[85] Interrompendo timidamente a conversa.

[86] Procurando não mostrar os olhos cheios de lágrimas.

[87] Tentando reanimar.

[88] Trocando o tema.

[89] Com tristeza.

[90] Aperta-se contra Irina. Neste momento, Macha também se aproxima. Terno, o grupo fechado das três irmãs.

VERCHÍNIN: Mas como! [91] Aqui há um clima eslavo muito bom e saudável [92]. Há a floresta, o rio… e há também as bétulas. Adoráveis e bucólicas, as que eu mais amo entre todas as árvores. É bom viver aqui [93]. Só me parece estranho que a estação de trem fique a vinte verstas[12] daqui. E ninguém sabe por que isso é assim.

SOLIÔNI: Eu sei por que isso é assim. (*Todos olham para ele.*) Porque se a estação de trem fosse perto não seria longe e, sendo longe, sabemos que não é perto.

Silêncio constrangedor [94].

TUZEMBAKH: Que piadista, Vassíli Vassílievitch.

OLGA [95]: Agora eu me lembrei do senhor. Eu me lembro.

VERCHÍNIN: Eu conheci a vossa mãezinha.

TCHEBUTÍKIN [96]: Como era boa, que Deus a tenha [97].

IRINA [98]: Mamãe está enterrada em Moscou.

OLGA: No Novo-Dêvitch.

MACHA [99]: Imagine que eu já comecei a esquecer o seu rosto. Do mesmo modo não se lembrarão de nós. Vão nos esquecer.

VERCHÍNIN [100]: Sim, esquecerão. Assim é o nosso destino e não há nada que se possa fazer. O que agora nos parece sério, notável e até muito importante, com o tempo será esquecido ou nos parecerá insignificante. (*Pausa.*) [101] E o que é interessante é que agora nós não podemos saber o que será considerado elevado, importante e o que será considerado deplorável ou ridículo, no fim das contas. Pois não consideramos as descobertas de Copérnico ou de Colombo pouco úteis e até insignificantes no começo, enquanto algum absurdo vazio escrito por algum excêntrico nos parecia a mais pura verdade? E pode ser que a nossa vida atual, com a qual estamos tão à vontade, possa daqui a algum tempo parecer estranha, incômoda, medíocre, pouco pura, quem sabe até pecaminosa…

TUZEMBAKH [102]: Quem sabe? Mas pode ser que chamem a nossa vida de elevada e se lembrem dela com respeito. Agora não há

---

12 Antiga medida russa equivalente a 1.067 metros. (N. da T.)

[91] Pausa para o grupo das irmãs.

[92] Tratando de se dispersar.

[93] Entram Tchebutíkin e Tuzembakh, cumprimentam-se. Tuzembakh pega alguns biscoitos no piano. Soliôni também. Tchebutíkin, cumprimentando, fica atrás das costas da poltrona de Verchínin.

[94] Rubrica do autor.

[95] Com alegria, rapidamente, inesperadamente.

[96] Seriamente, com comoção e calorosamente.

[97] Pausa. Tchebutíkin vai até a cama turca onde está o retrato do pai e da mãe das três irmãs. Tira o pince-nez e olha longamente para o retrato.

[98] Com estima.

[99] Durante todo o tempo, até este momento, examinou Verchínin, acariciando o rosto de Irina com ar pensativo ou dando a mão a Olga, que a acaricia afetuosamente.

[100] Com disposição, com convicção, com simplicidade.

[101] Tuzembakh, que até este momento andara pela sala, vai até Verchínin e lhe dá a cigarreira. Verchínin pega um cigarro de palha e pergunta com um gesto se pode fumar. Procura por um fósforo. Irina pula, para, pega alguns fósforos da mesinha turca, acende-os, depois oferece o cinzeiro.

[102] Tuzembakh até este momento andou, fumando, pensativo, contando os quadrados do assoalho. Ele, agora, para perto da poltrona de Verchínin.

mais torturas, nem execuções, invasões, mas mesmo assim, quanto sofrimento! [103]

SOLIÔNI (*com uma vozinha*): Pi, pi, pi, pi... Não precisa dar ração para o barão, basta deixá-lo filosofar.

TUZEMBAKH: Vassíli Vassílitch, me deixe em paz, eu lhe peço... (*Senta-se em outro lugar.*) Isso é enfadonho.

SOLIÔNI (*com uma vozinha*): Pi, pi, pi, pi...

TUZEMBAKH (*a Verchínin*): Os sofrimentos que vemos hoje – e são tantos! – indicam certa elevação moral alcançada pela sociedade...

VERCHÍNIN: Sim, sim, sem dúvida [104].

TCHEBUTÍKIN [105]: O senhor estava dizendo, barão, que chamarão a nossa vida de elevada, mas as pessoas são tão baixinhas... (*Levanta-se.*) Veja como sou baixinho. É para meu consolo que é preciso dizer que a minha vida será elevada [106].

Um violino toca fora de cena.

MACHA: É Andrei tocando, nosso irmão [107].

IRINA [108]: Ele é o nosso cientista. É certo que será professor na universidade. Papai foi militar, mas seu filho escolheu a carreira científica.

MACHA: Por desejo do papai.

OLGA [109]: Hoje nós lhe esgotamos a paciência. Parece que ele está meio apaixonado.

IRINA [110]: Por uma moça daqui. Hoje ela virá aqui, provavelmente.

MACHA [111]: Ai, como ela se veste! Não é que seja feio ou fora de moda, mas é simplesmente uma lástima. Uma saia esquisita amarelenta brilhante com uma franja vulgar e uma blusinha vermelha [112]. E a cara lavada, mas tão lavada! Andrei não está apaixonado – eu não admito. Apesar de tudo, ele tem bom gosto. Ele está só nos provocando, está brincando [113]. Ontem eu ouvi dizer que ela vai se casar com Protopópov [114], o presidente do Conselho Municipal. Que ótimo... (*Para a porta lateral.*) [115] Andrei, venha aqui! Só um instantinho, querido!

Entra Andrei.

[103] Batendo a cinza no cinzeiro da mesa onde está Verchínin.
[104] Volta-se. Procura Tuzembakh.
[105] Até este momento admirava o retrato, agora arruma o pince-nez.
[106] Pausa. Violino. Tchebutíkin, triste, vai ao fonar e fica lá emocionado com a lembrança.
[107] Depois que Tchebutíkin se sentou, ela fica olhando para Verchínin o tempo todo, ora tirando, ora pondo o pince-nez.
[108] Vê-se que gosta e se orgulha dele.
[109] Pausa. De repente, Olga gargalha.
[110] Conta com interesse.
[111] Neste momento, Macha vai até a mesa e folheia o álbum, vendo alguma provinciana.
[112] Verchínin examina o álbum.
[113] Anunciando como se fosse uma novidade para a irmã.
[114] Esclarecendo a Verchínin.
[115] Vai. Irina corre atrás dela e entra, correndo, no quarto de Andrei. Macha espera à porta.

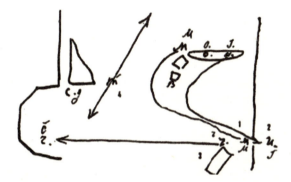

FIGURA 11:
1. M[acha]; 2. I[rina]; 3. Tch[ebutíkin]; 4. T[uzembakh].

OLGA: Este é meu irmão, Andrei Serguêitch [116][13].

VERCHÍNIN: Verchínin.

ANDREI: Prózorov [117]. (*Enxuga o rosto suado.*) Veio como comandante de bateria?

OLGA [118]: Imagine, Aleksandr Ignátievitch é de Moscou.

ANDREI: Ah, sim? Pois eu o felicito, agora minhas irmãzinhas não o deixarão em paz.

VERCHÍNIN: Eu já consegui enfastiar suas irmãs [119].

IRINA [120]: Veja esse porta-retratos que Andrei me deu hoje! (*Mostra a moldurinha.*) Foi ele mesmo quem fez.

VERCHÍNIN (*olhando para a moldurinha, sem saber o que dizer*): Sim... uma coisa...

IRINA: Veja, aquela outra moldurinha [121] sobre o piano também foi ele quem fez.

Andrei faz um gesto com a mão e se afasta.

OLGA [122]: Ele é o nosso cientista e toca violino e entalha várias coisinhas, em uma palavra: um faz-tudo [123]. Andrei, não vá embora! [124] Ele tem essa mania, sempre vai embora. Venha aqui!

Macha e Irina pegam Andrei pela mão e, rindo, conduzem-no de volta.

MACHA: Vá, vá!

ANDREI [125]: Deixem-me, por favor.

MACHA: Que cômico! Aleksandr Ignátievitch era chamado de major apaixonado e ele não ficava nem um pouquinho bravo.

VERCHÍNIN: Nem um pouco!

MACHA: E eu quero lhe chamar de violinista apaixonado! [126]

IRINA [127]: Ou de professor apaixonado! [128]

OLGA [129]: Ele está apaixonado, Andriúcha está apaixonado!

IRINA (*aplaudindo*): Bravo, bravo! Bis! Andriúcha[14] está apaixonado!

---

13 Diminutivo do patronímico Serguêievitch. (N. da T.)
14 Diminutivo de Andrei. (N. da T.)

[116] Olga senta-se. Verchínin levanta-se.
[117] Aperto de mão. Andrei faz com que Verchínin se sente. Macha vai até Verchínin.

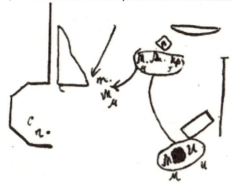

FIGURA 12:
Tuzembakh conta quadradinhos o tempo todo e, às vezes, se detém. Soliôni o espia com um olhar fatal. Arrastam Andrei. Irina dá-lhe o braço, ele apoia-se ligeiramente. Quando entra, Macha o pega pelo outro braço e elas o levam solenemente até Verchínin.

[118] Irina tenta secar o suor do rosto de Andrei. Ele procura se esquivar dela (espanta com a mão). Ela insiste. Andrei é preguiçoso e fica em pé como um elefante que se esquiva da mosca.
[119] Em tom de brincadeira, Andrei empurra Irina, que faz estripulias. Ela dá de encontro suavemente com a mesa n. 2 (para chá).
[120] Pega a moldurinha da mesa n. 3. Neste momento, Andrei cumprimenta Tuzembakh, Tchebutíkin e Soliôni.
[121] Apontando o retrato, Verchínin se aproxima e olha a grande moldurinha. Irina está próxima a ele, na cama turca. Olga está em frente à lareira. Todos olham.
[122] Enquanto isso, observam o retrato.
[123] Olga, rápida – vendo que Andrei, depois de cumprimentar, foi para seu quarto como se nada tivesse acontecido.
[122] Pausa. Macha e Irina correm atrás dele, ao seu quarto.
[125] Macha puxa Andrei pela mão. Irina empurra suas costas e, quando faltam forças, ela usa truques de mulher. Belisca e faz cócegas. Andrei resiste bem-humorado dando, com isso, prazer a Irina. Tenta se livrar com o braço livre. Todos estão ofegantes, especialmente Andrei – ele é gordo. Tchebutíkin, ao ver a animação, também quer participar da brincadeira. Verchínin e Olga estão perto do retrato; olham com um sorriso e um ar protetor para as crianças que fazem uma travessura.
[126] Ficam sentados no pufe turco.
[127] Faz cócegas nele.
[128] Por detrás, traiçoeiramente fura o flanco de Andrei com os dedos, teme que ele a pegue. Pensando que Andrei se livrou, Irina dá um salto. Tchebutíkin chega sorrateiramente e se esconde atrás de Irina, está tentando se aproximar de Andrei pelas costas.
[129] Amorosamente se aproxima e afaga-o na cabeça.

TCHEBUTÍKIN (*se aproxima pelas costas de Andrei e o pega pela cintura com as duas mãos*) [130]: A natureza nos criou unicamente para o amor! (*Gargalha; ele está o tempo todo com o jornal.*)

ANDREI: Mas basta, basta... (*Enxuga o rosto.*) [131] Eu não dormi a noite inteira e agora estou, como se diz, fora do ar. Fiquei lendo até às quatro e depois fui para a cama, mas nada aconteceu. Fiquei pensando sobre isso e aquilo e então amanheceu e o Sol entrou em todo o quarto [132]. Durante o verão eu quero traduzir um livro do inglês, enquanto estiver aqui.

VERCHÍNIN: E o senhor lê em inglês?

ANDREI [133]: Sim. Nosso pai, que Deus o tenha, nos subjugava pela educação. Isso é ridículo e estúpido, mas, apesar de tudo, é preciso reconhecer que depois que ele morreu eu comecei a engordar e eis como fiquei em um ano, como se meu corpo tivesse se libertado do jugo [134]. Graças ao nosso pai, eu e minhas irmãs sabemos francês, alemão e inglês, e Irina ainda sabe italiano. Mas a que preço!

MACHA: Nessa cidade, saber três línguas é um luxo inútil. Aliás, não é nem um luxo, é algo inútil como um apêndice, como um sexto dedo. Sabemos muitas coisas desnecessárias [135].

VERCHÍNIN: Essa é boa! (*Ri.*) [136] Saber coisas desnecessárias! Parece-me que não há e não pode haver uma cidade tão tediosa e melancólica que não necessite de uma pessoa inteligente e instruída. Suponhamos que entre os 100 mil habitantes dessa cidade, certamente tosca e atrasada, existam apenas três como vocês. Certamente não conseguirão vencer a massa ignorante que as cerca; no decorrer de sua vida, pouco a pouco terão de ceder e acabarão se perdendo na multidão de 100 mil pessoas. A vida irá sufocá-las, mas vocês não desaparecerão completamente sem que tenham deixado sua influência. Mais tarde, aparecerão já seis pessoas assim, depois doze e assim por diante até que, finalmente, sejam a maioria [137]. Dentro de duzentos ou trezentos anos, a vida na Terra será inacreditavelmente maravilhosa e admirável. O ser humano precisa dessa vida e, se ela ainda não existe, ele deve pressenti-la, esperar

[130] Tchebutíkin alcançou seu objetivo e fica de joelhos. Abraça Andrei pelas costas. Irina e Macha fazem cócegas nos dois lados de Andrei. Olga o defende. Andrei geme e começa a gritar com medo das cócegas.

[131] Andrei pega Irina pelo braço e, dobrando-o, força-a a ficar de joelhos. Sentindo dor, ela guincha e começa a bater nele seriamente. Enquanto Irina o golpeia, Andrei fala sem lhe dar a menor atenção. Ele não sente dor.

[132] Irina vai para Tuzembakh e mostra-lhe a mão que ficou marcada pelos anéis.

[133] Tchebutíkin vai até Irina, olha a mão. Quando Irina senta perto de Verchínin, Tchebutíkin senta-se na banqueta redonda próxima ao piano e fala com Soliôni.

[134] Olga senta com Macha.

[135] Pausa. Andrei se afasta na direção do grupo de Tuzembakh, Tchebutíkin e Soliôni.

[136] Durante a próxima fala, Verchínin se afasta da lareira. Fica de frente para o público; às vezes, durante a fala, se abaixa e bate a cinza no cinzeiro que está sobre a mesa turca. As irmãs ouvem sentadas de costas para o público. Tchebutíkin e Andrei afastam-se com cuidado em direção ao fonar. Tuzembakh está escutando em frente ao piano.

[137] As irmãs começam a se interessar muito – isso as toca de perto.

As Três Irmãs, de Tchékhov, Com as Partituras de Stanislávski

por ela, sonhar com ela, preparar-se para ela e para isso ele deve procurar ver e saber mais do que viram e souberam seu avô e seu pai. (*Ri.*) E vocês se lamentam por saberem demais.

MACHA (*tira o chapéu*) [138]: Vou ficar para o café da manhã.

IRINA (*com um suspiro*): É verdade, tudo isso deveria ser anotado... [139]

Andrei já não está, saiu furtivamente.

TUZEMBAKH [140]: O senhor diz que em alguns anos a vida na Terra será maravilhosa e admirável. É verdade. Mas, se quisermos participar dela agora, mesmo que de longe, precisamos nos preparar, precisamos trabalhar... [141]

VERCHÍNIN (*levanta-se*): Sim. E, não obstante, quantas flores temos aqui! (*Olhando em torno.*) E que casa maravilhosa. É admirável! E eu passei toda a vida em apartamentos com duas cadeiras, um sofá e uma lareira que sempre soltava fumaça. Eram precisamente essas flores que faltavam em minha vida... (*Esfrega as mãos.*) Ah! Enfim, tudo bem!

TUZEMBAKH: Sim, é preciso trabalhar. Talvez o senhor pense: o alemão ficou emocionado. Mas eu sou russo, palavra de honra e nem falo alemão. Meu pai é ortodoxo... (*Pausa.*)

VERCHÍNIN (*caminha pelo palco*) [142]: Com frequência eu penso: e se fosse possível começar a vida novamente, com consciência? Se pudéssemos fazer com que a vida já vivida fosse, como se diz, um rascunho, e ainda houvesse uma outra vida, passada a limpo! Eu imagino, então, que cada um de nós se esforçaria para não se repetir ou para criar, pelo menos, outras condições de vida, construir para si uma casa com flores, assim como essa, com montes de flores... Eu tenho esposa e duas filhas, mas minha esposa é doente etc. etc. Se fosse possível começar a vida novamente, então eu não me casaria... Não mesmo!

Entra Kulíguin vestindo a casaca do uniforme.

KULÍGUIN (*aproxima-se de Irina*) [143]: Minha querida irmã, permita-me cumprimentá-la pelo dia de seu aniversário e desejar-lhe, do

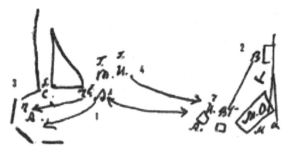

FIGURA 13:
1. A[ndrei]; 2. V[erchínin]; 3. Tch[ebutíkin]; 4. T[uzembakh] e I[rina].

[138] Macha levanta-se cheia de energia, tira o chapéu e coloca-o sobre o piano. Ao término da frase de Verchínin, Andrei e Tchebutíkin entram vindos do fonar. Tchebutíkin senta-se na banqueta giratória do piano e fala com Soliôni. Andrei aproxima-se, para um instante, escuta o final da fala.

[139] Irina diz essa frase com grande consideração (como uma criança). Falando, acompanha Macha — ajuda-a a tirar o casaquinho, pega o chapéu do piano e ambas se desfazem do casaquinho na antessala. Demoram-se um pouco lá. Tuzembakh vai até Verchínin, que conversava com Olga. Tuzembakh, interessado pela conversa, dá continuidade com Verchínin, aproximando-se dele. Andrei vai se aproximando com cuidado, imperceptivelmente, de sua porta, dissimulando; aguarda o melhor momento.

[140] Tuzembakh e Verchínin fumam e batem as cinzas no cinzeiro que está sobre a mesinha turca.

[141] Campainha. Passagem da criada. Com um gesto, Olga chama Verchínin para se sentar. Este se senta. Tuzembakh levanta-se. Irina e Macha entram, vindas da antessala.

[142] Meio virado para o público. Estão ali Anfissa, a criada, e o ordenança de Tchebutíkin (que depois da chegada com o samovar ajuda a pôr a mesa). É preciso conhecer muito bem e compreender a suma importância da peça (o que para ela é importante); ao pronunciar uma palavra importante para a peça — é necessário parar (evidentemente de um modo natural) e não desviar a atenção com o jogo cênico na sala de jantar. Ali, durante todo o tempo acontece esse jogo cênico — os preparativos para o café da manhã. Kulíguin se despe na antessala. Macha e Irina, que voltaram, interessaram-se novamente pela conversa, aproximaram-se. Irina senta-se no pufe. Macha está ao lado dele, com a mão em seu ombro. Tuzembakh apoia-se na lareira.

[143] Kulíguin entra com disposição e ruidosamente. Vai até Irina e beija-a; depois apresenta-se a Verchínin. Verchínin se levanta, depois se senta de novo. Kulíguin beija Olga, cumprimenta Tuzembakh. Com a entrada de Kulíguin, Macha se afasta com o rosto triste em direção ao fonar. Kulíguin vai cumprimentar Tchebutíkin, Soliôni e Macha.

fundo do coração, saúde e tudo o que pode desejar uma moça da sua idade. E trouxe-lhe ainda este livro de presente. (*Entrega-lhe o livro.*) É a história dos cinquenta anos do nosso ginásio, escrita por mim. É um livrinho insignificante, escrito por falta do que fazer, mas, de qualquer modo, leia. Olá, senhores! (*A Verchínin.*) Kulíguin, professor do colégio local. Conselheiro judicial. (*A Irina.*) Neste livrinho, você vai encontrar uma lista de todos os que terminaram o curso no nosso colégio nos últimos cinquenta anos. *Feci quod potui, faciant meliora potentes*[15]. (*Beija Macha.*)

IRINA: Mas você já me deu um livrinho desses na Páscoa.

KULÍGUIN (*ri*) [144]: Não pode ser! Neste caso, devolva-me, ou melhor, dê ao coronel. Tome, coronel. Um dia desses o senhor vai ler, contra o tédio.

VERCHÍNIN: Muito obrigado. (*Preparando-se para sair.*) [145] Foi um grande prazer...

OLGA [146]: O senhor está indo embora? Não, não!

IRINA: O senhor fica conosco para o café. Por favor.

OLGA: Eu lhe peço.

VERCHÍNIN (*fazendo uma reverência*): Parece que eu vim parar num dia de aniversário. Desculpe, eu não sabia, não a cumprimentei... (*Sai com Olga para o salão.*) [147]

KULÍGUIN: Hoje, senhores, é domingo, dia de descanso, então vamos descansar, e vamos nos divertir, cada um de acordo com sua idade e posição [148]. Vai ser preciso recolher os tapetes no verão e guardá-los até o inverno... Com pó da pérsia ou naftalina... Os romanos eram saudáveis porque sabiam trabalhar e sabiam descansar, e eles tinham *mens sana in corpore sano*[16]. Suas vidas tinham as formas já determinadas. Nosso diretor diz: o mais importante na vida é a sua forma. O que perde sua forma, acaba – e em nosso dia a dia é a mesma coisa. (*Pega Macha pela cintura, ri.*) [149] Macha me ama. Minha esposa me ama [150]. E as cortinas das

15 Em latim no original: "Fiz o que pude, façam melhor os que puderem." (Tradução nossa.)
16 Em latim no original: "Mente sã em corpo são." (N. da T.)

[144] Tendo cumprimentado Tchebutíkin e Soliôni, ele vai até Macha.
[145] Levanta-se, aperto de mão com Olga, pega o quepe.
[146] No momento em que Verchínin se despede dela.
[147] Cumprimenta Irina. Olga e Verchínin vão até o fonar. Verchínin tira a espada e a coloca sobre a cadeira em frente ao fonar.

FIGURA 14:
1. Kulíguin cumprimenta Irina, Verchínin, Olga e Tuzembakh e vai até Macha; 2. Tira a espada.

[148] Beija Macha; aspira com prazer o ar de primavera pela janela aberta. Sai do fonar, beija Olga, que espera que Verchínin tire a cinta com a espada. No caminho belisca um bombom e olha a moldura sobre a mesa de chá. Fica andando rápido pela sala. Irina permanece sentada no mesmo lugar. Tuzembakh, no mesmo tom, em seu lugar, perto da lareira. Ele olha Irina com admiração, ela está pensativa. Soliôni fica com ciúme. Enquanto isso, Olga, Verchínin e Tchebutíkin sobem para o fonar e sentam-se. Macha, no fonar, apoia-se no batente da porta.
[149] Beijando Macha no caminho.
[150] Começa a cantar, aproxima-se da porta de Andrei, onde há uma cortina. Ouve-se o som de um serrote no quarto de Andrei: ele serra algo.

janelas também, com os tapetes... Hoje estou feliz, tenho um excelente estado de espírito [151]. Macha, hoje, às quatro horas, nós iremos à casa do diretor. Estão organizando um passeio para os professores e suas famílias.

MACHA [152]: Eu não vou.

KULÍGUIN (*descontente*) [153]: Por que, Macha, querida?

MACHA: Depois falaremos... (*com raiva*) Está bem, eu irei, mas fique longe, por favor... (*Afasta-se.*) [154]

KULÍGUIN [155]: E depois, à noite, vamos para a casa do diretor. Apesar de seu estado doentio, esse homem se esforça, antes de tudo, para ser sociável. É uma personalidade maravilhosa, iluminada. Uma pessoa magnífica. Ontem, depois do conselho, ele me disse: "Cansei, Fiódr Ilítch! Cansei!" [156] (*Olha para o relógio de parede, depois para o seu.*) [157] O relógio de vocês está sete minutos adiantado. Sim, ele disse, cansei!

Nos bastidores tocam violino [158].

OLGA [159]: Senhores, tenham a bondade, por favor, ao café da manhã! A torta! [160]

KULÍGUIN [161]: Ai, Olga, minha querida, minha querida! Ontem eu trabalhei desde manhã até às onze horas da noite, cansei. E hoje me sinto feliz. (*Vai para o salão em direção à mesa.*) Minha querida...

TCHEBUTÍKIN (*guarda o jornal no bolso, penteia a barba*) [162]: Uma torta? Que esplêndido!

MACHA (*a Tchebutíkin, severa*) [163]: Escute aqui, nada de bebida hoje. Ouviu? Beber lhe faz mal.

TCHEBUTÍKIN: Ui! Isso já passou. Faz dois anos que deixei de me embebedar. (*impaciente*) Ora, mãezinha, não é tudo a mesma coisa?

MACHA: De qualquer modo, não se atreva a beber! Não ouse! (*Irritada, mas tomando cuidado para que o marido não ouça.*) [164] E, mais uma vez, vamos passar a noite na casa do diretor, que o diabo o carregue!

TUZEMBAKH: Em seu lugar eu não iria... Muito simples.

[151] Lembra, volta-se rapidamente para Macha.

[152] Macha está em frente ao batente e olha para Verchínin.

[153] Está surpreso, ainda junto ao tablado. Kulíguin atravessa até Macha, ela o amargurou com sua recusa.

[154] Ela se afasta e senta.

[155] Vai atrás dela no fonar. Senta-se à mesa, no centro do fonar. Fala com Verchínin.

[156] Pausa. O relógio bate uma hora, depois o cuco, depois o agudo – tinido alto.

[157] Kulíguin se levanta rápido, surge do fonar, olha seu relógio, acerta-o.

[158] Violino, melodia triste.

[159] Levanta-se.

[160] Vai.

[161] Neste momento, quando Olga passa perto dele, ele a abraça; Verchinin vai atrás deles.

[162] Tchebutíkin até agora esteve sentado no fonar, lendo jornal. Depois ele se levanta espreguiçando-se, arruma-se, fecha a janela e fica penteando a barba.

[163] Macha também fecha a janela (de trás).

[164] Enquanto passam para a sala de jantar.

As Três Irmãs, de Tchékhov, Com as Partituras de Stanislávski

TCHEBUTÍKIN: Não vá, minha querida.

MACHA: Sim, não vá... que vida maldita, insuportável. (*Vai para o salão.*)

TCHEBUTÍKIN (*vai atrás dela*): Anda logo!

SOLIÔNI (*passando para o salão*) [165]: Pi, pi, pi...

TUZEMBAKH: Basta, Vassíli Vassílievitch. Chega!

SOLIÔNI: Pi, pi, pi...

KULÍGUIN (*alegremente*): À sua saúde, coronel! Sou pedagogo e aqui sou de casa, sou marido de Macha... Ela é boa, muito boa... [166]

VERCHÍNIN [167]: Eu vou beber essa vodka escura. (*Bebe.*) À sua saúde! (*A Olga.*) Eu me sinto tão bem em vossa casa!

Na sala de visitas ficam apenas Irina e Tuzembakh.

IRINA [168]: Hoje Macha está de mau humor. Ela se casou aos 18 anos, quando ele lhe parecia a pessoa mais inteligente do mundo. Agora não é mais assim. Ele é realmente o mais bondoso, mas não é o mais inteligente [169].

OLGA (*sem paciência*): Andrei, venha de uma vez!

ANDREI (*fora de cena*): Estou indo [170]. (*Entra e vai à mesa.*)

TUZEMBAKH [171]: Em que está pensando?

IRINA: Nada. Eu não gosto e tenho medo desse seu Soliôni. Ele diz cada bobagem.

TUZEMBAKH: Ele é uma pessoa estranha. Eu tenho pena dele e me aborreço, mas tenho mais é pena. Eu acho que ele é tímido. Quando nós estamos a sós ele é muito inteligente e afável, mas em sociedade é grosseiro, *bretteur* [172][17]. Não vá enquanto ainda estão se sentando. Deixe que eu fique assim perto de você [173]. Em que está pensando? (*Pausa.*) [174] Você tem vinte anos, eu ainda não fiz trinta. Quantos anos temos pela frente? Uma longa, longa fileira de dias, cheia do meu amor por você.

IRINA [175]: Nikolai L'vóvitch, não me fale de amor.

---

17 Tchékhov emprega a palavra russa *breter*, incorporada do francês, formada a partir do radical *brette*, que quer dizer espada. A palavra se refere a pessoa briguenta, sempre pronta a responder ou pronta para puxar a espada. (N. da T.)

[165] Levanta e vai.
[166] Campainha. Passagem de Anfissa para a antessala. Depois é visível quando tiram a roupa na antessala. Na sala de jantar, conversa geral, brindam, enchem os cálices, alguém faz uma graça e todos caem na risada – gargalhada geral, morrem de rir, cena toda de riso.
[167] Acalmando o riso e a tosse.
[168] Irina está na cama turca, Tuzembakh, como antes, continua perto da lareira, admira-a. Está pensativo.
[169] Pausa. Entra o 1º oficial (alto, esguio, acanhado, cumprimenta o tempo todo curvando o corpo e esfrega as mãos. Está de óculos, é míope. Olga o vê e – sai, cumprimenta. O oficial vê Irina, aproxima-se dela, felicita-a, cumprimenta Tuzembakh, fala. Enquanto se passa esta cena, Olga se aproxima da porta de Andrei, bate, abre uma fresta e fala. O violino para – Andrei responde. Olga volta para a sala de jantar e leva consigo o 1º oficial, que dá de encontro com a mesa e fica atarantado.
[170] Pausa. Apresentam o oficial, cumprimentam-se.

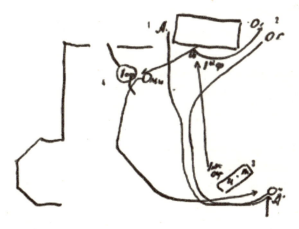

FIGURA 15:
1. A[ndrei]; 2. O[lga]; 3. I[rina] e M[acha]; 4. 1º oficial.

[171] Fala, quando está na sala de jantar se cala.
[172] Saída e passagem de Andrei. Irina quer ir atrás dele, levanta-se. Tuzembakh, afastando-se da lareira, faz com que ela pare.
[173] Irina senta-se.
[174] Tuzembakh senta-se na cama turca.
[175] Afasta-se, volta-lhe as costas.

TUZEMBAKH (*sem ouvir*): Eu tenho uma sede apaixonada de vida, de luta, de trabalho e essa sede se mistura ao meu amor por você, Irina e, como que de propósito, a senhora é bela e a vida, assim, me parece bela [176]. Em que está pensando?

IRINA [177]: O senhor diz: a vida é bela. Sim, mas ela apenas se parece bela! Para nós, as três irmãs, a vida ainda não foi bela, ela nos abafava como erva daninha. Estou derramando lágrimas. Isso não é necessário... [178] (*Enxuga o rosto rapidamente, sorri.*) [179] É preciso trabalhar, trabalhar. Sem isso ficamos tristes e vemos a vida de modo sombrio porque não conhecemos o trabalho. Nós nascemos de pessoas que desprezavam o trabalho.

Entra Natália Ivanovna; ela usa um vestido rosa com cinto verde.

NATACHA [180]: Já estão sentados para o café da manhã... Eu me atrasei... [181] (*Dá uma olhada rápida no espelho e se arruma.*) Parece que meu penteado não está mal... (*Vendo Irina.*) [182] Querida Irina Serguêievna, eu a felicito! (*Beija-a forte e demoradamente.*) [183] Você tem muitos convidados, estou envergonhada... Olá, barão! [184]

OLGA (*entrando na sala de visitas*) [185]: É Natália Ivanovna, Olá, minha querida. (*Beijam-se.*)

NATACHA: Parabéns pela festa. Há tantos convidados que eu me sinto terrivelmente embaraçada...

OLGA [186]: Deixe disso, são todos de casa. (*A meia-voz, assustada.*) Está com um cinto verde! Querida, isso não é bom!

NATACHA: Dá azar? [187]

OLGA: Não, apenas não combina... e é tão excêntrico...

NATACHA (*com voz chorosa*): É? Mas veja que não é verde, é, antes, opaco. (*Vai atrás de Olga ao salão.*) [188]

No salão, estão se sentando para o café da manhã, ninguém na sala de visitas.

[176] Pausa. Campainha. Passagem de Anfissa; logo depois Tchebutíkin canta alguns compassos, provocando Andrei: "eu idola-a-tro!" Explosão de gargalhadas.
[177] Volta-se para ele.
[178] Pausa. Levanta-se rapidamente e vai até a mesa de chá, tira um lenço para esconder as lágrimas; acalma-se; em pé, de costas, enxuga as lágrimas.
[179] Sorrindo com alegria. Na antessala, acontece o jogo cênico de Natacha, que está atrasada. Ela tira o sobretudo apressadamente, conversando com Anfissa.
[180] Essas palavras são ditas para Anfissa. Aparece por detrás da porta e dá uma olhadinha na sala de jantar.
[181] Procura pelo lenço; verifica que esqueceu no sobretudo, sai rapidamente e retorna no mesmo instante. À porta da antessala, tira o chapéu, entrega-o a Anfissa durante o movimento.
[182] Aproximando-se e beijando Irina.
[183] Atormentada, ofegante.
[184] Cumprimenta-o, vai até o piano, onde tira as luvas, se arrumando.
[185] Olga sai da sala de jantar, Irina e Tuzembakh vão à sala de jantar.
[186] Em frente ao piano – consertando o penteado dela. No primeiro ato, Natacha, apesar do mau gosto para se vestir, é bonitinha (como uma boneca). Ela é, inclusive, sincera, acanhada.

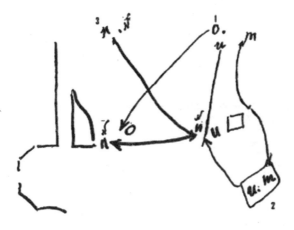

FIGURA 16:
1. O[lga]; 2. I[rina] e M[acha]; 3. N[atacha].

[187] Olha o cinto com horror.
[188] Escondendo-o com as mãos, mortificada. Campainha. Passagem de Anfissa. Pausa. Todos sentados à mesa, encontro de Natacha. Quando Natacha entra na sala de jantar, Andrei, Irina e Tchebutíkin estão perto do arco. Quando Andrei cumprimenta Natacha, Tchebutíkin tosse de forma significativa. Andrei fica constrangido, irrita-se e fala: "Me deixe em paz, estúpido!" Quando Natacha contorna a mesa tendo cumprimentado Andrei, Irina e Tchebutíkin provocam-no e lhe fazem cócegas dos dois lados. Soliôni senta-se no lugar destinado a

KULÍGUIN [189]: Desejo a você, Irina, um bom noivo. Seu tempo está passando.

TCHEBUTÍKIN [190]: Natália Ivanovna, eu vos desejo um noivo também.

KULÍGUIN [191]: Natália Ivanovna já tem um noivo [192].

MACHA (*batendo com o garfo no prato*): Vou tomar um cálice de vinho! Ê, vida cor-de-rosa! Quem não arrisca não petisca!

KULÍGUIN: Você ganhou zero de comportamento [193].

VERCHÍNIN: Mas que licor gostoso. Do que é feito?

SOLIÔNI: De baratas.

IRINA (*com voz chorosa*): Argh! Que repugnante!...

OLGA: Para o jantar teremos peru assado e uma torta doce de maçã. Graças a Deus, hoje estou o dia inteiro em casa, a noite – em casa... Senhores, venham à noite!

VERCHÍNIN: Permita que eu também venha à noite.

IRINA: Por favor.

NATACHA: Aqui não fazemos cerimônia.

TCHEBUTÍKIN [194]: A natureza nos criou unicamente para o amor. (*Ri.*)

ANDREI (*zangado*): Parem, senhores! Ainda não se cansaram disso? [195]

Fedótik e Rodê entram com uma grande cesta de flores.

FEDÓTIK: Veja só, já estão lanchando.

RODÊ (*falando alto e pronunciando mal*): Estão lanchando? Sim, estão...

[196] FEDÓTIK: Esperem um minutinho! (*Tira uma fotografia.*) Mais uma vez! Esperem mais um pouco... (*Tira outra fotografia.*) Duas! Agora pronto! (*Pegam a cesta de flores e vão para o salão onde são recebidos com muito barulho.*)

Natacha. Irina o expulsa e encosta a cadeira na mesa (lugar ocupado). Quando Natacha acaba de comer as entradas e procura um lugar, Irina a conduz à cadeira retida e faz o jogo cênico, voltando ao seu lugar: ela cutuca Andrei com os dedos; ele grasne. Ela se inclina, cochicha algo a Andrei, que a afasta. Irina senta-se em seu lugar (é um sinal – a conversa acabou). Tchebutíkin, do seu lugar, cutuca Andrei por trás, no mesmo momento em que ele, perturbado, entrega uma cesta com pães a Natacha. Andrei se zanga e resmunga para Tchebutíkin. Todo esse jogo cênico deve ser visto e compreendido pelo público (isso quer dizer, de perfil), de outro modo resultará em uma pausa excessiva e desinteressante. Assim que Irina senta, como se fosse um sinal, faz-se silêncio e entra a torta de aniversário com o molho. É o ordenança de Tchebutíkin quem traz a torta em uma enorme bandeja, e a empregada, o molho. Anfissa, como responsável, observa se tudo está em ordem, entrega a alguém as facas, os garfos, guardanapos. Começam a servir por Verchínin. Ele passa, serve Irina. Nesse momento, Kulíguin passa e serve vinho a todos.

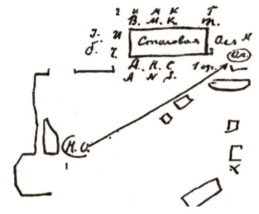

FIGURA 17:
1. N[atacha] e O[lga]; 2. Em sentido horário: V[erchínin], M[acha], K[ulíguin] e T[uzembakh]; na cabeceira, O[lga]; depois 1º oficial, S[oliôni], N[atacha] e A[ndrei]; na cabeceira, Tch[ebutíkin] e I[rina]; 3. Sala de jantar.

[189] Levantando, brindando com Irina.
[190] Levanta-se, estica-se por cima de Andrei até Natacha e enfia uma mão no flanco de Andrei.
[191] Ainda não se sentou (dirige-se a cada um), é ele quem serve.
[192] Riso contido. Pausa, tintilar dos copos.
[193] Pausa. Comem. Tintilar dos copos.
[194] Após a pausa – pérfido. Riso contido e depois mais alto (mas não o mais alto).
[195] Cessa o riso.
[196] Fedótik e Rodê vieram correndo com a cesta, pensando que todos estivessem na sala de visitas – verificam que não há ninguém. Então veem que estão todos tomando o café. Kulíguin e Macha os veem. Kulíguin se levanta e chama Rodê (seu colega do ginásio), mas Fedótik grita-lhe: "espere, espere". Cessa a conversa. Todos fazem pose, voltam-se. Exceto

RODÊ (*alto*) [197]: Eu a felicito e desejo de tudo, de tudo! Hoje o tempo está fascinante, magnífico. Hoje passeei com os alunos do ginásio durante toda a manhã [198]. Eu dou aulas de ginástica aos alunos...

FEDÓTIK: Já pode se mexer, Irina Serguêievna! (*Tirando uma fotografia.*) Está interessante, hoje. (*Tira do bolso um pião.*) Eis aqui

[199] um pião! Tem um som surpreendente...

IRINA: Que amor!

MACHA [200]: Em Lukamórie há um carvalho verde, e no carvalho, uma corrente de ouro... e no carvalho uma corrente de ouro (*chorosa*) Mas, para que fico dizendo isso? Estou com essa frase grudada durante toda a manhã... [201]

KULÍGUIN [202]: Treze à mesa!

RODÊ (*alto*) [203]: Senhores, será que levam a sério as superstições? (*Riso.*)

KULÍGUIN [204]: Se são treze à mesa quer dizer que alguém está apaixonado. Não seria o senhor, Ivan Románovitch? (*Riso.*) [205]

TCHEBUTÍKIN [206]: Eu sou um velho pecador. Mas por que Natália Ivanovna ficou envergonhada, eu, decididamente, não consigo entender.

Risos altos; Natacha sai correndo da sala de jantar para a sala de visitas e, atrás dela, Andrei [207].

ANDREI [208]: Não lhes dê atenção! Tenha paciência... espere, por favor...

NATACHA [209]: Que vergonha... Eu não sei o que acontece comigo e eles me ridicularizam! E agora que eu saí da mesa, indecorosamente, eu não posso... não posso... (*Cobre com as mãos o rosto.*)[18]

ANDREI [210]: Minha querida, eu imploro, suplico, não se preocupe. Eu garanto que eles estão brincando, eles têm bom coração. Minha querida, bondosa, são todos de bom coração e nos amam. Vamos até a janela, aqui eles não nos veem... (*Olha ao redor.*) [211]

NATACHA: Eu não estou acostumada a frequentar a sociedade! [212]

---

18 "Não há fotocópia das últimas páginas do ato. Os números 210-212 foram colocados no texto como suposição." (N. da E. russa.)

Andrei e Natacha. Fotografa. Pegam a cesta e colocam-na no centro da mesa. Surpresa, alvoroço, ais, suspiros etc. A empregada e, principalmente, o ordenança têm muito cuidado em se saírem bem na fotografia. Eles fazem uma pose solene e perfeitamente antinatural.

[197] Irina corre para agradecer. Rodê beija-lhe a mão. Depois vai cumprimentar.
[198] Começa a cumprimentar, dando a volta na mesa.
[199] Sob uma conversa baixa e o som da louça.
[200] Irina levou Fedótik à mesa de aperitivos; Macha, então, fala.
[201] Pausa. Comem. Fedótik e Rodê se sentam.

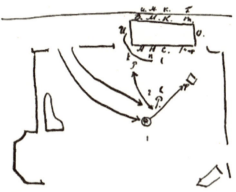

FIGURA 18:
1. F[edótik]; 2. R[odê].

[202] Após a pausa, conta os presentes – grita; imediatamente Irina, como uma bomba, pula da mesa. Risada.
[203] Acalmando. Irina senta-se com cuidado.
[204] Sentando-se.
[205] Pausa. Relincham.
[206] Fala modestamente inclinando-se para o lado de Natacha.
[207] Riso contido, depois, de repente, explode uma gargalhada geral. Natacha fica ouriçada e, subitamente, sai correndo; calam-se imediatamente. Andrei encolerizou-se, pegou um guardanapo e se levantou. Silêncio geral, pausa desconfortável. Natacha corre para a antessala. Andrei a detém lá. Na sala de jantar, a meia-voz, desculpam-se uns aos outros. Atacam Tchebutíkin, que se esquiva. Nesta cena, o jogo cênico na sala de jantar não desvia a atenção das personagens principais.
[208] Tenta trazê-la da antessala.
[209] Está ofegante, à porta da antessala; quase chora.
[210] À porta, beija e acaricia sua mão.
[211] Campainha. Natacha salta da antessala para o fonar. Andrei entra atrás dela e olha ao redor. Passagem da empregada.
[212] Na antessala aparecem os oficiais, de um jeito que não desviem a atenção do público. Natacha está ofendida, caprichosa, chorosa...

ANDREI: Oh, juventude, admirável, maravilhosa juventude! Minha querida, bondosa, não se aflija assim! Acredite em mim, acredite... Eu me sinto tão bem, tenho o coração repleto de amor, de êxtase... Oh, eles não nos veem! Não veem! Por que, por que eu me apaixonei por você, quando eu me apaixonei – oh, não sei. Minha querida, tão bondosa e tão pura, seja minha mulher! Eu a amo, amo... como não amei ninguém, nunca...

Beijo.
Entram dois oficiais e, vendo o casal que se beija, param surpresos.

Cortina.

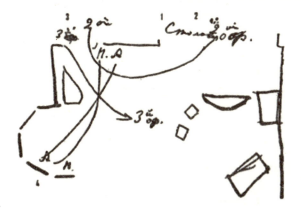

FIGURA 19:
1. Sala de jantar; 2. 1º oficial; 3. 3º e 2º oficiais; 4. A[ndrei] e N[atacha].

Final.
À janela do fonar, Andrei beija Natacha. O 2º oficial é desembaraçado, está com um violão em mãos e sempre sorrindo, não muito arrojado; assoando o nariz com um lenço e arrumando os cabelos no caminho, ele vai até o piano e deixa o violão. Vê Andrei e fala: "Ah!" – vai até ele para cumprimentá-lo; percebe que eles se beijam, vira-se rápido sobre os saltos. Neste momento, o 3º oficial vai até o piano a fim de deixar o seu quepe. O 2º oficial rapidamente puxa-o pelo braço, voltando-se, assustado, para o lado dos que se beijam. O 3º oficial fica perplexo. Tudo isso acontece rapidamente, sem demora, sem importância e com simplicidade. Andrei e Natacha não veem esses oficiais. O 3º oficial é um velhinho solene e glorioso, com a patente de capitão. Move-se lenta e solidamente. Na sala de jantar, são recebidos com alegria.

ESQUEMA CENOGRÁFICO DO ATO II

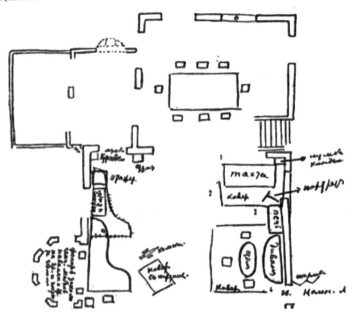

FIGURA 20: Esquema cenográfico do Ato II
1. Cama turca; 2. Tapete; 3. Lareira; 4. Sofá; 5. Quarto de Andrei.

LISTA DOS OBJETOS DE CENA, EFEITOS DE LUZ E DE SOM[19]:

1. Contravento para o fonar.
2. Cobertura de feltro na porta do fonar.
3. Duas fraldas.
4. Cueiro.
5. Manta de bebê.
6. Cesta com coisas de criança. } no sofá
7. Travesseiro (de criança).
8. Arlequim tocador de címbalo (brinquedo).
9. Uma pequena sanfona redondinha.
10. Um tapete não muito grande (próximo ao piano).
11. Almofada na cama turca.
12. Almofada no sofá.
13. Pião.
14. Brinquedo de empurrar.
15. Sanfona de criança.
16. De quatro a cinco brinquedos para crianças de sete-oito meses. }
17. Xale da babá. } no tapete.
18. Cesta para brinquedos.
19. Carreta de criança – perto do tapete.
20. Tecido para corte de toalhas (sobre o piano).
21. Cinco ou seis toalhas cortadas (no chão).
22. Tesoura (sobre o piano).
23. Mesa posta para o chá na sala de jantar, para dez convidados.
24. Sobre a mesa próxima ao sofá: candeeiro, dois cinzeiros, duas velas, fósforos, dois álbuns, uma bonita toalha de mesa.
25. Lamparina sobre o piano.
26. Cristaleira cheia de flores.
27. Na estante – partituras.
28. Dois casacos de pele na antessala (um deles é de Andrei) e um capote militar de Soliôni.
29. Dois metrônomos para a batida do relógio.
30. Badalada do relógio do primeiro ato.
31. Bramido no cano da lareira[20] (uivo).

[19] Ao que parece, as indicações de acessórios e sons estão misturadas (do número 26 até o fim em tinta vermelha). (N. da E. russa.)

[20] Espécie de lareira, comum nas casas russas tradicionais. É construída junto a uma parede, mantém-se geralmente fechada quando acesa e o calor do fogo passa por um cano embutido na parede. Esquenta-se assim a parede e todo o ambiente de modo geral. Nas casas finas, a lareira costuma ser coberta por azulejos decorados.

32. Nevasca contra o vidro.

33. Nevasca de papel do lado de fora.
34. Neve caída. } por trás do fonar

35. Dois candelabros em dois pedestais.

36. Jarra de kvas[21] e copo, sobre uma bandeja.

37. Barulho do tapador de ferro (lareira) contra o tijolo.

NB: Avisar aos cenógrafos: fazer uma abertura na lareira pelo outro lado (oposto ao público). A portinhola para calefação também abre. Precisa fazer barulho.

38. Na lareira, um respiradouro que está fechado.

39. Carrinho de bebê.

40. Palestras de Andrei.

41. Livro de recados e um relatório do Conselho Municipal dobrado.

42. Pena e tinteiro (para Andrei, nos bastidores).

43. Velas: de Natacha, Andrei, Anfissa e da babá.

44. Jarra com leite, boca de fogo (colocar uma vela, álcool é perigoso), panelinha, colher para mexer (no aparador).

45. Barulho no cano (harmônio e violoncelo).

46. Escarafunchar do rato (um maço de penas de ganso).

47. Barulho de vidro varrido.

48. Copo quebrado.

49. Barulho de serra ou lima.

50. Neve que cai.

51. Violão.

52. Jornais para Tchebutíkin.

53. Na antessala, duas velas e fósforos.

54. Na antessala, capotes militares de: Fedótik, Soliôni, Rodê, Tuzembakh (até a subida da cortina).

55. No capote militar de Fedótik, um pacote. Nele, há seis lápis de cor, um canivete muito pequeno e bonitinho numa caixinha, três canivetes grandes (um com esgaravatador de ouvido, tesoura e cortador de unhas).

56. Cartas de baralho.

57. Som de ferrolho.

58. Som da chave abrindo uma porta com corrente.

59. O bater da porta.

60. Bandeja, sobre ela: xícaras, copo de chá e biscoitos.

61. Carta no envelope (Anfissa dá a Verchínin).

---

21 Bebida russa típica – é escura, amarga e não alcoólica. (N. da T.)

62. Campainha na antessala.
63. Garrafa de conhaque. ⎫
64. Dois cálices. ⎬ no aparador
65. Candeeiros acesos sobre o piano e sobre a mesa.
66. Duas capas para violão (sobre o piano).
67. Dois violões.
68. Guizos para algumas troicas.

INÍCIO DO SEGUNDO ATO

Está escuro na sala de visitas, a lareira se extingue. Apenas um feixe de luz se estende da abertura da porta do quarto de Andrei. Por este feixe de luz passa, de quando em quando, a sombra de Andrei, que vaga em seu quarto, relembrando a palestra. Ouvem-se seus passos e sua conversa monótona à meia-voz; ele, de vez em quando, dá umas tossidinhas, suspiros, assoadas de nariz; ouve-se também o arrastar de uma cadeira. Tudo cessa, ele para perto da mesa e folheia os cadernos (barulho das folhas). Pode ser que o som faça alusão a lágrimas – e, novamente, assoadas de nariz, passos, murmúrio à meia-voz e sua sombra em cena.

Na sala de jantar, um candeeiro pronto para se extinguir (pendurado por sobre a mesa), ora cresce, ora se apaga novamente; da lâmpada da antessala, reflexos de luz (através da janela da antessala) pelo chão. Na sala de jantar, um feixe de luz vindo da porta do corredor que está entreaberta.

Há uma iluminação vinda dos lampiões da cidade (painel), na janela da sala de jantar.

Na antessala, arde uma pálida lâmpada de lata, a lareira de ferro está acesa. Ferapont está sentado esperando na antessala. Ele pegou no sono, dá umas roncadelas, desperta, dá uma tossidinha, muda de lugar para se acomodar e cai no sono novamente.

O fonar está preparado para o inverno. O vidro foi coberto de gelo, há neve. O telhado está coberto de neve. Por dentro, o fonar está fechado com contraventos. O lado da sala de visitas está fechado por uma tapadeira forrada com feltro. Foram colocados bancos e mesas dentro do fonar, cobertos, um a um, com capas. Através dos vidros do fonar, cintila um pálido lampião, lá embaixo, no jardim. Vê-se a neve no telhado contíguo à antessala. Vê-se que neva do lado de fora, há nevasca. Afastaram o piano e ele está atravancando o fonar. A mobília do cômodo foi simplificada de acordo com o gosto de Natacha.

No sofá, estão espalhados: uma manta de bebê, duas fraldas, um pequeno travesseiro (de criança), um cueiro e uma cesta com coisas de criança.

Na mesa próxima ao divã, há brinquedos: um pequeno realejo (de som agudo) e um arlequim batedor de pratos. No chão, próximo ao piano, um tapete não muito grande e, sobre ele, duas almofadas (uma da cama turca, redonda, e a outra, quadrada, do sofá), um pião, brinquedo de empurrar, sanfona de criança, quatro ou cinco brinquedos para crianças de sete ou oito meses. O xale de lã esquecido pela babá, uma cesta para guardar brinquedos. Perto do tapete, um carrinho de bebê.

Sobre o piano, há pedaços de tecido para serem cortados em toalhas, algumas toalhas já cortadas estão espalhadas no chão; tesoura sobre o piano.

Mesa posta para o chá na sala de visitas, mas sem o samovar. Sobre a mesa próxima ao sofá, há um candeeiro, dois cinzeiros, fósforos, dois álbuns, duas velas e uma toalha de mesa (bonita).

Na estante, partituras. Na antessala, estão pendurados os casacos de peles (incluindo o casaco de peles de Andrei e o capote militar de Soliôni).

Sons. 1. Batida dos pêndulos do relógio (na antessala e na sala de jantar), em diversos tons; 2. Badaladas do relógio do 1º ato; 3. Bramido no cano da lareira; 4. Vento (não cortante) e nevasca no vidro; 5. Som de sanfona vindo do lado de fora, perto do portão; 6. Uma troica com gritos de bêbados passa correndo na rua; 7. Ao longe, canção bêbada de farristas que passam.

INÍCIO

Longa pausa para o estado de ânimo[22] e os sons. Andrei anda, fala à meia-voz, senta-se e folheia. Anfissa, com o xale nas costas, arrastando os sapatos do corredor até a sala de jantar, leva para o quarto de Andrei uma bandeja com uma jarra de kvas com um copo e, nas mãos, uma vela. Entra no quarto de Andrei – ouvem-se trechos da conversa. Anfissa mudou – está pálida, fechou-se. Anfissa sai do quarto depressa, põe a vela sobre o piano, tenta guardar os brinquedos, ajoelha-se, demonstra cansaço, esgotamento. Enquanto isso, jogo cênico com Ferapont.

Barulho de passos atrás do palco – é Natacha que vai arrastando os sapatos, com uma vela. Anfissa, assustada, começa a recolher os brinquedos. Natacha entra na sala de jantar e, lá, apaga o candeeiro que está piscando. Vai até o piano, encontra um brinquedo, coloca-o na cesta que Anfissa está juntando, pega do chão um travesseiro e o leva ao sofá. Lá, vê as fraldas esquecidas e começa a arrumá-las. Ela põe sua vela sobre a mesa.

NB: Com o início do ato, até a entrada de Ferapont, há nevasca, uivo na lareira (preencher as pausas) e, ao longe, uma sanfona, perto do portão.

---

22 Conceito basilar para o trabalho de atores no Teatro de Arte de Moscou – em russo, *nastroiênie*. (N. da T.)

Ato II

O mesmo cenário do primeiro ato. Oito horas da noite. É quase possível ouvir que, fora de cena, na rua, alguém toca sanfona. Não há luz. Entra Natália Ivanovna com uma vela; está de roupão. Ela caminha e para em frente a uma porta, atrás da qual está Andrei.

NATACHA: O que está fazendo, Andriúcha? [1] Está lendo? Não é nada, eu só... [2] Leia. (*Vai, abre outra porta e espia. Depois fecha.*) [não ficou nenhuma vela...] [3]

ANDREI (*entra com um livro na mão*): O que é, Natacha? [4]

NATACHA: Estou vendo se não há velas... É Máslienitsa[23], a criadagem está fora de si, é preciso ficar de olho para que nada aconteça. Ontem à meia-noite eu passei pela sala de jantar e havia uma vela acesa. Não consegui descobrir quem foi que acendeu. (*Apoia a vela.*) Que horas são?

ANDREI (*vendo as horas*) [6]: Oito e quinze [7].

NATACHA: Olga e Irina não chegaram até agora. Sempre trabalhando, coitadinhas. Olga no conselho pedagógico. Irina no telégrafo... (*suspira*) [9] Hoje de manhã, eu falei para sua irmã "cuide-se, Irina, estou dizendo, querida". Mas ela não me ouve [10]. Você disse oito e quinze? [11] Receio que o nosso Bóbik não esteja bem. Por que ele está tão frio? Ontem estava pelando de febre e hoje está tão frio... Tenho tanto medo..!

ANDREI [13]: Não é nada, Natacha, o menino está bem [14].

NATACHA: Mas, em todo o caso, é melhor continuar a dieta... Tenho medo... [15] E disseram que hoje, às dez horas, os mascarados virão aqui. Seria melhor que eles não viessem, Andriúcha.

ANDREI [17]: É mesmo? Não sei, eles foram convidados [18].

---

23 Máslienitsa é uma festa eslava tradicional em comemoração ao final do inverno e chegada da primavera. Geralmente faz bastante frio e as pessoas saem às ruas mascaradas e fantasiadas. As comidas típicas são aquelas feitas com manteiga (em russo, *máslo*). (N. da T.)

[1] Exclamação lacônica de Andrei. Natacha se aproxima e, arrumando as fraldas, olha para a porta.

[2] Exclamação lacônica de Andrei, uma cadeira se desloca em seu quarto.

[3] Pausa. Neste momento, Anfissa sai levando a cesta com os brinquedos e o xale da babá. No caminho, coloca um travesseiro sobre a cama turca. Depois, Natacha vai até a vela que Anfissa esqueceu sobre o piano e a apaga. Andrei sai com as palestras nas mãos. Está usando uma camisa macia, mas de gravata e paletó (costurado por um alfaiate de província).

[4] Na porta.

[5] Enfiando os pés no tapete debaixo do piano.

[6] Vai para o quarto e lá, evidentemente, olha as horas e depois volta.

[7] Pausa. Natacha vai até a lareira para sondá-la – vê se está suficientemente quente, entreabre a porta, olha para o fogo. Depois, do outro lado da lareira, abre a chaminé (barulho da tampa de ferro).

[8] Sonda a lareira.

[9] Abre a portinhola da lareira, faz barulho.

[10] Fecha a chaminé da lareira.

[11] Suspiro.

[12] Limpa as mãos sujas de fuligem.

[13] Como se despertasse do estado de contemplação. Vai e senta no sofá.

[14] Andrei lê as palestras.

[15] Oferece uma cadeira e abre o respiradouro.

[16] Ao mesmo tempo.

[17] Sem compreender imediatamente, desinteressando-se da leitura.

[18] Boceja, recosta-se, se espreguiça.

NATACHA: Hoje de manhã, o menininho acordou, me olhou e, de repente, sorriu. Quer dizer que me reconheceu. "Bóbik", eu digo, [19] "olá! Olá, querido!" [20] E ele sorri [21]. As crianças entendem, entendem perfeitamente [22]. Então, Andrei, eu vou falar para que não recebam os mascarados.

[23] ANDREI: Mas isso é com as irmãs [24]. Elas são as donas aqui.

NATACHA: Elas também. Eu vou falar com elas. Elas são boazinhas… [25] [26] (*Vai.*) Para o jantar eu mandei fazer coalhada. ↑[27] O doutor disse que você deve comer apenas coalhada, senão não emagrece. (*Para.*) [28] Bóbik está gelado. Receio que talvez ele passe frio em seu quarto. É preciso, pelo menos até esquentar, mudá-lo para

[19] Indo até o sofá, onde deixou as fraldas de criança.
[20] Como falam com criança.
[21] Ri ela mesma.
[22] Pausa. Toca a testa de Andrei para medir a temperatura e compara com a sua, pousando a mão sobre a própria testa. Pega as fraldas e outros pertences da criança, caminha, para, pergunta e leva a vela.

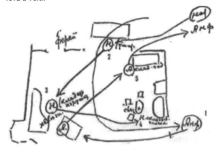

FIGURA 21:
1. Anfissa leva o **kvas**, volta para recolher os brinquedos; 2. Entrada de Natacha; 3. Ela apaga o candeeiro; 4. Atira os brinquedos na cesta, vai até a mesa. Coloca a vela e põe a almofada no sofá, empilha as fraldas; 5. Anfissa põe o rolo na cama turca e sai.

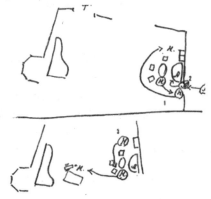

FIGURA 22
Acima: 1. Natacha se aproxima da porta de Andrei, vai até a lareira (jogo cênico com a lareira); 2. Andrei sai e se senta no sofá.
Abaixo: 3. Natacha vai até Andrei e mede a temperatura. Leva as fraldas, coloca-as no carrinho. Leva a vela.

[23] Natacha aguarda a resposta no meio do caminho.
[24] Bocejando, ainda na mesma pose em que congelara.
[25] Ao trabalho.
[26] Pausa.
[27] Vai e põe as fraldas no carrinho de bebê.
[28] Pausa. Leva o carrinho, detém-se.

As Três Irmãs, de Tchékhov, Com as Partituras de Stanislávski

[30] outro quarto [29]. O quarto de Irina, por exemplo, é ideal para uma criança: é seco e tem Sol o dia todo. Preciso falar com ela, por enquanto ela pode ficar com a Olga↑. Ela fica fora de casa o dia todo, só pernoita... (*Pausa.*) Por que você está calado, Andriúcha?

ANDREI [31]: É que eu estava pensando... e não há o que dizer.

NATACHA [32]: Sim... [33] Eu queria lhe dizer uma coisa... Ah, sim... Chegou Ferapont, do Conselho Municipal, perguntou por você.

ANDREI (*boceja*): Chame-o.

Natacha sai. Andrei, inclinando-se para a vela esquecida por ela, lê o livro. Entra Ferapont; usa um sobretudo velho, puído, com a gola levantada e as orelhas atadas [34].

ANDREI: Olá, meu querido [35]. O que me diz?

[36] FERAPONT: O presidente mandou o livro e um papel que... veja... (*Dá o livro e o envelope.*) [37]

[38] ANDREI [39]: Obrigado [40]. Muito bem. Mas por que não veio mais cedo? Já são nove horas.

FERAPONT: O quê? [41]

ANDREI (*mais alto*) [42]: Estou dizendo que chegou tarde, já são nove horas.

[43] FERAPONT: Pois exatamente [44]. Eu cheguei aqui, ainda estava claro, mas não me deixaram entrar. Disseram que o patrão estava ocupado. Pois bem, se está ocupado, está ocupado. Eu não tenho pressa [45]. (*Pensando que Andrei perguntou alguma coisa.*) O quê?

[29] Pausa. Deixa o carrinho, aproxima-se.
[30] Muito suavemente, com simplicidade.
[31] Como se despertasse, até o momento esteve sentado, imóvel, com as mãos na cabeça.
[32] Tristemente.
[33] Pausa. Vai andando, leva o carrinho de bebê e para.
[34] Pausa. Natacha deixa o carrinho e vai à antessala, onde está roncando Ferapont. Ela o acorda – este muge, depois abre os olhos e, meio dormindo, meio acordado, rumina a saliva, olhando-a com assombro. Finalmente entende e salta rapidamente. Ouve-se a conversa entre Natacha e Ferapont. Este esfrega os olhos, vai à sala de visitas, mas lá está escuro, já que Natacha levou consigo a vela. Quando Ferapont sai, Natacha sobe na cadeira e apaga o candeeiro dali. Ferapont entra na sala de visitas, ninguém vê, pisoteia no mesmo lugar, com sono, sem saber para onde ir.

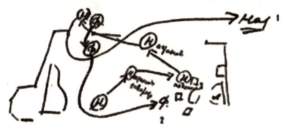

FIGURA 23
1. Hat[acha]; 2. F[erapont]

Natacha traz a cesta, para e se aproxima de Andrei. Vira-se, levando a cesta, para e se aproxima da antessala. Lá faz a cena com Ferapont, apaga a lamparina e sai pela sala de jantar. Ferapont entra na sala de visitas, se aproxima de Andrei. Andrei acende a vela.

[35] Pausa. Ferapont procura Andrei com a voz, tentando se aproximar com cuidado, escuridão.
[36] Enquanto penetra na escuridão. Na antessala, apaga-se a luz.
[37] Pausa. Andrei acende a vela. Ferapont se aproxima, entrega o livro, procura a página onde assinar. Andrei rasga a capa do livro, examina.
Natacha apaga a luz na antessala, sai, pega a carreta e a leva embora para o quarto de criança.
NB: Com a saída de Ferapont, a nevasca e os uivos na lareira cessam temporariamente.
NB: Durante toda a cena, há uma sanfona ao longe. Preencher as pausas.
[38] Passagem de dois bêbados pela rua. Ouvem-se suas canções e suas vozes.
[39] Enquanto acende.
[40] Olha o livro.
[41] NB: Depois disso, Ferapont, quando pergunta "o quê?", tem o hábito de levantar o lenço das orelhas que estão amarradas; ouvindo, ele amarra as orelhas novamente com o lenço, até a próxima exclamação.
[42] Mais alto. Ferapont vira o lenço atado atrás das orelhas.
[43] Meio dormindo, cutuca o livro com os dedos, funga, lambe os dedos, enxuga o nariz com a mão; não encontra, de forma alguma, as páginas onde se deve assinar, já que dormira muito.
[44] Tapa de novo as orelhas.
[45] Entrega o livro. Andrei lê. Ficam imóveis. Pausa.

ANDREI: Nada. (*Examinando o livro.*) |46| Amanhã é sexta-feira, não há expediente, mas, de qualquer modo, eu irei... vou me ocupar. Em casa, tenho tédio. (*Pausa.*) |48| Avozinho querido, como a vida muda estranhamente, como engana! |50| Hoje, por tédio, por não fazer nada, eu peguei este livro aqui, as velhas conferências da universidade, e comecei a rir. Deus do céu, eu sou secretário do Conselho Municipal, desse Conselho, onde Protopópov é o presidente e eu secretário, e o máximo que eu posso almejar é ser um membro do Conselho Municipal |51|. E serei membro do Conselho Municipal daqui, eu, que sonho a cada noite que sou professor da universidade de Moscou, um célebre erudito, orgulho da terra russa! |52|

FERAPONT |53|: Não posso saber... |54| Ouço mal.

ANDREI |55|: Se você ouvisse tanto quanto observa é possível que eu não falasse com você |56|. Preciso falar com alguém, mas minha esposa não me entende, das irmãs eu tenho medo, temo que me façam passar por ridículo, que me condenem |57|. Eu não bebo, não gosto de tabernas, mas com que prazer eu me sentaria agora no Téstov, em Moscou, ou no Grande de Moscou, meu caro! |58|

FERAPONT |59|: E em Moscou, o empreiteiro contou agora há pouco, no Conselho, uns comerciantes estavam comendo *blini*[24], e um deles, que comeu quarenta, parece que morreu |60|. Quarenta ou cinquenta. Não lembro.

ANDREI: Se você se senta em uma enorme sala de restaurante, em Moscou, ninguém o conhece e, mesmo assim, você não se sente um estranho. Mas aqui, você conhece todo mundo e todo mundo o conhece e você é um estranho, estranho... Estranho e solitário |61|.

FERAPONT: O quê? (*Pausa.*) |62| E o empreiteiro ainda contou – pode ser que estivesse mentindo – que, em Moscou, estenderam uma corda passando por toda a cidade.

ANDREI: Para quê?

---

24 Espécie de panqueca, servida com algum molho, doce ou salgado, muito típica da culinária russa. É a comida tradicional do período de Máslienitsa. (N. da T.)

[46] Pausa. Andrei vai até seu quarto, com a vela; está escuro. Ferapont, na escuridão, boceja. Andrei volta com a tinta e a pena. Está bem iluminado.
[47] Enquanto assina o livro.
[48] Pausa. Assopra e espera até que seque. Pensa um pouco, põe as mãos sobre a mesa e a cabeça nas mãos.
NB: Andrei é como as irmãs – chorão.
[49] Ferapont não ouve nada. As orelhas estão atadas.
[50] Pausa. Ferapont enxuga o nariz.
[51] Ferapont boceja.
[52] Movimento de Andrei, ele se recostou.

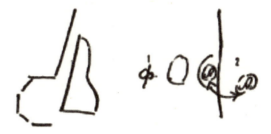

FIGURA 24:
1. Ferapont; 2. Andrei traz a pena e a tinta.

[53] Entende o que ele diz pelos gestos de Andrei.
[54] Tira o lenço das orelhas.
[55] Mais alto.
[56] Ferapont faz um aceno afirmativamente. Fecha as orelhas e se aquieta.
[57] Entende o que Andrei fala, tira o lenço, escuta.
[58] Andrei faz um barulho brincando, pensativamente, de passar a roseta na vela.
[59] Abrindo as orelhas, seriamente, após a pausa.
[60] Enrola as orelhas. Pausa. Acrescenta titubeando.
[61] Pausa. Ferapont cochila em pé, deixa cair o chapéu, apanha-o, fica em pé e pergunta.
[62] Pausa. Esfrega o nariz.
[63] Descobrindo as orelhas.

FERAPONT: Não posso saber [64]. Foi o empreiteiro quem disse.

ANDREI: Que disparate. (*Lendo o livro.*)[65] Já esteve alguma vez em Moscou? [66]

FERAPONT (*após uma pausa*): Não. Deus não quis. (*Pausa.*) [67] Posso ir? [68]

ANDREI [69]: Pode ir. Vá em paz. (*Ferapont sai.*) [70] Vá em paz. Volte amanhã de manhã para pegar os papéis. Olha... (*Lendo.*) [72] Entendo tudo, não me esqueci de nada. Tenho uma memória enorme; na minha lembrança, há muito tempo alguém estendeu algo através de Moscou, como a sua corda... [73] através de toda a Rússia [74]. Vá. (*Pausa.*) Já foi. (*Campainha.*) [75]Sim, é isso mesmo...25 [76] (*Espreguiça-se e dirige-se, sem pressa, ao seu quarto.*)26

[*A babá canta dos bastidores, ninando a criança.*] *Entram Macha e Verchínin. Enquanto eles conversam, a arrumadeira acende a lamparina e as velas na sala de jantar* [77].

MACHA: Não sei27. É claro, o hábito vale muito. Depois da morte do papai, por exemplo, nós não conseguíamos nos acostumar com o fato de que não tínhamos mais ordenanças. [79] Mas, apesar do hábito, me parece que falo simplesmente pelo senso de justiça. Pode ser que em outros lugares não seja assim, mas aqui as pessoas mais honradas, mais nobres e educadas são os militares [80].

---

25 O trecho entre "Volte amanhã para pegar os papéis" e "através de toda a Rússia" não constam da versão definitiva, publicada por Tchékhov, de *As Três Irmãs*. (N. da T.)

26 Trecho original no texto de Andrei que antecede a entrada de Macha e Verchínin, cortado no exemplar do diretor: "Eu acho que não há nada que dê mais prazer e mais gosto do que a palavra... (*Campainha.*) Sim, é isso mesmo... Em outros tempos sonhei com uma palavra... Sim... (*Espreguiça-se.*) E ela era possível... (*dirige-se, sem pressa, ao seu quarto*)." Correção do autor, daqui em diante não haverá mais comentários sobre isso. (N. da E. russa.)

27 Na versão final do texto, há uma pausa após esta fala e a repetição da mesma. (N. da T.)

[64] Enrola as orelhas, pensando. Pausa.
[65] Alto.
[66] Entregando o livro de recados. Ferapont descobre as orelhas. Andrei repete. Repetir duas vezes.
[67] Enrola as orelhas. Boceja, pisoteia. Andrei folheia as palestras.
[68] Pausa. Ao longe, na rua, tinem os guizos, a troica avança, ouvem-se os gritos do cocheiro e vozes de bêbados. Pode ser que sejam os mascarados ou Protopópov.
[69] Lendo distraidamente, não vê Ferapont.
[70] Ferapont sai devagar para a antessala.
[71] Está absorvido com a leitura e não repara na saída de Ferapont.
[72] Pausa. Folheia.
[73] Pausa.
[74] Interrompe a leitura, dando uma olhada em Ferapont (ele já saiu).
[75] Campainha. Passagem da arrumadeira sonolenta em cima. Ela está de xale, congelada, caminha preguiçosamente.
[76] Levanta, se espreguiça, boceja – vai para seu quarto preguiçosamente, levando a vela consigo. NB: Na saída de Andrei, a sanfona para.

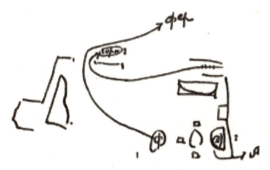

FIGURA 25
1. F[erapont]; 2. [A]ndrei; 3. Arrumadeira.

[77] Campainha. Está escuro. Pausa. Ouve-se abrirem a porta, as vozes de Verchínin e Macha, passos. Anfissa e a babá corpulenta aparecem com duas velas. A babá muito brava, mas em voz baixa, passa uma descompostura em Anfissa; esta apenas suspira. A babá está trazendo uma jarra com leite, tira do aparador o fogareiro e uma panelinha, serve o leite e acende o fogareiro, sempre resmungando. Obriga Anfissa a esperar ferver. Ela cumpre. A babá sai levando a vela.
[78] À porta, enquanto Verchínin tira seu capote militar, Macha tira o chapéu, coloca-o sobre o piano e recompõe o penteado. Luz – duas velas na sala de jantar.
NB: Durante as cenas seguintes, de vez em quando, um leve movimento de Anfissa e sua tosse seca de velha. Algumas vezes, um suspiro profundo.
[79] A arrumadeira sonolenta, voltando da antessala para a sala de jantar, sobe na cadeira, retira o candeeiro e leva-o para pôr combustível.
[80] Macha avança e se senta no sofá.

VERCHÍNIN: Preciso beber alguma coisa. Eu tomaria um chá [81].

MACHA (*olhando as horas*): Logo vão servi-lo [82]. Quando me casaram eu tinha 18 anos e temia meu marido porque ele era professor e eu, então, acabara de terminar o curso ↑. Então ele me parecia espantosamente erudito, inteligente e importante. Mas agora já não é assim, ↑ infelizmente.

[83]

VERCHÍNIN: É [84].

MACHA: Não estou falando sobre o meu marido, já me habituei a ele, mas entre os civis, em geral, há muitas pessoas grosseiras, pouco gentis, mal-educadas. ↑ Eu fico aflita, fico injuriada com a grosseria, eu sofro quando vejo uma pessoa que não seja suficientemente fina, suficientemente dócil, amável. Quando me ocorre estar entre os professores, colegas de meu marido, eu realmente sofro [85]. ↑ Aconselho a Olga Leonárdovna que feche os olhos – e já, já surge o tom verdadeiro.

VERCHÍNIN: A mim, me parece que dá no mesmo. Dá tudo no mesmo. Tanto os militares quantos os civis são igualmente desinteressantes. Pelos menos nessa cidade. Tanto faz! Se ouvir um intelectual local, seja civil ou militar, dirá que está cansado da esposa, está cansado da casa, cansado da propriedade, cansado dos cavalos. É próprio do homem russo o pensamento elevar-se ao mais alto grau, mas por que na vida ele alcança tão pouco? Por quê?

MACHA: Por quê?

VERCHÍNIN: Por quê? Por que ele está cansado das crianças, da esposa? E por que a esposa e as crianças estão cansadas dele?

[86]

MACHA: Hoje você não está de bom humor.

VERCHÍNIN: Pode ser. Hoje não almocei. Não como nada desde manhã [87]. Minha filha está meio doente e quando minhas filhas ficam doentes eu fico alarmado, minha consciência é atormentada por elas

[81] Espiando a sala de jantar.
[82] Pausa. Verchínin se aquece perto da lareira. Macha acende um fósforo, depois o apaga e se acomoda no sofá, cruzando os braços na cintura, (pode ser) agasalhando-se no xale. Ao longe, embalam uma criança. Tosses e suspiro de Anfissa.
NB: Com a entrada de Macha e Verchínin – nevasca e uivo na lareira (até a entrada de Tuzembakh).
[83] Macha se senta (assim também será nas cenas subsequentes), recosta-se no sofá, atirando a cabeça para trás com os olhos fechados.

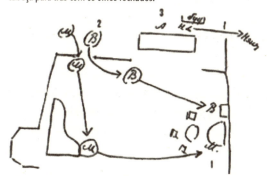

FIGURA 26
1. M[acha]; 2. V[erchínin]; 3. A[nfissa].

[84] Pausa. Sob o sofá, o rato escarafuncha. Macha bate a mão pelo sofá e faz "psh" para enxotá-lo. (Como fazer esse ruído do rato? Pegar um punhado de palitos de penas de ganso e praticar com eles.) Verchínin se afasta da lareira, esfrega o pé no chão e senta-se na cadeira perto de Macha.
[85] Rato – mesmo jogo, enxotam-no.
NB: Durante essa cena, no quarto de Andrei – o folhear das palestras, tossidas.
NB: Nos ensaios, executar todos os barulhos.

FIGURA 27
1. Verchínin troca de lugar, da janela para a poltrona, com Macha; 2. M[acha].

[86] Violino. Luz na sala de jantar.
[87] Rato – mesmo jogo. Andrei afasta a cadeira violentamente. Suspira, caminha e começa uma terrível e lamentosa melodia no violino. Verchínin, durante a pausa, troca de lugar para ficar mais perto de Macha. A arrumadeira traz o candeeiro aceso para a sala de jantar e sai. Na sala de jantar, há luz.

terem uma mãe como essa [88]. Oh, se a senhora a visse hoje. É um zero à esquerda. Começamos a nos insultar às 6^{28} da manhã e às 9^{29} eu bati a porta e saí. (*Pausa.*) [89] Eu nunca falo sobre isso e só com a senhora me lamento. (*Beija-lhe a mão.*) Não se zangue comigo. Além da senhora não tenho mais ninguém, ninguém. (*Pausa.*) [90]

MACHA: Esse barulho na lareira. ↑ Um pouco antes da morte de nosso pai, houve um uivo na chaminé. Exatamente como esse.

VERCHÍNIN: É supersticiosa?

MACHA: Sim.

VERCHÍNIN: Isso é estranho [92]. (*Beija-lhe a mão.*) A senhora é magnífica, uma mulher admirável [93]. Magnífica, admirável! Está escuro aqui, mas eu vejo um brilho em seus olhos...

MACHA (*senta-se em outra cadeira*) [94]: Aqui está mais claro.

VERCHÍNIN (à meia-voz): Eu amo, amo, amo... Amo seus olhos, seus movimentos que me fazem sonhar. Magnífica, mulher admirável!

MACHA (*baixo, rindo*) [96]: Quando o senhor fala assim comigo, rio, não sei por que, mesmo sentindo medo. Não repita, estou pedindo... (À meia-voz.) Pensando bem, tanto faz, repita... (*Cobre o rosto com as mãos.*) Tanto faz [97]. Estão vindo para cá, fale alguma outra coisa...

Irina e Tuzembakh entram pelo salão.

TUZEMBAKH: Eu tenho um sobrenome triplo. Chamo-me Tuzembakh-Krone-Altchauer, mas sou russo, ortodoxo como você. De alemão me sobrou pouco, a não ser a paciência e a obstinação com as quais a aborreço. E a acompanho todas as noites.

IRINA: Como estou cansada [99].

TUZEMBAKH: E eu irei ao telégrafo todas as noites para acompanhá-la até em casa. Vou fazer isso por dez-vinte anos, enquanto a senhora não me tocar para longe.[100] (*Vendo Macha e Verchínin, alegre.*) São vocês, olá! [101]

---

28 Em algarismo arábico na edição russa do exemplar de Stanislávski. (N. da T.)
29 Idem. (N. da T.)

[88] Barulho da lareira.
[89] Barulho da lareira.
[90] Pausa. Barulho forte na lareira. O violino para.

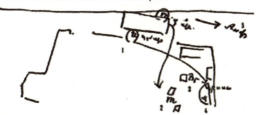

FIGURA 28
Verchínin se afasta da lareira e muda para a poltrona perto de Macha.

[91] Serra.
[92] Pausa. Anfissa sai e leva leite fervido ou xarope. Na porta do corredor, deixa cair o copo que se quebra – grita e sai. No quarto de Andrei (a porta está fechada), ouve-se o barulho da serra; ele serra ou lima alguma coisa. Ele está lá por tédio, escondido, devaneia, começa a fazer uma ou outra coisa, mas nada dá certo.
[93] Som de beijo.
[94] Macha se afasta para longe, no sofá.
[96] Risada.
[95] Aproximando-se dela, ouve-se um beijo na escuridão.
[97] Pausa. Ouvem-se as vozes de Irina e de Tuzembakh e o barulho do vidro que está sendo varrido. Verchínin mudou-se para o lugar anterior.
[99] Senta-se; Tuzembakh se levanta.
[98] Na sala de jantar. Eles saem da antessala (Stanislávski sempre escreve sala de jantar. [N. da E. russa.]) e param em frente ao carrinho de chá, beliscando um pão. Tuzembakh se levanta, apoia as mãos sobre a mesa, inclinando-se sobre Irina.
[100] Macha risca um fósforo e acende a vela, Verchínin acende outra – chamam a atenção de todos para si.
[101] Entram, cumprimentam.

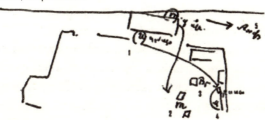

FIGURA 29
1. I[rina]; 2. T[uzembakh]; 3. V[erchínin]; 4. M[acha]; 5. A[nfissa]. Entram Irina e Tuzembakh mudou de lugar.

IRINA: Finalmente estou em casa. (*A Macha.*) Há pouco, chegou uma dama para telegrafar ao irmão, em Sarátov, para dizer que seu filho morreu, só que não se lembrava do endereço. Remeti apenas a Sarátov. Estava chorando. E eu, sem nenhuma razão, disse-lhe um desaforo. Eu disse: não tenho tempo. Que estupidez [103]. Hoje virão os mascarados?

MACHA: Sim [104].

IRINA (*senta-se na poltrona*) [105]: Vou descansar... Estou cansada.

TUZEMBAKH (*com um sorriso*): Quando você chega do trabalho parece tão pequena, tão coitadinha... (*Pausa.*) [106]

IRINA: Cansei. Não, eu não gosto do telégrafo, não gosto. ↑

MACHA: Você emagreceu (*assobia*), ficou mais jovem e está parecendo um menino.

TUZEMBAKH: É por causa do penteado.

IRINA[107]: Preciso procurar outro emprego, esse não é para mim. Aquilo que eu queria, o que eu sonhava, não existe nele. É um trabalho sem poesia, sem ideias... [108]

Batida no chão [109].

O doutor está batendo. (*A Tuzembakh.*) Querido, bata de volta... Eu não posso... estou cansada...

Tuzembakh bate. [110]

Logo, logo virá [111]. Precisamos tomar alguma providência. Ontem o doutor e o nosso Andrei estiveram no clube e perderam novamente. Dizem que Andrei perdeu 200 rublos.

MACHA (*com indiferença*): O que se há de fazer agora? [114]

IRINA: Perdeu há duas semanas, perdeu em dezembro... Antes perdesse tudo, quem sabe assim fôssemos embora dessa cidade [115]. Meu Deus, senhores, todas as noites sonho com Moscou, estou enlouquecendo. (*Ri.*) Vamos nos mudar para lá em junho, mas até junho faltam ainda... [116] fevereiro, março, abril, maio... quase meio ano! [117]

MACHA: É preciso apenas que Natacha não saiba nada sobre a perda de Andrei.

[102] Enquanto se cumprimentam, sentam-se. Primeiro entra Tuzembakh e cumprimenta Macha; atrás dele, Irina cumprimenta Verchínin e beija Macha. Verchínin beija a mão de Irina e Tuzembakh, a de Macha. Irina arrasta-se de cansaço (ela tem um corte de cabelo de menino).

[103] Curvou-se para Macha, deitou-se sobre seu ombro e cobriu-se com o xale. Macha está sentada como antes, com a cabeça tombada e balançando as pernas.

[104] O serrote para.

[105] Deita-se sobre o ombro de Macha.

[106] Pausa. Rato. Macha deu umas batidinhas pelo sofá. Irina se levanta rapidamente e recolhe as pernas sobre o sofá.

[107] Pausa.

[108] Pausa. Rato. Verchínin pega o brinquedo que estava sobre a mesa – Petruchka [Uma das personagens do tradicional teatro popular russo, do teatro de bonecos de feira. Trata-se de um fantoche, é o palhaço russo. Geralmente usa camisa e gorro vermelhos.] com pratos – faz barulho com ele. Depois ele mantém esse brinquedo na mão e, de vez em quando, faz barulho com ele.

[109] Batida no chão, após a pausa.

[110] Pausa. Tuzembakh levanta e bate.

[111] Passos e tossidinhas de Andrei no quarto ao lado.

[112] As irmãs estão paralisadas, debaixo do mesmo xale. Verchínin e Tuzembakh fumam.

[113] No quarto de Andrei, passos, tossidinhas, ruído das páginas.

[114] Verchínin faz barulho com o Petruchka, ele bate os pratos. É preciso que o público enxergue o Petruchka, senão não entenderá de onde vem o som.

[115] A arrumadeira, metida em um xale, sobe sonolenta, atravessando desde o corredor, se detém perto da mesa até a entrada de Tchebutíkin.

[116] Conta com os dedos.

[117] Barulho do Petruchka.

IRINA: Acho que, para ela, tanto faz [118].

Tchebutíkin, que acaba de sair da cama, entra pelo salão e se põe a pentear a barba. Em seguida, senta-se à mesa e tira do bolso um jornal.

MACHA: Pronto, chegou [120]. Ele pagou pelo apartamento?

[119] IRINA (*ri*): Não... há oito meses – nenhum copeque[30]![31]

MACHA (*ri*): E com que importância está sentado ali!

Todos riem; pausa [121].

IRINA (*a Verchínin*): Por que está calado, Aleksandr Ignátievitch?

VERCHÍNIN: Não sei. Quero chá. Minha vida por um copo de chá!

Não comi nada desde manhã... [122]

TCHEBUTÍKIN: Irina Serguêievna! [123]

[113] IRINA [124]: O que quer?

TCHEBUTÍKIN: Passe para cá. *Venez ici*[32].

Irina senta-se perto dele [125].

Sem a senhora, eu não posso.

[Irina abre a paciência.] [126]

VERCHÍNIN [127]: Pois bem[33]. Vamos filosofar.

TUZEMBAKH [128]: Então vamos. Sobre o quê? [129] Vamos sonhar, por exemplo, com a vida que virá depois de nós, daqui a duzentos, trezentos anos... [130]

[131] Depois de nós, voarão em balões de ar, os paletós serão diferentes, pode ser que descubram e desenvolvam o sexto sentido, mas a vida continuará do mesmo jeito, uma vida difícil, cheia de mistérios e feliz. E daqui há mil anos o homem vai suspirar do mesmo modo: "ai, é duro viver", e, ao mesmo tempo, assim como agora, vai ter medo e não desejará a morte [132].

---

30 Copeque é a moeda equivalente a um centésimo do rublo. (N. da T.)

31 Na publicação oficial do texto de Tchékhov incluiu-se aqui a fala "certamente se esqueceu". (N. da T.)

32 Em francês no original: "venha aqui". (N. da T.)

33 Também na publicação oficial do texto de Tchékhov incluiu-se aqui a fala "se não nos dão chá". (N. da T.)

[118] Verchínin levanta e passa para a cama turca.
[119] Baixo, para que ele não ouça. Tchebutíkin senta-se com ar importante. Penteia a barba. Amarfanha o jornal.
[120] Conversa de Tchebutíkin com a arrumadeira.
[121] Riso. Pausa, vê-se a brasa do cigarro de palha de Verchínin.
[122] A arrumadeira sai para cima.
[123] Da sala de jantar, olhando por cima do pincez-nez, amarfanhar do jornal.
[124] Alto.
[125] Irina soergue-se com indolência.

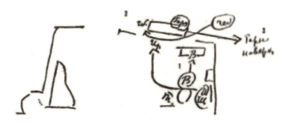

FIGURA 30
1. Verchínin senta-se em outro lugar; 2. Tchebutíkin entra, belisca o pão, conversa com a arrumadeira; 3. A arrumadeira sai.

[126] Irina vai e, depois, abre o jogo de paciência. Tuzembakh encontrou o pequeno orgãozinho e toca. Pausa. Conversa de Irina e Tchebutíkin na sala de jantar.
[127] Da cama turca.
[128] Parando de tocar.
[129] Pensa.
[130] Pausa. Faz girar o realejo duas ou três vezes e ele emite sons vagos.
[131] Tem em mãos o orgãozinho; às vezes gira um pouquinho e ele emite sons lamentosos.
[132] Verchínin levanta-se, se aproxima e apoia os cotovelos na cadeira. O jogo cênico de Andrei termina.

VERCHÍNIN: Como vou dizer... tenho a impressão de que, aos poucos, tudo deve mudar na Terra e já está mudando diante de nossos olhos. Dentro de duzentos, trezentos anos, de mil anos, enfim – a questão não é o prazo – chegará uma nova vida, uma vida feliz. Claro, nós não vamos participar dessa vida, mas é para ela que hoje nós vivemos, trabalhamos, bem, sofremos; nós a inventamos – e esse é o único objetivo de nossa existência e, se quiser, é a nossa felicidade.

Macha ri.

TUZEMBAKH: O que há?

MACHA: Não sei. Hoje estou rindo o dia todo. Desde manhã [135].

VERCHÍNIN: Eu estudei tanto quanto o senhor, nunca estive na academia, leio muito, mas não sei escolher os livros e, pode ser que eu leia justamente aquilo que não é necessário e mesmo assim, quanto mais eu vivo, mais desejo saber! Veja, meus cabelos estão ficando grisalhos, já sou quase velho, mas sei pouco, ah, sei muito pouco! Mas, em todo caso, me parece que o mais importante e verdadeiro eu sei, tenho convicção. E como eu gostaria de lhe provar que a felicidade não existe, não deve e não poderá existir para nós. Nós só precisamos trabalhar e trabalhar, e a felicidade – essa é a sina dos nossos descendentes longínquos. (*Pausa.*) Se não é a minha é, ao menos, a dos descendentes dos meus descendentes.

[*Fedótik e Rodê aparecem na sala de jantar. Eles se sentam e começam a cantarolar baixinho com o violão "considere que minha alma se agita".*][34]

---

34 O trecho da música foi retirado do texto de Tchékhov para a publicação. (N. da T.)

FIGURA 31
1. Tch[ebutíkin] e I[rina]; 2. V[erchínin]; 3. T[uzembah].

[133] Longe dali, uma sanfona e vozes bêbadas, como que propositadamente, recordam que tudo aquilo de que fala Verchínin aconteceria num futuro muito distante.
[134] Dar um chacoalhão no público, erguer o tom com ânimo.
[135] <Neve. Escuridão. Lua>
Risada nervosa de Macha. Ela pode explodir em pranto, por isso, apaga ambas as velas rapidamente. Escuridão. Apagar metade da ribalta (na sala de jantar, iluminar bem).
Verchínin continua a discutir, senta-se junto a Macha no sofá. Na escuridão, às vezes ele, às vezes Tuzembakh, acende um fósforo.
É visível a brasa de seu cigarro de palha.
Escuridão. Atrás do fonar, nas janelas, introduzir a luz pálida do luar. Neva. Começa uma tempestade de neve e o tempo se torna claro.
[136] Verchínin acomodou-se no sofá. Está fumando e deixa cair a cinza, fala ardentemente. Pensativo, Tuzembakh gira o orgãozinho que, às vezes, emite sons finos.

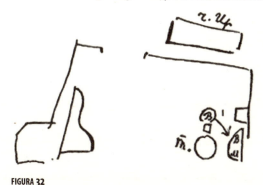

FIGURA 32

TUZEMBAKH [137]: Não entendo. Nós devemos trabalhar e trabalhar sem sonhar com a felicidade? Mas se eu sou feliz!

VERCHÍNIN: Não.

TUZEMBAKH (*ergue os braços e ri*): É evidente que nós não nos entendemos um ao outro. E se eu o convencer? Nós vivemos nossa vida presente; no futuro, viverão suas vidas exatamente assim como a nossa – nem melhor, nem pior.

Macha ri [139].

TUZEMBAKH (*mostrando-lhe o dedo*)[35]: Ria! (*A Verchínin.*) Não será apenas por duzentos ou trezentos anos, mas por um milhão de anos a vida continuará como sempre foi; ela não muda, permanece constante, seguindo suas próprias leis, que não nos dizem respeito ou que, pelo menos, não conheceremos jamais. Os pássaros migrantes, as cegonhas, por exemplo, voam, voam e sejam os pensamentos elevados ou baixos os pensamentos que vagam por suas cabeças, todos eles vão voar sem saber o porquê ou para onde. Eles voam e voarão, sem se importar com os filósofos que possam surgir entre eles, e que filosofem o quanto queiram, mas que voem...

MACHA: E mesmo assim, qual o sentido?

TUZEMBAKH: O sentido? [142] Veja: está nevando. Qual é o sentido?

Pausa [143].

MACHA: A mim, parece que o homem deve ser crente ou buscar a verdade, senão a vida é um vazio, vazio... Viver sem saber por que as cegonhas voam, por que as crianças nascem, por que o céu tem estrelas... Ou você sabe para que vive ou tudo é ninharia ou dá tudo no mesmo.

Pausa [144].

TUZEMBAKH: Apesar de tudo é uma pena que a juventude tenha passado [145].

MACHA: Como diz Gógol: é tedioso viver nesse mundo, senhores!

---

35 Trata-se do gesto de levantar o dedo indicador quando alguém está rindo para que ria à vontade. É bastante comum entre os russos. (N. da T.)

1. Verchínin senta-se junto a Macha.
[137] Joga o brinquedo, irritando-se.
[138] Essa frase foi retirada da versão definitiva do texto. Tuzembakh se aproxima da cadeira e continua. Tchebutíkin, com o jornal, muda de lugar.
[139] Risada de Macha. Tuzembakh acende um fósforo e mostra o dedo. Nos bastidores, canção à meia-voz e sons de violão.
[140] Tuzembakh caminha.
[141] Canto à meia-voz de Rodê e Fedótik.
[142] Mostrando a janela.
[143] Cessam as vozes ébrias e a sanfona fora de cena.

FIGURA 33
1. Saída de Fedótik e Rodê — eles se escondem; 2. Tuzembakh atravessa até a mesa; 3. Tuzembakh começou a andar; 4. Tchebutíkin, com o jornal, mudou de lugar e está de costas para o público.

Pausa. Entrada inesperada de Rodê e Fedótik, eles fazem uma pose como ciganos e golpeiam as cordas do violão, cantam bem alto as primeiras notas da canção dessa dança. Irina, rapidamente, faz com que se calem (acordarão a criança). Eles, comicamente, agarram as cabeças e se escondem atrás da mesa. Ficam visíveis apenas suas cabeças e Fedótik se enfia debaixo da mesa. Risada de Irina e de Tchebutíkin. Fedótik sai daquela ponta da mesa, depois eles se sentam próximos à janela da sala de jantar, no canto, e ficam tocando e cantando juntos baixinho. Verchínin, Tuzembakh e Macha verificam o que está acontecendo lá, pedem silêncio e riem.
[144] Canto baixo (a meia-voz) de Rodê e Fedótik. Alguma romança sobre a juventude perdida. Irina pode acompanhar.
[145] Pausa. Canção.

TUZEMBAKH: E eu digo: é difícil discutir com os senhores! Larguem do pé! [146]

TCHEBUTÍKIN (*lendo jornal*): Balzac se casou em Berdítchev [148].

Irina cantarola baixinho.

[147]

TCHEBUTÍKIN: Vou até anotar no meu caderninho. (*Anota.*) ↑ Balzac se casou em Berdítchev... (*Lê jornal.*)

IRINA (*abre a paciência, está pensativa*): Balzac se casou em Berdítchev.[36] [149]

TUZEMBAKH: A sorte está lançada. Sabe, Maria Serguêievna, eu pedi baixa.

MACHA: Eu ouvi dizer. Não vejo nada de bom nisso. Não gosto de civis.

[151]

TUZEMBAKH: Tanto faz, eu não sou bonito, que militar eu sou? Mas também, tanto faz. Eu vou trabalhar. Nem que seja um dia em minha vida, vou trabalhar a ponto de chegar em casa à noite e cair na cama e dormir imediatamente de tanto cansaço. (*Saindo para o salão.*) Os operários devem dormir pesado! [152]

[150]

FEDÓTIK (*a Irina*) [153]: Comprei para você ainda agora na Moscóvskaia, na loja de Pijikov uns lápis de cor... E também esse canivetinho...

[153]

IRINA: O senhor se habituou a me tratar como criança, mas eu já cresci... (*Contente, apanha os lápis e o canivetinho.*) Que amor! [155]

[154]

FEDÓTIK: E para mim eu comprei esse canivete... olha... uma faca, outra faca, a terceira, essa é para limpar as orelhas, uma tesourinha, um limpador de unhas... [157] E agora eu vou lhe mostrar outra paciência... (*Abre a paciência.*)[37][158]

[156]

---

36 O trecho seguinte foi riscado no exemplar do diretor: "Fedótik embaralha suas cartas. Irina. (*zangada*). O que o senhor fez? Fedótik. Não me contradiga. Irina. Está me importunando com suas gracinhas. Fedótik. Tanto faz, a paciência não ia sair mesmo. E a ajudo e outra agora... (*Abre a paciência.*) Rodê. (*Alto.*) Quantos anos tem, doutor? Tchebutíkin. Eu? Trinta e dois. (*rindo*) Irina (*olhando as cartas*) E por que Balzac esteve na Rússia? (*Pausa.*)." (N. da E. russa.)

37 Na versão final publicada, o texto de Tchékhov ficou assim: "FEDÓTIK: E para mim eu comprei esse canivete... olha... uma faca, outra faca, a terceira, essa é para limpar as orelhas, uma tesourinha, um limpador de unhas...

[146] Pausa – a canção desafina um pouco e para. Todos se paralisam. Tuzembakh vai para o quarto de Andrei e também para.
[147] Todos conhecem as deixas e resistem.
[148] Pausa. Rodê e Fedótik caem na risada e param rapidamente.
[149] Pausa. O ruge-ruge do jornal, sons baixos de violão. Tocam uma polca no violão. Fedótik [K.S. Stanislávski erroneamente escrevera <Rodê> em lugar de <Fedótik>. – N. da E. russa.] fala algo curvando-se para Irina. Voz de Andrei e de Tuzembakh no quarto de Andrei. Pausa. Fedótik [Também. – N. da E. russa.] vai rápido para a antessala e lá acende uma vela. Irina corre atrás dele. Na antessala, Fedótik tira do casaco um embrulho. Tuzembakh vem do quarto de Andrei, fala no caminho, dirigindo-se à sala de jantar.
[150] Nevasca, barulho na chaminé, neve.
[151] Saindo do quarto de Andrei, para perto da poltrona, fala e vai para a sala de jantar. Enquanto isso, Fedótik e Irina procuram o embrulho na antessala, e lá acendem uma vela.
[152] Fedótik e Irina, com a vela e com o pacote atado saem da antessala e vão até o piano. Lá, Fedótik desembrulha o pacote, Irina assiste.

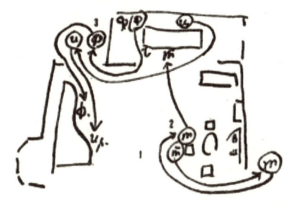

FIGURA 34
1. Tuzembakh vai ao quarto de Andrei, volta; 2. No caminho, detém-se em frente à poltrona, atravessa até a sala de jantar; 3. Fedótik e Irina, atrás dele, passam correndo pela antessala, trazem o embrulho e abrem-no sobre o piano.

[153] Abrindo.
[154] Ofendendo-se. Fedótik corre, alcança, oferece o canivete. Irina, alegremente.
[155] Irina aproxima-se da luz e observa o canivete.
[156] Abrindo e mostrando a Irina.
[157] Sustentar a pausa. Examinar os canivetes. Rodê larga o violão e aproxima-se de Tuzembakh, que abriu um jogo de paciência.
[158] Pausa. Irina vai à sala de jantar e mostra os presentes. Atrás dela, Fedótik também vai. Anfissa trouxe o samovar fervendo. Entraram Soliôni e Natacha. Forte barulho na chaminé.

Trazem o samovar; Anfissa está perto dele; em pouco tempo entra Natacha, que se agita perto da mesa; Soliôni se aproxima e, tendo cumprimentado, senta-se à mesa.

VERCHÍNIN: E apesar de tudo, como está ventando!

[159] MACHA: Sim. Cansei do inverno. Eu até me esqueci como é o verão [160].

IRINA [161]: Estou vendo que a paciência vai dar certo. Iremos para Moscou.

[162] FEDÓTIK: Não, não vai dar. Veja, o oito está em cima do dois de espadas. (*Ri.*) Quer dizer que não irá a Moscou [163].

[164] TCHEBUTÍKIN (*lendo jornal*): Tsitsicar. Aqui há uma epidemia de varíola... [165]

[150] ANFISSA (*aproximando-se de Macha*): Macha, venha tomar chá, mãezinha. Tenha a bondade, Vossa Excelência... desculpe, paizinho, esqueci o nome, o patronímico[38].

MACHA: Traga aqui, babá. Aí eu não vou.

IRINA: Babá!

ANFISSA: Estou indo! [166]

[167] NATACHA: As crianças de peito entendem maravilhosamente. Eu digo – "olá, Bóbik! Olá, querido!" – e ele me olha de um jeito especial. O senhor[39] deve achar que é a mãe que fala em mim, mas não é, não é, eu lhe asseguro! É uma criança excepcional.

[168] SOLIÔNI: Se essa criança fosse minha, eu fritava e comia... (*Vai para a sala de visitas levando seu copo e senta-se num canto.*)

RODÊ (*alto*): Doutor, quantos anos tem o senhor?
TCHEBUTÍKIN: Eu? Trina e dois.
(*Risos.*)" E finalmente Fedótik diz: "E agora eu vou lhe mostrar outra paciência... (*Abre a paciência.*)" (N. da T.)

38 Tradicionalmente, na Rússia, as pessoas têm o primeiro nome acompanhado pelo patronímico, que é derivado do prenome paterno. O último nome é o sobrenome da família do pai. Antigamente, o tratamento por prenome e patronímico era obrigatório numa situação de respeito. Na peça, todos os irmãos têm, obviamente, o mesmo patronímico, Serguêiev (para Andrei) e Serguêievna (para as irmãs) – é dedutível, portanto, que o prenome do general era Serguei. (N. da T.)

39 No texto final, entrou uma rubrica no início da fala de Natacha, indicando que é a Soliôni a quem ela se dirige. (N. da T.)

[159] Até o momento estiveram sentados no sofá, sonolentos.
[160] Som do beijo na mão. Verchínin beija Macha.
[161] Irina, até este momento, examina a paciência inclinando-se sobre Tuzembakh. Depois pula, vai para trás da cadeira de Fedótik e, curvando-se, assiste.

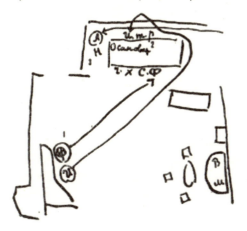

FIGURA 35
1. Irina e Fedótik vão para a sala de jantar; 2. Rodê se aproxima de Tuzembakh (paciência); 3. Anfissa, Natacha e Soliôni entram, cumprimentam-se e se sentam.

[162] Abrindo a paciência. Natacha serve o chá e dá ao vizinho.
[163] Pausa. Som de louça.
[164] Após essa réplica, Tchebutíkin arruma os jornais e também começa a jogar paciência.
[165] Faz barulho com o jornal. Anfissa, até este momento, ajudou a servir o chá, depois vai à sala de visitas e, no escuro, procura. Nota-se o cigarro de palha de Verchínin.
[166] Arrasta-se, cansada. Irina murmura-lhe algo. Anfissa sai para o corredor.
[167] Pondo-se a servir o chá.
[168] Levanta-se. Avança para a geleia e se serve.

NATACHA (*cobre o rosto com as mãos*) [169]: Que homem grosseiro, mal-educado! [170]

MACHA: Feliz daquele que não repara se é inverno ou verão. Eu acho que, se estivesse em Moscou, não me importaria com o clima... [171]

VERCHÍNIN: Esses dias eu estava lendo o diário de um ministro francês, escrito na prisão. O ministro foi condenado pelo caso Panamá. Com que êxtase, com que arrebatamento ele se lembrava dos pássaros que via pela janela da prisão. Os mesmos que ele nunca notara antes, quando era ministro. É claro que agora que está livre, ele já não repara nos pássaros como antes. Do mesmo jeito vocês não vão reparar em Moscou quando estiverem morando lá. Nós não somos felizes e, para nós, a felicidade não existe. Nós apenas a desejamos [173].

TUZEMBAKH (*pega a caixa da mesa*): Onde estão os bombons?

[174] IRINA: Soliôni comeu.

TUZEMBAKH: Todos?

ANFISSA (*entregando o chá*) [175]: Uma carta para o senhor, excelência.

VERCHÍNIN: Para mim? (*Pega a carta.*) [176] É de minha filha... (*Lê.*) Sim, claro... [177] Maria Serguêievna, me desculpe, eu vou sair discretamente. Não vou tomar o chá... (*Levanta-se agitado.*) [178] É sempre a mesma história...

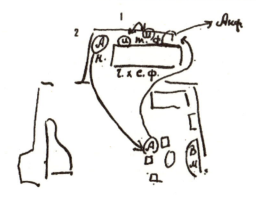

FIGURA 36
1. Irina atravessa para ver a paciência, depois chama Anfissa e senta-se no lugar anterior; 2. Anfissa faz sinal a Macha, aproxima-se de Irina e depois sai.

[169] Joga a faca e atira-se; começa a cuspir. (Existe, na Rússia, a superstição de que, cuspindo três vezes sobre o ombro esquerdo – onde fica sentado o diabo – espanta-se o azar [N. da T.]). Severamente.
[170] Pausa. Todos começam a balançar a cabeça com acusações, condenando: "ai, ai, ai! Soliôni, ai!". Soliôni senta-se e se inclina para perto da mesa (perturba-se).
[171] Na antessala, uma campainha de mau augúrio – a arrumadeira desce, Anfissa serve chá para Verchínin e Macha e, servindo, atravessa para a antessala carregando consigo a vela que Fedótik deixara sobre o piano. Som da tranca e do destravamento da porta com corrente.
[172] Momento em que Anfissa sai para a antessala. Todos conhecem este monólogo. Silêncio absoluto na sala de jantar.
[173] Ficam imóveis e reflexivos.
[174] Sentando-se. Faz o jogo cênico para o público, com energia.
[175] Entrando, precipitadamente, com uma carta. A arrumadeira espera na antessala.
[176] Pega a carta. Acende a vela depressa.
[177] Apressa-se. Procura o chapéu.
[178] Estende a mão a Macha, que se levanta; beija-a.

MACHA [179]: O que foi? É segredo?

VERCHÍNIN (*em voz baixa*): Minha esposa se envenenou de novo... Preciso ir... Eu vou passar discretamente... Tudo isso é terrivelmente desagradável... (*Beija a mão de Macha.*) Minha querida, doce e bondosa mulher... Eu vou passar [por aqui], discretamente. (*Sai.*) [181]

ANFISSA [182]: Aonde ele vai? Eu acabei de lhe servir o chá. Mas que coisa...

MACHA (*zangada*) [183]: Deixa! Sempre me irrita, cuide da sua vida! (*Vai com a xícara até a mesa.*) [184] Você me aborrece, velha! [185]

ANFISSA (*baixo*): Por que você se ofende? Minha querida! [186]

VOZ DE ANDREI: "Anfissa!"

ANFISSA (*irritada*): Anfissa! Fica lá sentado. (*Sai.*) [187]

MACHA (*em frente à mesa, na sala de jantar, brava*) [188]: Deixem-me sentar! (*Mistura as cartas sobre a mesa.*)[40] Tudo cheio de cartas! Tomem seu chá!

IRINA [189]: Está zangada, Macha.

MACHA: Quando estou zangada, não falem comigo. Não mexam comigo...

TCHEBUTÍKIN (*rindo*)[190]: Não mexam com ela, não mexam...

---

40 Acrescentado por K.S. Stanislávski "de Tchebutíkin". (N. da E. russa.)

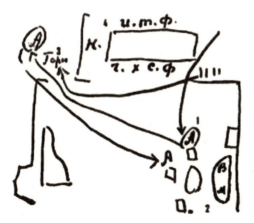

FIGURA 37
1. A[nfissa]; 2. V[erchínin] e M[acha]; 3. Arrumadeira; 4. Em sentido horário: I[rina], T[uzembakh] e F.; F., S[oliôni], R[odé] e Tch[ebutíkin]; Natacha.

Passagem da arrumadeira. Anfissa serve o chá e vai para a antessala. Volta com a carta.

[179] Retendo-lhe a mão.
[180] Indo embora, na antessala, até a porta.
[181] Riso, explosão na sala de jantar.
[182] Macha está parada à porta; Anfissa vai até ela levando a bandeja que pegara da mesa (com o chá não bebido). Riso na sala de jantar.
[183] Empurrando de leve a bandeja, indo para a sala de jantar.
[184] Pega a xícara da bandeja.
[185] Vai para a sala de jantar.
[186] Atrás dela.
[187] Coloca a bandeja sobre a mesa e vai até Andrei.
[188] Fica perto de Tchebutíkin.
[189] Levanta-se para pegar a carta de Tchebutíkin.
[190] Cedendo seu lugar, trocando.

MACHA: O senhor tem 60 anos e está sempre falando o diabo, como se fosse um moleque [191].

NATACHA (*suspira*) [192]: Macha, querida, para que usar essas palavras!? Com a sua beleza você encantaria a todos numa alta-roda, se não usasse essas palavras. Estou lhe dizendo [193]. *Je vous prie pardonnez moi, Marie, mais vous avez des manières un peu grossières.*[41]

---

41 Em francês no original: "Por favor, me desculpe, Maria, mas você tem maneiras um tanto grosseiras." (N. da T.)

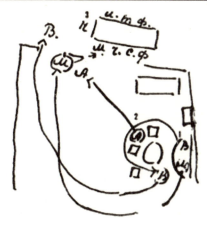

FIGURA 38
1. V[erchínin] e M[acha]; 2. A[nfissa]; 3. Sentido horário: I[rina, T[uzembakh e F.; F. S[oliôni], Tch[ebutíkin] e M[acha]; N[atacha].
Verchínin vai beijar a mão de Macha, depois sai. Macha está atrás dele. Anfissa vai atrás de Macha. Macha senta-se no lugar de Tchebutíkin e este troca.

[191] Pausa, sentam-se. Irina provoca Macha em tom de brincadeira: "Uh! Uh! Você é má, Macha." Irina atravessa para o aparador, procura. Soliôni pega o copo e alguns pedaços de pão e torta. Atravessa para a sala de visitas. Senta-se e come.
NB: A vela acesa por Verchínin permanece acesa.
[192] Levantou-se, servindo o chá.
[193] Serve e afaga-lhe a cabeça. Macha empurra-lhe a mão.

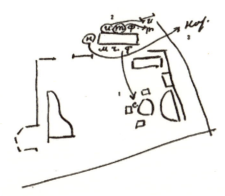

FIGURA 39
1. Passagem de Soliôni; 2. Passagem de Irina e Tuzembakh até o aparador; 3. Saída de Natacha.

TUZEMBAKH (*segurando o riso*) [194]: Dê-me... dê-me... parece que é um conhaque ali...

NATACHA: *Il parait, que mon Bóbik déjà ne dort pas*[42], acordou. Hoje ele não está bem. Vou até ele, me desculpem... (*Sai.*) [195]

IRINA: Onde foi Aleksandr Ignátievitch?

MACHA: Para casa. Aconteceu de novo algo de extraordinário com[196] a esposa... [197]

TUZEMBAKH (*vai com a garrafa até Soliôni*): Está sempre sentado sozinho, pensando em algo – não se sabe o quê. Vem, vamos fazer as pazes. Vamos beber conhaque. [198]

Bebem [199].

Hoje terei de tocar piano a noite toda, algumas bobagens, provavelmente. Podia ser pior! [200]

SOLIÔNI: Por que fazer as pazes? Eu e você não brigamos [201]. [150]

TUZEMBAKH: Sempre tenho a sensação de que houve algo entre nós. Devo reconhecer que o senhor tem um temperamento estranho. [202]

SOLIÔNI (*declama*) [203]: Eu sou estranho, quem não é! Não se zangue, Aleko[43].

TUZEMBAKH [204]: O que Aleko tem a ver com isso? [205] [206]

SOLIÔNI [207]: Quando estou sozinho com alguém, é assim, sou como os outros, mas em sociedade, fico tímido, melancólico e... e falo cada absurdo. Mas, ainda assim, sou mais honesto e nobre do que muitos. Eu posso provar.

TUZEMBAKH: Com frequência eu me aborreço com o senhor, sempre me provoca quando estamos com os outros, não sei por quê. De qualquer modo, por algum motivo, tenho simpatia pelo senhor [209]. Seja como for, hoje vou me embebedar [210]. Vamos beber! [211] [208]

SOLIÔNI: Vamos beber. [212]

Bebem.

---

42 Em francês no original: "Parece que meu Bóbik não dorme mais." (N. da T.)
43 Trecho do poema "Os Ciganos", de A. Púchkin. (N. da T.)

[194] Para segurar o riso corre até Irina, ao aparador. Irina também mal se contém.
[195] Pausa. Cena do riso. Assim que ela sai, Tuzembakh cai na risada. Tchebutíkin, Fedótik e Irina chiam. Ele vai correndo para a sala de visitas e, atrás deles, Rodê – não resiste. Irina também corre atrás deles e chia. Rodê e Tuzembakh estão jogados na cama turca, rolando de rir. Tuzembakh trouxe consigo dois cálices e a garrafa de conhaque. Quando o riso diminui, Irina faz a pergunta, apoiando-se no arco. Soliôni comeu todos os biscoitos da bandeja trazida por Anfissa.
[196] Irina, permanecendo junto ao arco.
[197] Irina se aproxima de Macha, fica em pé, apoiando os cotovelos sobre a mesa e fala alguma coisa seriamente.
[198] Tuzembakh vai até Soliôni, coloca o conhaque e os cálices e enxuga a farda com um lenço. Ele, evidentemente, derramou um pouco de conhaque.
[199] Serve.
[200] Brindam.
[201] Bebem.
[202] Continua a enxugar a sobrecasaca.
[203] Serve conhaque no chá.
[204] Vê, bufa.
[205] Em seguida, dança uma valsa no proscênio. Olhar terrível de Soliôni. Tuzembakh vai dançando até a janela, observa a nevasca.
[206] Passagem de Anfissa. Ela leva embora a bandeja com o chá de Verchínin e as botas (para limpar) de Andrei.
[207] Soliôni fala bebendo chá com conhaque aos golinhos.
[208] Tuzembakh aproxima-se por trás, atrás da cadeira de Soliôni, e toca amistosamente a mão dele.
[209] Alegremente, batendo com as mãos.
[210] Serve.
[211] Brindam.

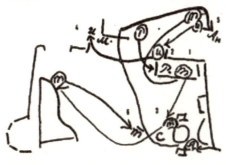

FIGURA 40
1. Rodê e Tuzembakh, rolando de rir, deitam na cama turca; 2. Irina apoia-se no arco; 3. Passagem de Tuzembakh e Soliôni; 4. Irina atravessa até Macha; 5. Tuzembakh dança até a janela. Anfissa pega o chá e sai para o corredor; 6. Tuzembakh se aproxima por trás da cadeira de Soliôni.

[212] Soliôni continua a tomar chá, bebendo aos golinhos. Tuzembakh bebe, grasne e senta-se na cadeira – a cabeça gira um pouco, seca a sobrecasaca. Cessa a nevasca.

[212] Eu não tenho nada contra o senhor, barão. Mas, tenho o temperamento de Liérmontov. (*Baixo.*) Eu até me pareço um pouco com ele[44].

[150] TUZEMBAKH: Peço baixa. Basta! Fiquei refletindo por cinco anos e agora me decidi. Vou trabalhar.

SOLIÔNI (*declama*): Não se zangue, Aleko. Esqueça, esqueça seus sonhos...

[213] *Enquanto eles conversam, Andrei entra em silêncio com um livro nas mãos e senta próximo a uma vela[45].*

TUZEMBAKH: Vou trabalhar... [214]

TCHEBUTÍKIN (*indo com Irina para a sala de visitas*): E os pratos também [215] eram tipicamente caucasianos: sopa de cebola e, de assado, tchekhartmá, uma carne.

SOLIÔNI: Tcheremchá não é carne, de jeito nenhum. É um vegetal parecido com a nossa cebola.

TCHEBUTÍKIN: Não senhor, meu anjo. Tchekhartmá não é cebola, mas um tipo de carneiro assado.

[217] SOLIÔNI: Mas eu digo que tcheremchá é cebola.

[216] TCHEBUTÍKIN: Mas eu digo que tchekhartmá é carneiro.

SOLIÔNI: E eu digo, tcheremtchá é cebola.

TCHEBUTÍKIN: Por que é que eu vou discutir com o senhor? Nunca esteve no Cáucaso e não comeu tchekhartmá [218].

SOLIÔNI: Não comi porque não suporto. Tcheremchá fede como alho.

ANDREI (*com voz suplicante.*) [219]: Chega, senhores! Eu imploro!

TUZEMBAKH [220]: Quando vêm os mascarados?

IRINA [221]: Prometeram vir às nove. Então, é agora.

TUZEMBAKH (*abraçando Andrei*): Ai, meu alpendre, alpendre, meu [222] novo alpendre...[46]

ANDREI (*canta e dança*): Alpendre novo, de madeira...

TCHEBUTÍKIN (*dança*): Treliçado!

Risos [223].

---

44 Na versão final, foi inserida a seguinte rubrica "*Tira um frasco de perfume do bolso e passa um pouco nas mãos*". (N. da T.)

45 A rubrica do autor não foi observada pelo diretor, mas não foi riscada. (N. da E. russa.)

46 Trata-se de uma antiga canção russa. (N. da T.)

[213] Serve dois cálices, leva-os a Andrei, no quarto.
[214] À porta, indo embora.
[215] Afastam as cadeiras, Tchebutíkin pega Irina pela mão e vai para a mesa. Atrás deles, tocando violão, vão Rodê e Fedótik. Eles se sentam perto da porta da antessala e tocam, cantarolando baixinho. Tchebutíkin começa a acender o candeeiro sobre a mesa. Soliôni (é quem mais despejou conhaque, vai bebericando o chá) come biscoitos. Irina, vendo Soliôni, se afasta rapidamente e vai acender o candeeiro no piano. Macha senta-se sozinha próxima à mesa de chá, meditando. Irina, assim que acende, une-se aos cantores e acompanha.
[216] Canto.
[217] Tchebutíkin acende o candeeiro e Soliôni, fleumático, bebe o chá aos golinhos. Luz cheia na sala de visitas.
[218] Andrei e Tuzembakh entram com dois cálices ainda não bebidos.
[219] Cumprimentando Soliôni e Tchebutíkin.
[220] Bebendo um após o outro, os cálices trazidos.
[221] Parando de cantar um minuto. Próxima ao piano.

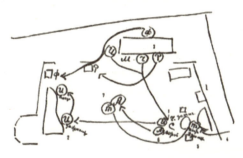

FIGURA 41
1. Irina entra com Tchebutíkin, ele acende o candelabro sobre a mesa; 2. Irina se afasta e acende o candelabro sobre o piano, depois une-se aos cantores e canta também; 3. Entrada de Fedótik e Rodê; 4. Entrada de Andrei e Tuzembakh; 5. Tuzembakh aproxima-se da mesa, bebe dois cálices; 6. Andrei vai cumprimentar Soliôni (dá sua fala) e se afasta; 7. Tuzembakh corre atrás dele e o abraça.

[222] Como se soltassem as rédeas. Pôs-se a cantar, corre atrás de Andrei, que foi cumprimentar Rodê e Fedótik, e o abraça por trás. Tuzembakh atraca-se a eles, joga as pernas para os lados (É uma brincadeira. Sugere os movimentos daquela típica dança russa. [N. da T.]). Andrei dança como um soquete, pulando no lugar. Tchebutíkin está em torno dele com um lencinho. Irina junta-se a ele e também dança. Fedótik e Rodê acompanham o "Alpendre".
[223] Dançam. Terminaram de dançar. Ficaram ofegantes e se afastaram.

TUZEMBAKH (*beija Andrei*) [224]: Com o diabo, vamos beber! Andriúcha, vamos beber e nos tratar por "você"! Eu irei com você à universidade, Andriúcha...

SOLIÔNI: Qual? Em Moscou há duas universidades.

ANDREI: Em Moscou há uma universidade.

[225] SOLIÔNI: Mas eu digo que há duas.

ANDREI: Que sejam três. Tanto melhor.

[216] SOLIÔNI: Em Moscou há duas universidades...

Queixas e murmúrios [226].

[227] Em Moscou, há duas universidades, a velha e a nova. E se os senhores não desejam me ouvir, se minhas palavras irritam, eu posso ficar sem falar... E posso até ir para outro cômodo. (*Sai por uma das portas.*)[47]

[229] TUZEMBAKH: Bravo, bravo! (*Ri.*) [228] Senhores, comecem e eu vou tocar [230]. É divertido esse Soliôni... (*Senta-se ao piano e começa a tocar uma valsa.*) [231]

47 K.S. Stanislávski riscou "por uma das portas" e escreveu "pelo corredor". (N. da E. russa.)

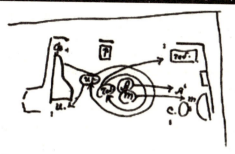

FIGURA 42
1. F[edótik]; 2. I[rina]; 3. Tch[ebutíkin]; 4. A[ndrei]; 5. T[uzembakh]; 6. S[oliôni].

[224] Beija Andrei e o conduz à mesa. Aquele tropeça.
[225] Enquanto servem, Andrei agitou o braço, lembrou-se dos tempos da universidade. Agitou-se, mas ele não gosta de vinho. Demonstra isso.
[226] Cena das babás, todos correm para perto de Soliôni, um o faz calar, outro agita um lenço e as mãos, outro tampa os ouvidos. Olhada de Soliôni para Irina e Tuzembakh. Saída de Soliôni. Tuzembakh vai tocar.
[227] Fica bravo, levanta e leva embora o biscoito.

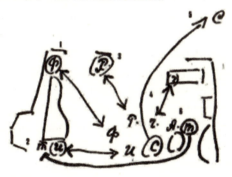

FIGURA 43
1. F[edótik]; 2. T[uzembakh] e I[rina]; 3. R[odê]; 4. Tch[ebutíkin]; 5. S[oliôni]; 6. A[ndrei] e T[uzembakh].

[228] Tuzembakh está bêbado, ele ri. Todos se dispersam para os lugares anteriores. Soliôni para, lança um olhar terrível para Tuzembakh. Soliôni sai.
[229] Corre saltitando alegremente.
[230] Riso.
[231] Pausa, danças. Tuzembakh dança valsa. Macha ergue-se de um salto e cai na dança, sozinha, cantarolando; ela dança com desespero. Rodê a enlaça e eles, juntos, continuam. Fedótik dança com Irina e Andrei, exaltado, se junta a Tchebutíkin, para que ele vá dançar. Este o enxota e, deste jeito, vão até a poltrona onde Soliôni se sentou – aqui, Tchebutíkin senta-se deixando as mãos para trás da cadeira para que Andrei não o arranque dali.

MACHA [232]: O barão está bêbado, o barão está bêbado, o barão está bêbado.

Dança sozinha a valsa. Entra Natacha [233].

NATACHA (*a Tchebutíkin.*): Ivan Románitch. (*Diz alguma coisa a Tchebutíkin e sai silenciosamente.*)

Tchebutíkin toca o ombro de Tuzembakh e lhe cochicha algo. [*Ele se levanta.*] [234]

IRINA [235]: O que foi?

TCHEBUTÍKIN: É hora de irmos embora. Passar bem.

[236] TUZEMBAKH: Boa noite. É hora de ir... [237]

IRINA [238]: Mas como... e os mascarados? [239]

ANDREI (*embaraçado*) [240]: Não haverá mascarados... [241] Veja, minha querida, Natacha disse que Bóbik não está bem, por isso... [242] Em uma palavra, não sei... para mim, absolutamente, tanto faz.

IRINA (*dando de ombros*): Bóbik não está bem!

MACHA [243]: Seja o que for! Se nos expulsam, vamos embora. (À Irina.) [244] Não é Bóbik quem está doente, é ela quem está... aqui, ó! (*Bate o dedo na testa.*) Pequeno-burguesa...[48] [245]

Andrei vai para o seu quarto pela porta à sua direita e Tchebutíkin vai atrás dele; na sala, se despedem [246].

FEDÓTIK: Mas que pena! Pensei que passaria a noite aqui, mas, é claro, se a criancinha está doente... Amanhã lhe trarei um brinquedo....

[247] RODÊ (*em voz alta*): Eu fiz a sesta hoje especialmente porque pensava em dançar a noite toda! E ainda são nove horas.

MACHA: Vamos para a rua. Lá decidimos o que fazer e como [248].

---

48 Segundo o tradutor e estudioso da cultura russa, Boris Schnaiderman, a palavra russa *mechánin*, aqui utilizada, "vem sendo traduzida no Ocidente como 'pequeno-burguês', mas ela tem sentido mais lato. A rigor, *mieschtchanin* era o homem que não pertencia nem à nobreza, nem ao campesinato, nem ao clero, isto é: o habitante das cidades". Com a literatura de Górki, a palavra ganhou outras acepções, passando a referir-se ainda ao "'gosto burguês', e tem igualmente um sentido moral, sendo *mieschtchanin*, nesta acepção, o homem mesquinho, inimigo de tudo o que é grande e belo". (B. Schnaiderman, "Prefácio", em M. Górki, *Pequenos-Burgueses*, p. VII). (N. da T.)

[232] Dançando, irrompendo o cômodo. Dançando sozinha.

[233] Natacha entra, assomando da porta do quarto de Andrei. Chama por Tchebutíkin mais ou menos duas vezes. Este se aproxima; Andrei fica imediatamente triste.

[234] Tchebutíkin vai depressa até Tuzembakh e Andrei até Natacha, à porta. Natacha censura-o e ele fica um pouco embaraçado, como se pedisse desculpas. Tchebutíkin interrompe Tuzembakh para falar-lhe. Os dançarinos dançam sem música durante algum tempo, depois algo encrenca na dança. Todos olham, interrogativos, para o músico, e aproximam-se do piano. Tchebutíkin faz-lhes psiu, emite sinais enigmáticos, sussurra. Tuzembakh também (ele, bêbado, está um pouco cômico).

[235] Alto.

[236] Sussurra, emitindo sinais enigmáticos (foram pegos e apanharam).

[237] Sai, engatinhando comicamente para a antessala.

[238] Alto.

[239] Natacha se esconde.

[240] Perturbado e triste, fica em frente ao batente da porta.

[241] Irina, com uma aflição infantil, aproxima-se de Andrei.

[242] Agita as mãos.

[243] Solta um grasnido, um assobio, desculpa-se.

[244] Irina volta decepcionada.

[245] Aproxima-se de Andrei e aperta sua mão secamente. Este está completamente perturbado. Titubeia e vai embora para o seu quarto, Tchebutíkin vai atrás dele.

[246] Todos, exceto Fedótik e Rodê, vão para a antessala (Tchebutíkin sai atrás de Andrei). Fedótik e Rodê põem sobre o piano os violões dentro das capas.

[247] Guardando os violões.

[248] Fedótik e Rodê saem dando a Macha a deixa, na antessala.

As Três Irmãs, de Tchékhov, Com as Partituras de Stanislávski

Ouve-se: "Adeus! Passar bem!" Ouve-se a risada alegre de Tuzembakh.
[249] *Todos saem.* [250] *Anfissa e a arrumadeira [tiram a mesa] e apagam as velas* [251]. *Ouve-se o canto da babá.*

[*Entram Andrei, de casaco e chapéu, e Tchebutíkin, silenciosamente.*]

TCHEBUTÍKIN [252]: Eu não me casei porque a vida passou como um relâmpago, como um raio e também porque amei loucamente a sua mãezinha, que era casada...

ANDREI [253]: Casar é desnecessário. É desnecessário porque é entediante.

TCHEBUTÍKIN [254]: Pode ser que seja, mas e a solidão... Por mais que se filosofe, a solidão é uma coisa terrível, meu caro...

ANDREI [255]: Vamos logo!

TCHEBUTÍKIN: Para que a pressa? Temos tempo!
[256] ANDREI: Estou com medo que minha mulher me detenha.
TCHEBUTÍKIN [257]: Ah!

ANDREI [258]: Hoje não vou jogar, vou apenas ficar sentado... Não estou bem [259]. O que eu faço, Ivan Románitch, com essa falta de ar?

TCHEBUTÍKIN [260]: Para que a pergunta? Não sei, meu caro... Não sei [261].

ANDREI [262]: Vamos pela cozinha. (*Saem.*)

Campainha. Campainha novamente – ouvem-se vozes e risos [263].

[249] Saída alegre. Anfissa vai com as botas, viu os que partem. Apressou-se em colocar as botas no quarto de Andrei. Corre (esgotada) para acompanhar. A arrumadeira está em cima – também. Vozes afastadas, porta fechada e ferrolho. Do lado de fora – as vozes dos que partem, barulho da cancela.
[250] Badaladas do relógio.
[251] [Anfissa e a arrumadeira apagam o fogo] na antessala e onde acenderam as velas – sobre o piano e do candeeiro da mesa; começam a fazer barulho na sala de jantar, estão limpando. Canção da babá. Irina, triste, atravessa.

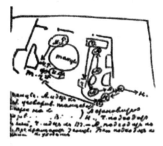 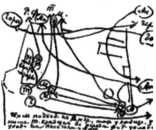

FIGURA 44

Dança. Andrei vai até Tchebutíkin, exorta-o a dançar. Tchebutíkin atravessa até a poltrona de Soliôni, Andrei põe-se à sua frente. Entrada de Natacha, Tchebutíkin aproxima-se dela. Tchebutíkin vai até Tuzembakh, Andrei aproxima-se de Natacha. Interrompem a dança. Todos se aproximam do piano, Natacha sai.
Irina e Macha aproximam-se de Andrei, este vai embora. Tchebutíkin sai atrás dele.
Tuzembakh sai furtivamente para a antessala. Fedótik e Rodê guardam os violões. Saída de Irina. Travessia da arrumadeira e de Anfissa.

[252] Entrando, vindo do quarto de Andrei, de casaco, fala para a coxia.
[253] Andrei, da coxia.
[254] Em frente ao batente, para a coxia.
[255] Sai apressadamente, sem casaco.
[256] No caminho, na antessala.
[257] Pausa. Uma troica se aproxima. Andrei esquecera a carteira, volta para o quarto. Tchebutíkin atrás dele.
[258] Da coxia, em seu quarto; Tchebutíkin está no batente de sua porta (voltou).
[259] Andrei sai colocando a carteira no bolso e fechando cuidadosamente a porta de seu quarto.
[260] Avançando, pela segunda vez, para a antessala.
[261] Entraram na antessala. Ouvem-se vozes. Campainha forte (muito alta).
[262] Sai da antessala correndo como uma bomba, de casaco de peles.
[263] Andrei sai correndo para seu quarto; atrás dele, Tchebutíkin. Pausa. Quando Andrei sai correndo, segunda campainha forte. Anfissa e a camareira correm, acendem as velas na antessala. Terceira campainha. Irina sai.
NB: Na sala de jantar e no quarto de Andrei está claro, na antessala acendem as velas.

IRINA (*entra*): Quem é? [264]

ANFISSA (*sussurra*): Os mascarados!

Campainha [265].

IRINA: Babá, diga que não há ninguém em casa. Que nos desculpem.

Anfissa sai [266]. *Irina caminha meditativa pelo aposento; está perturbada. Entra Soliôni* [267].

SOLIÔNI [268]: Não tem ninguém... [269] Para onde foram todos?

IRINA: Foram embora.

SOLIÔNI: Que estranho. E a senhora está sozinha?

IRINA: Sozinha. (*Pausa.*) Adeus [270].

SOLIÔNI: Ainda agora eu fui um pouco indiscreto, indelicado. Mas a senhora não é como os outros, é elevada e pura, a senhora enxerga a verdade. Só a senhora pode me compreender. Eu a amo, profundamente, infinitamente... [271]

IRINA: Adeus... Vá embora... [272]

SOLIÔNI: Eu não posso viver sem a senhora... (*Indo atrás dela.*) Oh, meu deleite! (*Entre lágrimas.*) Oh, minha felicidade! Que olhos encantadores, esplêndidos, maravilhosos! Olhos que jamais vi em mulher alguma!

IRINA (*friamente*): Pare, Vassíli Vassílietch.

[273] SOLIÔNI: Pela primeira vez eu falo à senhora sobre meu amor e é como se eu não estivesse na Terra, mas em outro planeta. (*Esfrega a testa.*) Bem, tanto faz. Bem, não se pode obrigar a amar... Mas não permitirei o sucesso de rival algum... Isso não. Eu juro por tudo o que há de mais sagrado que matarei... Oh, encantadora!

[264] Após a terceira campainha, Irina sai correndo do corredor, esconde-se no (atrás do) arco. Na antessala, vê-se que Anfissa faz um gesto com as mãos de quem está achando graça, e a arrumadeira que, com um ganido, subiu correndo, com medo dos mascarados – eles subiram até o degrau superior. A arrumadeira acende a lamparina na antessala; à menor aproximação dos mascarados, solta um ganido. Os mascarados são visíveis, som da multidão que subiu as escadas. Eles vestem casacos de pele e gorros de fantasia; sob os casacos veem-se os trajes (horríveis). Em um deles – um gorro de bobo (com o casaco de peles). Há também um Mefistófeles, um Valentin, um monge. Nos mascarados, máscaras ou nariz e olhos.

[265] Anfissa entra correndo e tropeça em Irina, que está escondida. Elas administram a cena aos sussurros.

[266] Pausa. Partida dos mascarados. Quando Anfissa os notifica, baixa, imediatamente, um silêncio. Toda a alegria cai por terra. Alguém dá um assobio. Os de cima começam a agitar os braços para que os de baixo vão embora. Ouvem-se exclamações tristes: "humpf, argh... que pena! Mas por que isso?" Com a alegria do grupo, o ânimo cai por terra. Eles até ficam embaraçados.

[267] Anfissa corre até a janela. Vê os que partem.

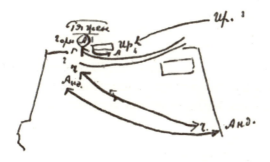

FIGURA 45
1. Passagem de Anfissa; 2. Tchebutíkin; 3. Saída de Irina; 4. Saída de Anfissa.

[268] Sai do corredor.
[269] Irina emite um ganido, vira-se.
[270] Quer ir. Soliôni barra-lhe o caminho. Irina detém-se.
[271] Quer tomar-lhe a mão. Irina recua.
[272] Faz um gesto de repugnância com a mão para que ele vá embora.
[273] Soliôni encurrala Irina contra a lareira.

Natacha passa com uma vela [274].

NATACHA (*olha para dentro de uma porta, de outra, e passa perto da porta do quarto do marido*): Aí está Andrei. Deixe que leia [275]. Desculpe, Vassíli Vassílitch, não sabia que você estava aqui, estou em trajes de casa.

SOLIÔNI: Para mim tanto faz. Adeus! (*Sai.*) [276]

NATACHA [277]: E você não está cansada, minha querida, minha pobre menina? (*beija Irina*) Por que não vai se deitar mais cedo?

IRINA: Bóbik está dormindo?

NATACHA: Está. Mas tem o sono agitado [278]. Aliás, querida, eu queria lhe falar uma coisa, mas ou você não está ou eu não tenho tempo... Eu acho o quartinho de Bóbik muito frio e úmido. Já o [279] seu quarto é tão bom para crianças [280]. Querida, irmã, mude-se para o quarto de Ólia.

IRINA (*sem entender*): Onde?

[*Uma troica com guizos se aproxima da casa.*] [281]

NATACHA: Por enquanto você vai ficar com Ólia no mesmo quarto, e Bóbik no seu. Ele é tão encantador, hoje eu disse a ele: "Bóbik, você é meu! É meu!" Ele me olhou com aqueles seus olhinhos...

Campainha.

Deve ser Olga. Como chega tarde[49] [282].

A arrumadeira se aproxima de Natacha e cochicha algo em seu ouvido [283].

---

49 Mudança de texto. A fala de Natacha "Deve ser Olga. Como chega tarde" foi colocada por K.S. Stanislávski mais acima, antes de "Por enquanto você vai ficar com Ólia no mesmo quarto". (N. da E. russa.)

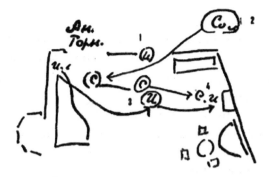

FIGURA 46
1. Irina vai até a janela; 2. Entrada de Soliôni; 3. Irina vai, Soliôni a vira; 4. Soliôni encurrala Irina contra a lareira.

[274] Natacha, com roupas de dormir, espia a antessala. Lá, a arrumadeira e Anfissa apagam o candeeiro, depois passam para a sala de jantar e arrumam por ali. Da antessala, Natacha vai até o quarto de Andrei.
[275] Volta.
[276] Despede-se. Soliôni vai embora.
[277] Irina está imóvel perto da lareira. Natacha se aproxima dela.
[278] Natacha vai, volta. Aproxima-se a troica, barulho da cancela.
[279] Fala ternamente, quase carinhosamente, consertando-lhe a gravata.
[280] Beijo.
[281] Campainha. Passagem da arrumadeira, som da porta se abrindo.
[282] NB: Mudança de fala.
[283] A arrumadeira entra às pressas. Fala secretamente. Protopópov é uma personalidade na cidade e isso, o que ele quer com Natacha, isso é muita honra, na opinião da arrumadeira.

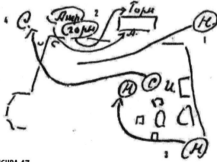

FIGURA 47
1. Entrada de Natacha, passagem para a antessala; 2. Passagem da arrumadeira para a sala de jantar; 3. Passagem de Natacha para o quarto de Andrei e até Soliôni; 4. Saída de Soliôni.

NATACHA: Protopópov? Que extravagante! Protopópov chegou e está me chamando para dar uma volta de troica com ele... (*Ri.*) [284] Como esses homens são estranhos...

Campainha [285].

Alguém chegou... Talvez, sair uns quinze minutos para passear... (*A arrumadeira.*) [286]. Diga que já vou.

Campainha [287].

Deixe entrar... agora deve ser Olga. (*Sai.*)

A arrumadeira sai correndo; Irina está sentada[50], pensativa; entram Kulíguin, Ólia e, atrás deles, Verchínin [288].

[289] ⌜ KULÍGUIN: Eis você outra vez! Disseram-me que haveria uma festa aqui.
VERCHÍNIN: Que estranho, eu saí agora há pouco. Há meia hora estavam esperando os mascarados. ⌞

IRINA [290]: Foram todos embora.

KULÍGUIN [291]: Macha também foi embora? Para onde ela foi? E por que Protopópov está esperando lá embaixo numa troica? Por quem está esperando?

IRINA [292]: Não me faça perguntas... Estou cansada.

KULÍGUIN: Que moça mais caprichosa... [293]

[294] ⌜ OLGA: O conselho só terminou agora. Estou exausta. Nossa diretora está doente e eu fiquei no lugar dela. Minha cabeça dói, dói, dói... (*Senta-se.*) Ontem Andrei perdeu duzentos rublos no jogo. A cidade toda está falando disso. ⌞

KULÍGUIN: Sim, eu também me cansei no conselho... (*Senta-se.*) [295]

VERCHÍNIN [296]: Ainda agora minha mulher por pouco não se envenenou. A situação foi contornada e eu estou feliz; agora vou descansar. Pois então temos de ir embora? [297] Nesse caso, permitam-me desejar-lhes uma boa-noite. Fiódr Ilítch, venha

---

50 K.S. Stanislávski riscou "está sentada" e escreveu "está bem perto do fogão". (N. da T.)

[284] A astúcia transparece pelo riso.
[285] Campainha.
[286] Apressou-se.
[287] Campainha impaciente.

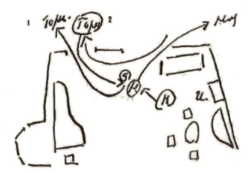

FIGURA 48
1, 2. A cada vez que a arrumadeira atravessa para a antessala, acende-se ali uma vela.

[288] Conversa na antessala, a arrumadeira relata algo, Olga tira a peliça, o lenço. Kulíguin permanece com o casaco de peles, Verchínin também.
[289] Na antessala, perplexo, aborrecido.
[290] Aproximando-se do arco, fala na antessala.
[291] Entrando com o casaco de peles, beija Irina e enche-a de perguntas.
[292] Pondo-se no arco, encostando a testa na parede.
[293] Senta-se.
[294] Olga beija Irina, vai até a mesa, põe o chapéu e agacha pesadamente, recostando-se nas costas da poltrona.
[295] Recostando-se também e esticando as pernas, descansa, deleita-se.
[296] Verchínin também está de casaco de peles; coloca-se, apoiando-se sobre o batente da porta na antessala.
[297] Param. Pausa.
[298] Empurrando Kulíguin pelo ombro. Este não se move, deleita-se.

[298] comigo para algum lugar! Não posso ficar em casa, realmente não posso. Vamos!

KULÍGUIN [299]: Não vou, estou cansado. (*Levanta-se.*) [300] Cansei [301]. Minha mulher foi para casa?

IRINA: Deve ter ido.

[303] KULÍGUIN (*Beija a mão de Irina.*) [302]: Adeus! Amanhã e depois de amanhã vou descansar o dia inteiro. Boa noite. (*Vai.*) [304] Que vontade de tomar chá. Eu supus que passaria a noite em [305] companhia agradável, mas – o *fallacem hominum spem*![51] Caso acusativo exclamativo…

VERCHÍNIN [306]: Nesse caso, eu vou sozinho… (*Sai com Kulíguin, assobiando.*) [307]

[308] OLGA: Minha cabeça dói, dói… Andrei perdeu no jogo… a cidade toda comenta… Vou me deitar… (*Vai.*) [309] Amanhã estou livre…

---

51 Em latim no original: "Quem espera, desespera." (N. da T.)

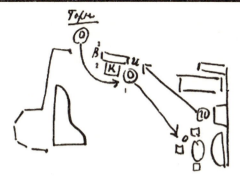

FIGURA 49
1. Olga beija Irina, vai até a mesa; 2. Kulíguin se senta; 3. Verchínin está apoiado no batente.

[299] Sem mudar a pose.
[300] Suspiro, arruma o chapéu sobre a cabeça.
[301] Levanta, vai até Irina.
[302] Beija Irina.
[303] Vai até Olga – beija-a; esta não se move.
[304] Passa para a sala de jantar.
[305] Pega na mesa um pedacinho de pão.
[306] Na antessala.
[307] Pausa. Ferrolho da porta. Irina, todo o tempo, imóvel.
NB: Durante essa cena, ouve-se que a troica está perto do portão, cavalos sacudindo a cabeça, o tinir dos guizos.

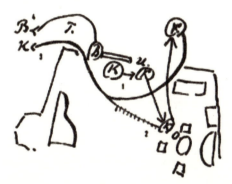

FIGURA 50
1. Kulíguin beija Irina; 2. Vai até Olga; 3. Passa para a sala de jantar e sai; 4. Verchínin sai.

[308] Movendo a cabeça para aliviar a dor.
[309] Levanta, vai.

[310] Ai, meu Deus, como é agradável! Amanhã estou livre, depois de amanhã estou livre [311]. Minha cabeça dói, dói... (*Sai.*)[312]

IRINA (*sozinha*): Foram todos embora. Não há mais ninguém.

[*Na rua, uma sanfona,*] *a babá canta uma canção.*

[313] NATACHA (*de casaco de peles e gorro, passa pela sala; a arrumadeira vai atrás dela*): Daqui a meia hora estarei em casa. Só vou dar uma voltinha... (*Sai.*) [314]

IRINA (*sozinha, nostálgica*) [315]: A Moscou, a Moscou, a Moscou!

[310] Enquanto pega o chapéu e vai.
[311] Beija Irina no caminho, sai.
[312] Irina vai se arrastando melancolicamente até o piano. Passagem da arrumadeira.
[313] Apressadamente.
[314] Pausa. Barulho da porta que se abre. Partida da troica. Pausa. O candeeiro na sala de jantar extingue-se, vacila. O rato escarafuncha.
[315] Geme como se tivesse dor: "A Moscou, a Moscou". Ela se deita sobre o piano. Pêndulo. Até o começo do ato vê-se o tintilar das lamparinas que se extinguem – suspender.

FIGURA 51
1. Olga vai, beija Irina, sai; 2. Irina vai até o piano; 3. Passagem da arrumadeira.

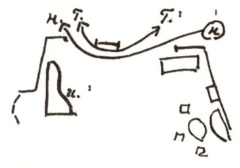

FIGURA 52
1. Passagem de Natacha e da arrumadeira; 2. A arrumadeira volta; 3. I[rina].

ESQUEMA CENOGRÁFICO DO ATO III

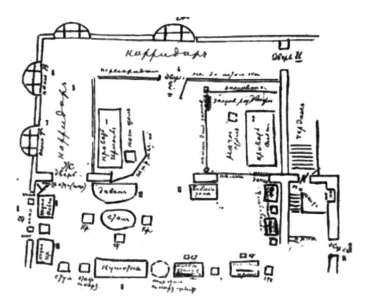

FIGURA 53
Cama de Irina; 2. Cama de Olga; 3. Biombos; 4. Porta E; 5. Corredor; 6. Janela V; 7. Janela G; 8. Janela D; 9. Toalete de Olga; 10. Toalete de Irina; 11. Cama turca; 12. Sofá; 13. Biblioteca; 14. Porta Z.

TERCEIRO ATO. ACESSÓRIOS (E BARULHOS)

1. Toque de sino a rebate (sino denso).
2. Toque de sino a rebate (sino mais alto).
3. Batida do pêndulo do relógio pequeno.
4. Manta para Macha. Travesseiro grande – também para ela.
5. Muitas roupas femininas e calçados – no nicho, próximo à saída, no sótão e atrás da cama de Olga.
6. Botão da campainha próximo ao sofá.
7. Som distante de campainha, atrás das coxias.
8. Passagem dos bombeiros, ao longe[52].[63]
9. Água no lavatório e todos os artigos de lavatório: sabão, escovas, copo, toalha, escova de dente.
10. No criado-mudo, há velas, fósforos, uma jarra com água e copos.
11. Nas penteadeiras – diferentes jogos de toalete, espelho, perfumes, pó de arroz, velas, fósforos, pentes, escovas, frascos e o resto.
12. Molho de chaves de Natacha.
13. Na escrivaninha – todos os artigos para escrever e papel; na gaveta da mesa de Olga – remédios, diversas caixas e frascos com as (suas) receitas.
14. Sobre o armário – caixas de papelão.
15. Em um canto algures, há diversos quadros e retratos na moldura, os que não foram colocados no quarto.
16. Retratos nas molduras, diversos vasinhos e bibelôs pelas paredes do quarto.
17. Garrafa e copo d'água na mesa redonda, perto do sofá.
18. Na separação de dormir das irmãs, um lampião verde para dormir.
19. Sobre a mesa redonda, há cadernos de estudos dispersos.
20. Em frente à porta E, um ferrolho (com barulho).
21. Relógio que Tchebutíkin quebra.
22. Três copos de chá (para servir), três colherinhas de chá, três pratos e, neles, sanduíches, castanhas (nozes), pão (para Irina, Tuzembakh, e Verchínin).
23. Batidas de relógio (som agudo) na caixa do Ponto ou sobre a mesa onde se senta Tchebutíkin (escrivaninha de Olga).
24. Um pequeno saquinho para enfiar o relógio (o que deve ser quebrado). Pode ser um artigo de vidro, onde enfiar.
25. Os cacos do relógio, que serão colados.
26. Pincel e cola na escrivaninha.
27. Caixa com receita e comprimidos (remédio) sobre o criado-mudo de Irina.
28. Pulverizador com perfume.
29. Água de colônia sobre a penteadeira.

---

52 Ao que parece K.S. Stanislávski tinha a intenção de ter soldados participando da extinção do incêndio (veja as palavras de Verchínin: "Se não fossem os soldados, a cidade toda teria queimado, são uns heróis!"). (N. da E. russa.)

30. Lampião verde, para dormir (ele queima e se extingue).

31. Muitas chaves na argola de ferro (cravada na mesa de Olga).

NB: Sobre a mesa redonda, um abajur acende-se e apaga-se. Há luz de um abajur no cubículo[53] de Olga e atrás da cama de Irina (um está coberto por uma fazenda de seda branca e o outro, azul-claro).

INÍCIO DO ATO: ESTADO DE ESPÍRITO

1. Durante o abrir da cortina, toque de sino a rebate acelerado, denso, ao longe.

2. Cortina.

3. Conversa (não é uma rebelião) de muitas vozes femininas, masculinas e de crianças, ao longe.

4. Na igreja, perto da casa, começa o toque de sino a rebate, redobrado, mais para agudo, som que tilinta.

5. Lamentos e soluços da babá junto à janela, por trás do tabique (ver janela A). Ela observa por trás do incêndio, passa da janela A para as janelas B, V e G.

6. A camareira desce correndo do sótão, aproxima-se da janela D, abre um pouco a cortina – luz vermelha. A babá se aproxima dela. Olham juntas, choram, lamentam.

7. Passos apressados pelo corredor. Kulíguin entra rapidamente, procura algo, sai correndo. Entrada e saída pela porta E.

8. Com a entrada de Kulíguin em cena, a babá e a arrumadeira saem correndo imediatamente pelo corredor e, lá, se escondem.

9. Na porta Z, Kulíguin encontra-se com Olga e Anfissa, ouvem-se suas vozes. Kulíguin acompanha Olga e Anfissa até a porta E e depois sai correndo; Olga e Anfissa entram apressadamente no quarto. Está escuro em cena, apenas o lampião verde queima colorido no dormitório das irmãs, sobre a mesa (redonda) queima uma vela. Pelo corredor, um feixe de luz vindo da porta Z. Nas janelas A e B há uma forte luz vermelha (do clarão do céu – vermelho), nas janelas V e G – uma luz mais fraca. A luz vermelha forma manchas pelo chão. A janela D está fechada com cortina. Quando a abrem, vê-se a luz vermelha. No sótão há brilhos de luz avermelhada. Perto da janela D há duas gaiolas com pássaros e, no corredor, outras duas, próximas às janelas V e G.

Neste ato há batidas de relógios pequenos (som mais acelerado e mais agudo). Durante as primeiras badaladas do relógio, ouve-se, ao longe, um som denso, vindo da sala de visitas e da sala de jantar. Após algum retardo, os relógios batem, muito alto e apressadamente, em cena (no primeiro e segundo atos, ao contrário, o som desses relógios vinha de longe).

---

53 A palavra russa Konurá significa tanto cubículo como casinha de cachorro. (N. da T.)

I. Tentar, aqui, no início do ato, acender uma lâmpada apagada e ver onde ela dá mais efeito, onde ela poderá ser útil, aqui ou no segundo ato.

II. A arrumadeira fecha a porta do sótão, avançando.

III. É visível que há muitas coisas diferentes que não estão arrumadas com o devido cuidado por falta de lugar, como caixas de papelão, retratos e quadros na moldura.

NB: Só neste ato é possível ter muito nervosismo e o ritmo acelerado. Não abusar das pausas. Travessias e movimentos, de todos — estão nervosos e apressados.

Ato III

Quarto de Olga e Irina. Há uma cama à esquerda e uma à direita, ambas protegidas por biombos. São três horas da manhã. Nos bastidores tocam o sino a rebate, por causa do incêndio que já dura bastante tempo. Percebe-se que, em casa, ainda não foram dormir. Macha está deitada no sofá usando um vestido preto, como de costume. Entram Olga e Anfissa [1].

ANFISSA: Agora estão lá embaixo, sentadas embaixo da escada... Eu disse – "vamos subir, por favor, assim não está certo" – e elas choram. "Não sabemos onde está o papai", elas dizem. "Queira Deus que não tenha se queimado." Imaginem! E no pátio há outros... também sem roupa.

OLGA (*tirando as roupas do armário*): Tome este cinzento... Tome este também... ↑ E essa blusinha também... ↑ E pegue essa saia, babá... [4] O que foi isso, meu Deus! E a travessa Kirsanóvskaia, parece que queimou inteira... ↑ Isto aqui... Isto aqui... ↑ (*Atira uma roupa em suas mãos.*) Os Verchínin, coitados, se assustaram... A casa deles quase pegou fogo. ↑ Deixe que passem a noite aqui... ↑ não podemos permitir que voltem para casa... ↑ E Fedótik, coitado, queimou tudo, não sobrou nada...

ANFISSA [6]: Poderia chamar Ferapont, Óliuchka, eu não consigo levar tudo...

OLGA [7] (*toca a campainha*): ↑[8] Não adianta... (À porta.) [9] Venha aqui, quem estiver! [10]

Através da porta aberta, vê-se a janela vermelha pelo clarão do incêndio; ouvem-se os bombeiros como se estivessem passando perto da casa.

Como é terrível! E maçante! [12]

Entra Ferapont [13].

[1] Pois bem, durante o início do ato há o seguinte jogo cênico: 1. Denso toque a rebate; 2. Cortina; 3. Murmúrio ao longe; 4. Toque a rebate agudo; 5. Jogo cênico da babá enquanto sobe a cortina; 6. Passagem da arrumadeira; 7. Entrada e saída de Kulíguin; 8. Saída da arrumadeira e da babá; 9. Ao longe, conversa de Kulíguin, Olga e Anfissa e a entrada delas. Olga e Anfissa entram apressadamente. Kulíguin as acompanha até a porta E e sai.

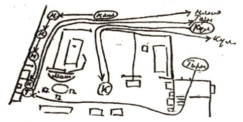

FIGURA 54
Jogo da babá. Passagem da arrumadeira vinda do sótão. Ambas, ela e a babá, olham o incêndio pela janela; saída da babá e da arrumadeira pelo corredor. Entrada e saída de Kulíguin.

[2] No dormitório, recebe de Olga as roupas velhas escolhidas por ela. Atrás do arco, no dormitório das irmãs.
[3] Atirando nas mãos de Anfissa as roupas escolhidas.
[4] Olga e Anfissa, atrás dela, vão escolher as roupas no tablado onde está o nicho. Lá estão penduradas as roupas, cobertas por um lenço. Olga leva consigo uma vela. À medida que aumenta o peso, Anfissa "dá uma sentadinha" na cadeira ou na arca.
[5] Anfissa está abaixo. Olga lança as roupas sobre ela, para baixo.
NB: No sofá está dormindo Macha, sobre um travesseiro grande, coberta com uma manta até a cabeça. O público não deve notá-la até um certo momento. Olga se aproxima de seu criado-mudo e, lá, acende uma vela. Atrás do leito, onde estão penduradas as roupas, ou no armário, escolhe roupas e atira-as nas mãos de Anfissa.
[6] Sentando-se com uma grande braçada de roupas recolhidas.
[7] Olga se aproxima do sofá com a vela. Sua aproximação faz com que Macha desperte. Ela olha assombrada e, ainda com sono, levanta-se e caminha até a cama turca. Lá, prepara-se para dormir, com o rosto para o público; carrega o travesseiro e a coberta. Cobre-se.
[8] Campainha ao longe. Cessam os sinos (ambos).
[9] Passando pelo corredor através da porta J, chama Ferapont. Chama até parar perto da porta E. Lembrar que Olga fecha atrás de si a porta J impreterivelmente, para que o efeito do incêndio não venha a entediar o público. Neste tempo, Anfissa espera pacientemente com as roupas nas mãos; incapaz de se mover, ela senta. Olhando para Ferapont que vai, atrás das coxias, Olga volta-se para o quarto e beija Macha, que está deitada. Observar: passando pela porta E (ao mesmo tempo do beijo) fecha-a.
[10] Olga no corredor.
[11] Passagem dos bombeiros, ao longe. Barulho das rodas, tropel, som de tonéis vazios, correntes, 2-3 sinos de tons diferentes. Gritam ao longe 2-3 vozes.
[12] Aproxima-se de Macha, beija-a.
[13] Ferapont surge entreabrindo a porta E.

OLGA: Desça com isso [14]. Lá embaixo da escada estão as senhoritas Kolotílin... dê a elas. E dê isso também...

[15] FERAPONT: Estou ouvindo. No ano doze Moscou também pegou fogo. Meu Deus do céu! Os franceses estavam assombrados[54].

OLGA: Vá... Pode ir...

FERAPONT: Estou ouvindo. (*Sai.*) [16]

[18] OLGA [17]: Babá, querida, dê tudo isso. Nós não precisamos de nada, dê tudo, babá [19]. Estou cansada, mal me aguento em pé...

[20] Os Verchínin não devem ir para casa. As meninas vão dormir na sala de visitas e Aleksandr Ignátievitch, lá embaixo, na casa do barão... e Fedótik também, com o barão ou então em nosso salão. O doutor, como que de propósito, está bêbado, terrivelmente bêbado e ninguém poderá dormir lá. E a senhora Verchínin, na sala de visitas também [21].

---

54 Trata-se do ano de 1812, quando os habitantes atearam fogo na cidade a fim de deter o exército de Napoleão. (N. da T.)

[14] Olga e, atrás dela, Ferapont, aproximam-se de Anfissa, que está sentada.

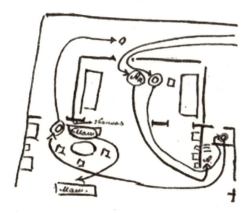

FIGURA 55
Olga vai atrás das roupas, no nicho e, atrás dela, Anfissa. Macha mete-se na cama turca. Olga atravessa por causa da campainha.

[15] Olga troca as roupas da mão de Anfissa para a mão de Ferapont.
[16] Ferapont sai pela porta E, levando a pilha de roupas.

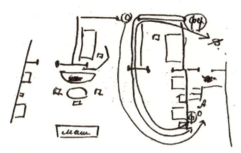

FIGURA 56
Olga chama Ferapont e volta. Ferapont entra. Olga passando as roupas das mãos de Anfissa para as mãos de Ferapont. Ferapont leva as roupas pela porta em que chegou.

[17] Olga molhou o lenço no lavatório e leva-o à cabeça.
[18] Olga beija Anfissa, esta tenta beijar-lhe a mão. Olga tira a mão bruscamente.
[19] Olga sentou-se apoiando a cabeça (que dói) na parede, tendo antes lavado as mãos.
[20] Anfissa enxuga os olhos lacrimejantes e senta.
[21] Pausa. Olga, encostando a cabeça na parede, geme de dor de cabeça. Anfissa tenta se levantar com dificuldade, está agitada.

As Três Irmãs, de Tchékhov, Com as Partituras de Stanislávski

ANFISSA [22]: Óliuchka, querida, não me mande embora. Não me mande embora!⁵⁵

OLGA [23]: Que bobagem você está dizendo, babá. Ninguém vai lhe mandar embora.

ANFISSA (*encosta a cabeça no peito de Olga*): Minha filha, meu tesouro, eu labuto, eu trabalho... Quando eu estiver sem forças vão me dizer: pode ir! Mas para onde eu vou? Para onde? Oitenta anos... Oitenta e um anos... [24]

OLGA: Sente-se, babá... Você está cansada, coitada... (*Colocando-a sentada.*) [25] Descanse, minha querida. Como está pálida! [26]

Entra Natacha [27].

NATACHA: Lá estão dizendo que é preciso criar o mais depressa possível uma sociedade de amparo às vítimas do incêndio. Pois bem. É uma ótima ideia. Em geral é preciso ajudar os pobres, é obrigação dos ricos. Bóbik e Sófotchka estão dormindo como se nada estivesse acontecendo. Há gente por toda a parte, aqui, qualquer lugar que você vá, a casa está atulhada. Agora, na cidade, há influenza, tenho medo que as crianças peguem [29]. [28]

OLGA (*sem ouvi-la*) [30]: Deste quarto não dá para ver o incêndio, está tudo tranquilo... [31]

NATACHA: É... [32] Eu devo estar descabelada. (*Em frente ao espelho.*) [33] Dizem que eu engordei... Não é verdade! De jeito nenhum! [34] Macha está dormindo, está cansada, pobrezinha... [35] (*A Anfissa, friamente.*) [36] Não se atreva a ficar sentada na minha frente! Em pé! Saia daqui!

---

55 Na versão final, esta fala veio acompanhada da rubrica (*exausta*). (N. da T.)

[22] Ajoelhando-se inesperadamente. Numa súplica nervosa.

[23] Não presta muita atenção, apenas sacode o braço.

[24] Beija a mão e começa a soluçar e a choramingar. Está muito nervosa, treme. Olga está espantada, tenta levantá-la e colocá-la sentada em seu lugar.

[25] Olga vai atrás de água no criado-mudo.

[26] Dá de beber à velha nervosa.

[27] Entrada rápida, sem pausa, de Natacha, que vem acompanhada por Kulíguin e Andrei desde a porta. Conversam animadamente. Natacha aparentemente passa um sermão em Andrei por causa de sua apatia e indolência. Entra batendo a porta, rápida, enérgica e nervosamente. Ela chegou para pegar papel, pena e tinteiro para assinar a lista de doação aos pobres. Tem as chaves nas mãos e as sacode.

[28] Natacha entra rapidamente, administrando a casa sobre a mesa de Ólia. Lá, pega a pena e o tinteiro e procura papel. Ao terminar o monólogo, quer ir embora, mas a réplica a respeito do incêndio fez com que Natacha se lembrasse disso; ela quer ver como está o clarão e, deixando sobre a mesa (redonda) a pena e o tinteiro, o papel e as chaves, vai até a janela.

[29] Natacha quer sair, pegando as coisas pelas quais viera.

[30] Sem prestar atenção em Natacha, fala com a babá, aproximando-lhe o lenço úmido.

[31] Olga diz essas palavras à babá pondo-se de joelhos (Anfissa está sentada). A velha fraqueja e põe os cotovelos nos joelhos, apoiando a cabeça com as mãos.

[32] Natacha põe as coisas sobre a mesa, aproxima-se da janela, abre a cortina e olha. A luz vermelha do incêndio a ilumina. Fecha, afasta-se – olhando-se no espelho. Tudo apressadamente, sem pausa. NB: Lembrar a arrumadeira, a Natacha e a todos os outros que, quem abrir a cortina deve fechá-la muito bem para que a luz vermelha do incêndio não enfastie, não empanturre.

[33] Olha-se, casualmente, no espelho, detém-se de perfil, esticando as pregas da frente do vestido (conto em segredo: está em estado interessante).

[34] Olha-se e, voltando do espelho, vê Macha. Vai até ela e a acaricia. Macha aparece por debaixo da manta e, zangada, esconde novamente a cabeça.

[35] Natacha faz tudo rapidamente, com pressa e, na medida do possível, sem pausas. Por exemplo: enquanto acaricia Macha, já vê Anfissa.

[36] Neste momento, Olga se aproxima do lavatório e molha o lenço. Natacha não dá um grito, mas fala de forma muito imponente e insolente. Expulsa com um gesto. Olga fica estupefata, pasma até.

Anfissa sai; pausa [37].

Eu não entendo por que você mantém essa velha.

OLGA (*estupefata*) [38]: Desculpe, eu também não entendo...

NATACHA: Não há por que ela continuar aqui. Ela é uma camponesa, [39] deve ir viver na aldeia... Para que tanto mimo? Eu gosto de ter ordem em casa. (*Acaricia o rosto de Olga.*) [40] Você está cansada, [41] coitadinha... Nossa diretora está cansada! [42] E quando minha Sófotchka crescer e entrar no ginásio, eu vou ter medo de você...

OLGA: Eu não vou ser diretora [43].

NATACHA [44]: Você será escolhida, Ólietchka. Está decidido.

OLGA: Vou recusar. Eu não posso... Não tenho forças para isso... [45] (*Bebe água.*) Ainda agora você foi tão grosseira com a babá. Per-[46] doe, mas eu não estou em condições de suportar... fiquei com a vista turva...

NATACHA (*agitada*) [47]: Desculpe, Ólia, me desculpe. Eu não queria lhe aborrecer.

Macha levanta, pega o travesseiro e sai irritada [48].

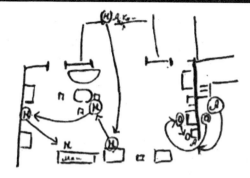

FIGURA 57
Olga umedece o lenço, lava as mãos, senta-se na cadeira e apoia a cabeça na parede. Anfissa aproxima-se de Olga e se põe de joelhos. Trajeto de Natacha: até a mesa de Olga, à mesa redonda, à janela e até Macha.

[37] Natacha vai até a mesa redonda atrás das coisas. Anfissa sai apressadamente pela porta Z.
[38] Ainda petrificada, sem dar conta de si.
[39] Pegando o papel, a pena, o tinteiro e as chaves. Vai para a porta de saída E. Fala como se fosse um mentor, muito segura, mas suave.
[40] Detém-se, vendo que Olga está estupefata. Caminha até ela.
[41] Beija-a, tem as coisas nas mãos.
[42] Anda, detém-se.
[43] Olga volta a si. Vai e carrega consigo o copo em que deu de beber a Anfissa. Ólia vai à mesa redonda e começa a acender a lamparina.

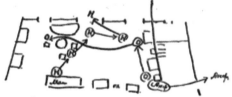

FIGURA 58
Natacha vai pegar as coisas na mesinha redonda. Natacha ia saindo, parou. Natacha se aproxima de Ólia. Ólia vai até a mesa para acender a lamparina.

[44] Vai e volta novamente.
[45] Luz. Olga está em frente à mesa, acendendo a lâmpada.
[46] Muito nervosa.
[47] Bondosa, quase assustada, pondo na mesa redonda as coisas tomadas.
[48] Ólia, rapidamente, vai à sua escrivaninha e procura as gotas de louro e cereja. Macha se levanta preguiçosamente e leva seu travesseiro. Sai. Natacha, quase perturbada, vai até Ólia e beija-lhe a cabeça. Pausa.

OLGA: Entenda, querida, pode parecer estranho o modo como fomos [49] educadas, mas eu não posso suportar isso. Esse tipo de atitude me atormenta, eu fico doente... eu simplesmente desanimo... [50]

NATACHA: Desculpe, desculpe... (*Beija-a.*)

OLGA: Qualquer grosseria, por menor que seja, uma palavra indelicada, me perturba. [51]

NATACHA: É verdade que eu, frequentemente, falo demais, mas concorde, minha querida, ela deveria morar na aldeia. [52]

OLGA [54]: Ela já está conosco há trinta anos.

NATACHA [55]: Mas já não pode trabalhar [56]. Ou eu não entendo ou você é que não quer me entender. Ela não serve mais para o trabalho, só dorme ou fica sentada. [57]

[53] OLGA [58]: Que fique sentada.

NATACHA (*com assombro*) [59]: Como assim, "que fique sentada"? Mas ela é uma criada. (*Entre lágrimas.*) [60] Eu não entendo você, Ólia. Eu tenho babá, ama de leite, nós temos arrumadeira, cozinheira... Para que precisamos dessa velha? Para quê? [61]

Toca o sino [62].

OLGA [63]: Essa noite envelheci dez anos.

[49] Um pouco mais tranquila, não tão nervosa.
[50] Levanta-se e caminha para pingar as gotas. Natacha beija-a um pouco acanhada (ela, por via das dúvidas, está um pouco temerosa com a futura inspetora).
[51] Em frente à mesa redonda, pinga as gotas. Natacha vai atrás dela.
[52] Cautelosamente, como que se desculpando. Natacha senta-se no braço do sofá.
[53] Ólia pinga as gotas.
[54] Ólia, em tom de quem ensina moral às ginasianas. Pacientemente, mas nervosa.
[55] Não entende, começa a se irritar.
[56] Impaciente, batendo na perna, se levanta, nervosa.
[57] Pegando a tinta, o papel e a pena.

FIGURA 59
Ólia vai pingar as gotas. Natacha vai atrás dela até a mesa.

[58] Pingando as gotas.
[59] Caminha e para.
[60] Indefesa. Quase um capricho infantil. Ficando e não mais saindo.
[61] Ainda mantém os objetos em mãos, a cada minuto prepara a saída.
[62] Toque de sino a rebate – sino grande. O toque a rebate está quase parado, quando recomeça acelerado, nervoso.
[63] Toma o remédio. Suspira profundamente, atira o copo, vai até o leito e desaba sobre ele.

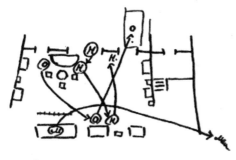

FIGURA 60
Macha sai com o travesseiro. Olga vai até a escrivaninha para pegar o remédio e, depois, deita na cama. Natacha aproxima-se da mesa redonda, depois se aproxima da escrivaninha. Depois vai até o arco e fala com Olga, que se deita.

NATACHA [65]: Nós precisamos chegar a um acordo de uma vez por todas, Ólia... Você no ginásio e eu em casa. A educação, com você, e os afazeres domésticos, comigo. E se eu digo algo sobre os criados é porque sei o que estou dizendo; eu sei o – que – di-go... [66] E que amanhã mesmo essa velha ladra não esteja mais aqui, essa decrépita [67] (*bate os pés*) [68], essa bruxa... Não ouse me irritar! Não me provoque! (*Dando-se conta.*)[69] Se você não se mudar para o andar de baixo nós vamos brigar sempre. Isso é terrível! [70]

Entra Kulíguin [71].

KULÍGUIN: Onde está Macha? Nós já podemos ir para casa [72]. Dizem que o fogo já diminuiu. (*Espreguiçando-se.*) Queimou apenas um quarteirão, apesar do vento, que no começo deu a impressão de que toda a cidade estava em chamas [73]. (*Senta-se.*) [74] Estou exausto [75]. Ólietchka, minha querida... Com frequência eu penso que, se não fosse Macha, eu me casaria com você, Ólietchka... [76] Você é tão boa... Cansei. (*Aguça os ouvidos.*) [77]

OLGA [78]: Quê?

KULÍGUIN: Como se fosse de propósito, o doutor encheu a cara, está terrivelmente bêbado. Como se fosse de propósito! [80] (*Levanta-se.*) Parece que aí vem ele... Está escutando? [81] Sim, está vindo... (*Ri.*) [82] Que tipo... Vou me esconder. (*Vai até o armário e põe-se num canto.*) [83] Que bandoleiro [84]!

[64] Olga está na cama, atrás do arco. Natacha está no arco. Natacha começa, sem gritar, mas com firmeza; ao menor movimento de Olga, se irrita; mais e mais forte.
[65] Vai até o grito agudíssimo e lágrimas.
[66] Movimento de Olga. Natacha sacode nervosamente as mãos, tampa os ouvidos balançando nervosamente a cabeça.
[67] Movimento de Olga. Atira as chaves ao chão.
[68] Gane com lágrimas na voz.
[69] Toque a rebate do sino pequeno. Natacha vai ficando nervosa, caminha até a mesa e bebe água (pode ser que pingue as gotas alheias). Senta-se, acalma-se.
[70] Acalma-se. Pega as coisas e caminha dando essa réplica a Ólia, no caminho. Natacha sai.
[71] Pausa. Durante a pausa e a saída de Natacha, toque de sino a rebate mais forte, por 20 segundos. À entrada de Kulíguin, cessa o sino pequeno e, depois, na fala de Kulíguin, "cansei", cessa também o sino grande. Olga, esgotada, se levanta e caminha até o sofá; começa, preguiçosamente, a corrigir os cadernos, trancando previamente a porta E com o ferrolho. Assim que Ólia se senta, Kulíguin entra rapidamente. Ele entra como se alguma coisa tivesse acontecido. Entra e examina, está procurando Macha. "Onde está Macha" – fala tranquilamente, sem alarme, para não matar a fala seguinte.
[72] Aproxima-se da janela, abre a cortina e olha. Luz vermelha. Fechar bem a cortina.
[73] Parar o sino grande.
[74] Espreguiça-se antes de se sentar. Beija Olga, que se afasta com cuidado. Senta-se.
[75] Kulíguin senta-se e descansa; está refestelado e olha com os olhos semicerrados para Olga, que está arrumando os cadernos. Diz claramente e com simplicidade a próxima frase. Com autoridade.
[76] Sem cerimônia, toma-lhe a mão e depois larga.
[77] Kulíguin desmorona no sofá por detrás do corpo de Ólia. Ele apoia a cabeça sobre a mão. Pausa. Ao longe, ouve-se um grito de Natacha. Ela também está muito nervosa e passa uma descompostura em alguém, provavelmente em Anfissa. Voz do doutor, que bate na porta E. Kulíguin soergue-se rapidamente.
[78] Assustada; ela está nervosa, a cada pequeno ruído se assusta.
[79] Ambos aguçam os ouvidos.

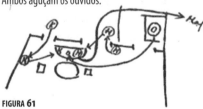

FIGURA 61

Natacha se aproxima da cama para injuriar Olga. Natacha chora, senta e pinga as gotas. Ólia atravessa para arrumar os cadernos. Kulíguin entra, olha o incêndio e se senta com Ólia.

[80] Voz do doutor, que está filosofando no corredor.
[81] Levanta e se aproxima da porta. Olha por uma fresta.
[82] Procura um lugar onde se esconder.
[83] Procura um lugar onde se esconder. (Esta nota está mesmo repetida. [N. da T.])
[84] Kulíguin se esconde no arco do armário.

[85] OLGA: Estava há dois anos sem beber e, de repente, embebedou-se...
(*Sai com Natacha para um canto do quarto.*)

Entra Tchebutíkin; atravessa o quarto sem cambalear, como se estivesse sóbrio. Para, olha ao redor, depois se aproxima do lavatório e começa a lavar as mãos [86]·

[87] TCHEBUTÍKIN: O diabo carregue a todos... [88] Todos... [89] Acham que, por eu ser médico, sei tratar todas as doenças, mas eu, decididamente não sei nada, esqueci tudo, esqueci tudo o que sabia, não me lembro de nada, de nada, decididamente.

Olga e Natacha saem sem serem percebidas por Tchebutíkin [90].

[91] O diabo que carregue... Quarta-feira passada tratei de uma mulher em Zássip e ela morreu; eu sou o culpado por ela ter morrido. Sim... [92] Alguma coisa eu sabia há 25 anos, mas agora já não me lembro de nada. Nada... Minha cabeça está vazia e [93] meu coração está gelado[56]. Talvez eu nem seja um homem, apenas parece que tenho braços e pernas... e cabeça; pode ser que eu não exista realmente, mas apenas tenho a impressão de que ando, como, durmo. (*Chora.*),[94] Oh, se eu não existisse! (*Para de chorar, sombrio.*) Ao diabo... Há uns três dias no clube conversavam sobre Shakespeare, Voltaire... Eu não li, não li nada, [95] mas fiz cara de quem tinha lido. E os outros também, são como eu... [96] Isso é torpe, baixo. E eu me lembrei daquela mulher que morreu na quarta... me lembrei, senti um peso no coração e vi toda a sujeira e me deu um asco... e eu enchi a cara... [97]

---

56 Essa frase não permaneceu na versão final do texto de Tchékhov. (N. da T.)

[85] Apressadamente se levanta e vai para trás do biombo. Lá, fecha bem a cortina e, provavelmente, se deita.

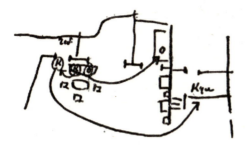

FIGURA 62
Kulíguin se levanta de um salto e olha na direção da porta. Esconde-se em frente à despensa. Olga vai ao leito e lá fecha bem a cortina.

[86] Tchebutíkin abre a porta energicamente até a metade. Em pé, à porta, olha ao redor: não há ninguém. Praguejou.
[87] Está perto da porta aberta, apertando a maçaneta.
[88] Fecha a porta do mesmo modo enérgico como a abriu. A palavra: "cortou" – diz detrás da porta.
[89] Outra vez energicamente, abre a porta, entra pela metade no quarto e fala como que a alguém que estivesse ali, perto dele. Kulíguin, no canto, atrás, assiste e se diverte.
[90] Entra, abre a porta com muito cuidado. Olha ao redor e, nas pontas dos pés, vai à toalete. Penteia a barba enigmaticamente com o pente de Irina.
[91] Diz essas palavras num sussurro, voltando-se a alguém.
[92] Faz gestos desesperados, deixa cair a escova. Não recolheu, levantou. Pôs-se a andar. Parou em frente ao lavatório. Arregaçando as mangas.
[93] Olha fixamente para as mãos lavadas.
[94] Começa a chorar. Senta-se com as mãos lavadas.
[95] Sombriamente. Olha para as mãos lavadas de modo suspeito.
[96] Levanta-se e, novamente, lava as mãos.
[97] Enquanto prossegue a cena, Tchebutíkin pega a toalha e, secando as mãos, senta-se perto da escrivaninha.
NB: Durante a cena de Tchebutíkin, Kulíguin o tempo todo faz a mímica de seu observado.

Entram Irina, Verchínin e Tuzembakh; Tuzembakh está usando uma roupa de civil de última moda [98].

IRINA [99]: Vamos sentar aqui. Aqui ninguém vai entrar.

VERCHÍNIN: Se não fossem os soldados, a cidade toda teria quei-
[100] mado. São uns heróis! (*Esfrega as mãos de puro deleite.*) Gente valiosa!

KULÍGUIN (*aproximando-se deles*) [101]: Que horas são, senhores?

TUZEMBAKH [102]: Já são quatro horas[57] [103]. Está amanhecendo.

IRINA: Estão todos no salão, ninguém vai embora. E o seu Soliôni também está lá... [104] (*a Tchebutíkin*) O senhor poderia ir dormir, doutor.

TCHEBUTÍKIN [105]: Estou bem... Obrigado... (*Penteia a barba.*) [106]

KULÍGUIN (*Ri.*) [107]: Que pileque, Ivan Románitch [108]. (*Bate-lhe no ombro.*) Bravo! *In vino, veritas*[58] – diziam os antigos.

TUZEMBAKH: Estão me pedindo para organizar um concerto em benefício das vítimas do incêndio.

IRINA: Com quem? ↑
[109]
TUZEMBAKH [110]: Se quisermos podemos organizar. Maria Serguêievna, por exemplo, toca maravilhosamente bem.

KULÍGUIN: Toca maravilhosamente [111]!

IRINA: Ela já se esqueceu. Faz três anos que não toca... ou quatro. ↑

TUZEMBAKH: Nessa cidade, não há absolutamente ninguém que entenda de música. Nem uma alma. Mas eu, eu entendo e asseguro aos senhores, palavra de honra, que Maria Serguêievna toca admiravelmente bem, é quase um talento.

---

57 Apagado por K.S. Stanislávski e escrito: "quase quatro". (N. da E. russa.)
58 Provérbio latino: a verdade está no vinho. (N. da T.)

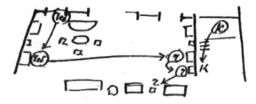

FIGURA 63
Tchebutíkin para à porta. Tchebutíkin aproxima-se da toalete, do lavatório, senta-se perto do lavatório, levanta-se novamente, lava as mãos, pega a toalha e senta-se de costas para o público, perto da mesa (escrivaninha).

[98] Irina, atrás dela, Verchínin e, atrás dele, Tuzembakh. Eles carregam, cada um, um copo de chá (sem bandeja) e um prato com pão, sanduíches e nozes. Irina e Tuzembakh limpam a mesa redonda, transferindo dela para outro lugar os cadernos e lápis de Ólia (para sua escrivaninha), jarra e água (para o lavabo). Assim, liberaram o lugar para o chá que foi trazido. Entra Verchínin com o cigarro de palha e um cachimbo turco; para não lançar fumaça, ele fica em frente à porta entreaberta, soltando a fumaça no corredor, pela fresta.
[99] Põe o chá na mesa.
[100] Pondo o chá na mesa e tomando um gole.
[101] Sai da emboscada rindo de Tchebutíkin, se espreguiça deixando as mãos na cabeça. Para no arco.
[102] Neste tempo, pega os cadernos de Ólia e os coloca sobre a escrivaninha.
[103] Levanta o relógio da mesa de Ólia, observa-o e coloca-o novamente em seu lugar. Vai à mesa.
[104] Nesse momento, coloca os cadernos sobre a mesa de Ólia.
[105] Levanta-se, arrasta os pés e se senta.
[106] Penteia a barba. Depois, Tchebutíkin, com especial empenho, enrola a toalha como se estivesse resolvendo um problema de matemática.
[107] Inclina-se diante de Tchebutíkin, apoiando as mãos sobre os joelhos.
[108] Tchebutíkin cumprimenta Kulíguin gravemente. Este morre de rir.
[109] Estão cansados, todos instalados, recostados nos encostos do sofá e da poltrona; de vez em quando, inclinam-se, tomam um gole de chá e, outra vez, recostam-se. Verchínin fuma à porta. Sonolência. Estão de olhos fechados. Todos vencem o sono.
NB: Verchínin fuma. De vez em quando ele se aproxima da mesa, toma um gole de chá e novamente vai até a porta.
[110] De olhos fechados.
[111] Aproxima-se de Tuzembakh, depois senta no sofá.

KULÍGUIN [112]: Tem razão, barão. Eu amo muito a Macha. Ela é muito boa.

TUZEMBAKH [113]: Saber tocar tão esplendidamente e ao mesmo tempo perceber que ninguém, absolutamente ninguém, entende você!

KULÍGUIN (*suspira*): Sim... [114] Mas seria correto ela participar do concerto?

Pausa [115].

[116] Bem, eu não sei de nada, senhores. Pode até ser uma boa ideia. Devo confessar que o nosso diretor é uma boa pessoa, é até muito bom, mas tem uma certa maneira de ver as coisas... É claro, não é problema dele, mas, mesmo assim, se quiserem, eu talvez possa falar com ele.

Tchebutíkin pega o relógio de porcelana e fica examinando. [117]

VERCHÍNIN: Eu me sujei todo no incêndio, não me pareço com nada.

Pausa [118].

Ontem eu ouvi por alto que querem mudar nossa brigada para algum lugar distante. Uns dizem que vai ser para o reino da Polônia, outros para Tchitá[59].

[119] TUZEMBAKH: ↑ Eu também ouvi dizer. ↑ E daí? A cidade vai ficar vazia.

IRINA: ↑ E nós iremos embora! [120]

TCHEBUTÍKIN (*deixa cair o relógio que se espatifa*) [121]: Em mil pedaços!

Pausa; todos estão aflitos e desconcertados [122].

---

59 Cidade siberiana próxima ao lago Baikal. (N. da T.)

FIGURA 64
Verchínin fuma, à entrada da porta, pondo o chá sobre a mesa. Irina e Tuzembakh transferem as coisas da mesa redonda para a escrivaninha. Irina senta no sofá, cobrindo-se com o chale, Tuzembakh está na poltrona (sonolência). Kulíguin atravessa o arco, espreguiça-se, aproxima-se de Tchebutíkin.

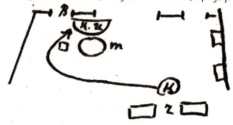

FIGURA 65
Kulíguin senta no sofá.

[112] Nesse instante, abre os olhos.
[113] De olhos abertos, tomando um gole de chá.
[114] Como se despertasse, abre os olhos novamente e pega um pedaço de pão.
[115] Fecha os olhos. Pausa. O relógio bate, ao longe, isto é, na sala de jantar; na sala de visitas, bate com algum atraso; na última vez antes da morte [do barão] bate também o pequeno relógio (aquele que há pouco Tuzembakh pegou e, tendo olhado, colocou diante de Tchebutíkin). Tchebutíkin está sentado de costas para o público de tal modo que pode, de forma imperceptível para o público, tocar o sininho no lugar do relógio. (Se isto não for incômodo, mas se for, essas batidas serão feitas na caixa do ponto.) Quando esse relógio começa a bater, Tchebutíkin fica atento, pega-o nas mãos e começa a girá-lo. Tchebutíkin sacode o relógio como se quisesse parar o seu andamento.
[116] Fecha os olhos.
[117] Pausa. Verchínin caminha e põe a bituca no cinzeiro que está sobre a mesa redonda. Toma um gole de chá. Nota uma mancha no casaco.
[118] Verchínin sai para a porta e lá, se limpa.
[119] Com os olhos fechados.
[120] Também não se mexe.
[121] Pausa. Tchebutíkin deixa cair o relógio.
[122] Todos estremecem. Verchínin começa a recolher o relógio. Irina grita, Tuzembakh e Kulíguin despertam.

KULÍGUIN (*recolhendo os cacos*): Quebrar uma coisa tão cara, ah, Iván Románitch! Nota zero de comportamento!

IRINA [124]: Era o relógio da falecida mamãe.

TCHEBUTÍKIN: Pode ser. Da mamãe, talvez, da mamãe [125]. Talvez eu não o tenha quebrado, apenas pareça ter quebrado. Pode ser que apenas pareça estarmos vivos, mas na verdade, não estamos. Eu não sei de nada, ninguém sabe. (*Em frente à porta.*) [127] O que estão olhando? Natacha tem um caso com Protopópov e vocês não veem... Ficam aí sentados e ninguém vê, mas Natacha e Protopópov têm um caso... (*Canta.*) Aceite essa tâmara... (*Sai.*)

VERCHÍNIN: Sim... (*Ri.*) Como tudo isso é realmente estranho! (*Pausa.*) Quando o fogo começou, eu corri para casa o mais depressa possível; cheguei perto, olhei e nossa casa estava intacta e fora de perigo, mas minhas duas meninas estavam de camisola na soleira da porta, sem a mãe, aquela agitação na rua, os cavalos e os cachorros correndo, e as meninas com uma expressão de angústia, de horror, de súplica e não sei mais o quê; quando vi aquelas carinhas, meu coração ficou apertado. Eu pensei – meu Deus, pelo que essas meninas ainda vão passar ao longo da vida. Eu agarrei as duas e saí correndo e só pensava em uma coisa – pelo que essas meninas ainda vão passar nesse mundo? (*Pausa.*)[60] Cheguei aqui e cá estava a mãe delas, gritando, brava, à minha procura.

Entra Macha com o travesseiro e senta-se no sofá.

VERCHÍNIN: E enquanto minhas duas meninas estavam de camisola na soleira da porta, e a rua estava vermelha pelo fogo, com uma barulheira infernal, eu me lembrei de que há muitos anos acontecia uma coisa parecida quando nosso inimigo nos surpreendia inesperadamente e incendiava e saqueava tudo o que via. E, pensando bem, que diferença faz entre o que foi e o que está sendo agora? E não passará muito tempo, uns duzentos ou trezentos

---

60 Na versão final, antes da pausa, rubrica: (*Toque de sino a rebate.*) (N. da T.)

[123] Ameaçando levantar (dando uma levantadinha) do lugar.

[124] Irina se aproxima da mesa. Está zangada.

[125] Verchínin leva o relógio à mesa redonda e lá, durante a próxima cena, tenta consertá-lo. Irina lhe dá uma cola. Kulíguin, primeiramente, tenta tomar parte no conserto, mas depois, o sono o vence. Verchínin cola e bebe um golinho de chá. Às vezes, por hábito, mete a mão no bolso à procura do cigarro de palha, mas imediatamente se lembra de que não se pode fumar e mete o cigarro de palha de volta no bolso. Irina recolhe os cacos e leva-os para ele.

[126] Irina recolhe os cacos.

[127] Vai. Kulíguin balança a cabeça em reprovação, condenando "Ai, ai!". Todos olham para ele.

[128] À porta, brigando porque estão olhando para ele e dando a Kulíguin uma toalha dobrada cuidadosamente.

[129] Durante este monólogo, sem atrapalhá-lo, Irina põe os cacos perto de Verchínin e tira da biblioteca a cola, deixando-a sobre a mesa que está perto dele. Kulíguin e Verchínin olham com atenção e colam o relógio.

[130] Irina prende no abajur um pedaço de papel para proteger os olhos da luz. Pode ser que Tuzembakh tenha feito isso para ela. Verchínin e Kulíguin, no mesmo jogo.

anos, e olharão a nossa vida atual com horror e zombaria, e tudo
[130] o que é o nosso presente parecerá torpe, pesado e, além disso,
muito incômodo e estranho. Oh, que vida será, que vida! [131]
(*Ri.*) Desculpem, já estou filosofando de novo. Permitam-me
[132] prosseguir, senhores. Estou com uma terrível vontade de filosofar,
com esse estado de espírito.

Pausa [133].

Parece que estão todos dormindo [134]. Como eu estava dizendo,
que vida será! Imaginem: aqui na cidade há, agora, apenas três
pessoas como vocês, mas nas próximas gerações haverá mais e
mais e mais e chegará um tempo em que tudo será à nossa maneira,
[135] a vida será à nossa maneira. E depois os senhores vão envelhecer e
outras pessoas vão nascer e elas serão melhores que os senhores...
(*Ri.*) [136] Hoje estou com um estado de espírito especial. Tenho
[137] uma vontade infernal de viver... (*Canta.*) Todas as idades se
submetem ao amor...[61] (*Ri.*)

MACHA: Tram-tam-tam...[62]
[138] VERCHÍNIN: Tam-tam...
MACHA: Tra-ra-ra?
VERCHÍNIN: Tra-ta-ta. (*Ri.*)

Entra Fedótik [139].

FEDÓTIK (*chora*): Queimou tudo! Queimou tudo! Não sobrou nada!
(*Ri.*) [140].

IRINA: Mas que brincadeira! Queimou tudo?

FEDÓTIK (*Ri.*): Tudo, completamente... Não sobrou nada. [+]
[141] Queimou o violão, [+] e as fotografias, [+] e todas as minhas cartas... Eu queria lhe dar um caderninho – queimou também.
[+]

---

61 Trecho da ópera *Evguêni Oniéguin*, de A. Púchkin. (N. da T.)
62 Aqui K.S. Stanislávski colocou um ponto de interrogação e anotou "Isto é uma pergunta".
(N. da E. russa.)

[131] Entra Macha com o travesseiro. Seus olhos e os de Verchínin se encontram. Kulíguin dorme. Verchínin fica radiante, começa a rir. Macha sorri para ele. A luz vermelha do incêndio começa a piscar um pouco (está se extinguindo).

[132] Verchínin fala rindo, animado. Macha, sorrindo, vai, põe o travesseiro na cama turca e, sem baixar seus olhos apaixonados de Verchínin, aproxima-se da cadeira de Tuzembakh. Todos os demais dormem e não veem a entrada de Macha.

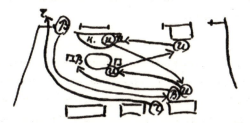

FIGURA 66
Verchínin vai recolher o relógio, senta-se em frente à mesa e cola-o. Irina vai para perto de Tchebutíkin, recolhe os cacos, leva-os para a mesa redonda, vai até a biblioteca, traz a cola e senta-se no lugar anterior. Tchebutíkin vai embora.

[133] Macha vai para detrás da poltrona de Tuzembakh e olha para os adormecidos.
[134] Com seu próximo monólogo, Verchínin como que disfarça sua conversa de olhos com Macha.
[135] Jogo de olhares entre Macha e Verchínin; diz o monólogo para disfarçar o jogo de mímica.
[136] Tuzembakh ronca ligeiramente.
[137] Durante todas essas palavras, transparece o entusiasmo de Macha.
[138] Jogar como se Macha lhe perguntasse: "Você me ama?" Verchínin responde: "Sim, muito."; MACHA: "Hoje eu serei sua."; VERCHÍNIN: "Ó, que felicidade, que êxtase."
[139] Com barulhos e tropel, entra correndo Fedótik pelo corredor: valsando, zumbindo. Canta: "Queimou." Com a sua batida, todos despertam, olham uns para os outros com assombro.
[140] Verchínin e Macha riem mais do que todos, e Fedótik, ainda mais.

FIGURA 67
Entrada de Macha. Ela põe o travesseiro na cama turca e coloca-se atrás da cadeira de Tuzembakh. Dança de Fedótik. Ele cumprimenta Kulíguin, Verchínin, Tuzembakh, Macha e Irina.

[141] Onde houver cruz [+], corta com um riso a fala de Fedótik. Ele é extraordinariamente bondoso e ri com sinceridade. Falando seu monólogo cumprimenta um por um, depois pega um sanduíche e conta algo sobre o incêndio ao sonolento Tuzembakh, à Irina e também à

Entra Soliôni [142].

IRINA: Não, saia, por favor, Vassíli Vassílievitch. Não pode ficar aqui.

SOLIÔNI [143]: E por que esse barão pode e eu não?

VERCHÍNIN [144]: De fato, precisamos ir. Como está o incêndio [145]?

SOLIÔNI: Dizem que está diminuindo... [146] Decididamente isso é muito estranho. Por que o barão pode e eu não posso ficar?[63]

VERCHÍNIN: Tram-tam-tam?

[147] MACHA: Tam-tam.

VERCHÍNIN (*Ri. A Soliôni.*): Vamos para a sala... [148]

SOLIÔNI: Está bem, mas que fique registrado. Poderia ser uma boa [149] ideia esclarecer, mas temo irritar os gansos... Píiu, piu, piu (*Sai com Verchínin e Fedótik.*) [150]

IRINA: Mas que fumaceira fez esse Soliôni [151]. (*Perplexa.*) O barão dormiu! [152] Barão, barão!

TUZEMBAKH (*despertando*) [153]: Estou cansado, porém... A fábrica de tijolos... Não estou delirando, vou para a fábrica de tijolos de qualquer maneira... e vou trabalhar. Já tivemos uma conversa [154]. (*A Irina, ternamente.*) Está tão pálida... maravilhosa... encantadora... Sua palidez, parece, ilumina o ar escuro como a luz... [155] Está abatida, descontente da vida... Oh, venha comigo, vamos trabalhar juntos..!

MACHA [156]: Nikolai L'vóvitch, vá embora daqui.

---

63 Na versão definitiva do texto, Tchékhov inseriu aqui a rubrica "Pega o frasco de perfume e borrifa".

Macha, que mais olha para Verchínin do que escuta Fedótik. Contando, gesticula, apontando para onde começou o incêndio. Durante o barulho produzido pela entrada de Fedótik, Ólia espia por detrás da cortina. Lá, troca de roupa e veste um roupão.

[142] Soliôni entra e fuma um cigarro de palha. Irina agita as mãos, está nervosa.

[143] Perturbado.

[144] Levanta.

[145] Verchínin se aproxima e olha abrindo a cortina. Uma luz vermelha pisca (o incêndio míngua).

[146] Em frente à janela, Verchínin olha para Macha e ela para ele; Verchínin está em frente à cortina e abre-a. Soliôni começa a enervar-se, irrita-se e teima.

[147] Permanecendo em frente à cortina e lançando olhares para Macha.

[148] Saudando Soliôni e Fedótik. Vai cantarolando, animado, alegre. Fedótik vai rapidamente atrás deles. Soliôni detém-se um pouco. Verchínin carrega consigo os copos e pratos trazidos por todos e Irina entrega a Fedótik o copo e o prato de Tuzembakh, os quais ele leva. O copo de Irina fica.

[149] Ao fim deste monólogo, Soliôni fica com medo.

[150] Pausa. Soliôni vai embora, bate a porta com irritação, despertando Kulíguin. Este, muda de pose e se encosta comodamente, empurrando Irina, que se levanta depressa e vê que Tuzembakh dorme.

[151] Com certo asco.

[152] Acorda-o.

[153] Acorda, olha ao redor e se agita. Irina vai à mesinha noturna pegar o remédio.

[154] Irina volta com a caixinha. Tira a cápsula, põe na língua e toma um golinho de chá. Levanta sem ruído (de costas), com os olhos abertos. Está pensando concentradamente em algo.
NB: À saída de Verchínin, Macha, assobiando, vai ao lavatório, toma um copo d'água e deita de costas no divã.

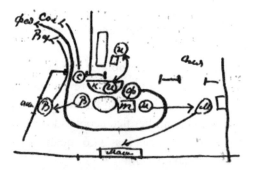

FIGURA 68
Verchínin aproxima-se da janela, trocando olhares com Macha, depois sai. Fedótik recolhe a louça e sai. Soliôni também. Irina vai atrás do remédio e retorna à mesa (redonda). Macha, assobiando, vai ao lavatório, bebe água, depois se deita no divã. Primeira declaração de amor de Irina e Tuzembakh.

[155] Olhando ternamente para Irina. Ele senta.

[156] Não se move, fica deitada de costas.

TUZEMBAKH (*rindo*) [157]: A senhora está aqui? Eu não tinha visto...
(*Beija a mão de Irina.*) Desculpe, eu vou... [158] Eu estava observando-a e me lembrei de que, há algum tempo, no dia de seu aniversário, a senhora estava animada, alegre e falava sobre a [159] felicidade que é o trabalho... E me pareceu que a vida seria feliz! E onde está ela? (*Beija-lhe a mão.*) [160] Tem lágrimas nos olhos... Vá dormir, já está amanhecendo... começa o dia... [161] Se eu pudesse, daria minha vida pela senhora!

MACHA [162]: Nikolai L'vóvitch, vá embora! Mas essa, ainda...

TUZEMBAKH [163]: Eu vou embora... (*Sai.*) [164]

MACHA (*deitando-se*) [165]: Está dormindo, Fiódr?

KULÍGUIN [166]: Ah?

MACHA: E se você fosse para casa?

KULÍGUIN [167]: Minha cara [168], minha querida Macha...

IRINA [170]: Ela está exausta... deixe que descanse, Fédia.

KULÍGUIN: Eu já vou... [171] Minha boa, maravilhosa esposa [172]. Eu te amo, minha única...

MACHA (*irritada*) [173]: *Amo, amas, amat, amamus, amatis, amant*[64].

KULÍGUIN (*Ri.*): Não, é verdade, ela é única... Eu me casei com você há sete anos e me parece que foi ontem. Palavra de honra. Não, é [174] verdade, você é realmente uma mulher singular. Estou contente, contente, contente.

[169] MACHA: Estou farta, farta, farta... [175] (*Levanta-se e fala se sentando.*) Mas não me sai da cabeça... É simplesmente revoltante, não me sai da cabeça, não posso me calar. Estou falando de Andrei... Ele hipotecou esta casa e sua mulher ficou com todo o dinheiro, mas esta casa não pertence só a ele, mas a nós quatro! Ele deve saber disso, se for uma pessoa decente.

KULÍGUIN [176]: Como gosta, Macha! Para que isso? Andriúcha deve estar endividado até o pescoço, só Deus sabe.

MACHA: Em todo caso, é revoltante! (*Deita-se.*) [177]

---

64 Em latim no original: "Amo, amas, ama, amamos, amais, amam." (N. da T.)

[157] Ri e faz um gesto com os braços, tentando se livrar – foi apanhado.
[158] Vai até a porta de saída, detém-se. Irina se aproxima da penteadeira e pega o pulverizador.
[159] Irina pulveriza para purificar [o ar] da fumaça de Soliôni. O perfume chega até o público. Tuzembakh está próximo à porta.
[160] Pausa. Irina ficou meditativa, parou de pulverizar. Cansada, deixa-se cair em frente à penteadeira.
[161] Beijou a mão. Parou próximo à porta.
[162] Serenamente, encostada, sem se mover.
[163] Faz um gesto com as mãos – foi apanhado – desaparece rapidamente.
[164] Pausa. Irina vai para detrás do biombo com o andar esgotado, dobra-o e, durante a próxima cena, tira o corpete e a saia, ficando com a saia de baixo e a blusa de dormir. Solta os cabelos e começa a penteá-los. Após a pausa, Kulíguin começa a roncar. Por trás da cortina, Ólia revira-se na cama e suspira com forte dor de cabeça. Ouve-se como rangem as molas da cama com as reviradas (suas reviradas, o revirar-se de Ólia...). O relógio bate 5.
[165] Sem se mover.
[166] Desperta.
[167] Levanta, se espreguiça.
[168] Estica-se.

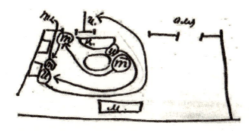

FIGURA 69

Irina vai à penteadeira pegar o pulverizador. Anda pulverizando. Tuzembakh vai até a porta e para; aproxima-se de Irina no momento em que ela se deixa cair na cadeira da penteadeira. Tuzembakh vai embora. Irina vai para trás do biombo – abre o biombo, tira a roupa, enfia os sapatos, veste uma blusa e penteia os cabelos.

[169] Violino ao longe, uma melodia triste.
[170] Por detrás do biombo.
[171] Aproxima-se, pega sua mão, beija-a. Macha não se move.
[172] Beija cada um dos dedos de sua mão.
[173] Volta-se e fala com seriedade. É visível que está pensando em outra coisa.
[174] Pondo-se de joelhos perto de Macha. Continuando de joelhos, abraça Macha, que está deitada.
[175] Afasta-se dele. Kulíguin levanta e vai até a mesa, pegando sua xícara de chá e também a de Irina (ele é um homem doméstico e adora a ordem). Macha está sentada de costas para o público.
[176] Junto à porta de entrada, com a louça na mão.
[177] Macha deita-se de costas novamente.

KULÍGUIN: Nós não somos pobres. Eu trabalho, dou aulas no ginásio, depois dou aulas particulares... Sou uma pessoa honesta.
Simples... *Omnia mea mecum porto*[65], como se diz.

MACHA [179]: Eu não preciso de nada, mas a injustiça me revolta.

Pausa.

Vá, Fiódr.

KULÍGUIN (*beija-a*) [180]: Está cansada, Macha, descanse por meia
hora [181], eu vou ficar lá sentado, esperando... Durma... (*Vai.*)
[182] Estou contente, contente, contente. (*Sai.*) [183]

IRINA [184]: Como se tornou medíocre o nosso Andrei, como perdeu
a graça, envelheceu perto dessa mulher [185].

Outro dia estava se preparando para ser professor da universidade e ontem ficou se gabando por ter se tornado, finalmente,
membro do Conselho Municipal. Ele é membro onde Protopópov é o presidente... [187] A cidade toda comenta e ri, e só ele não
sabe e não vê nada... [189] E enquanto todos correm por causa
do incêndio, ele fica sentado em seu quarto e não está nem aí.
Só fica tocando violino. (*Nervosa.*) [190] Oh, é terrível, terrível,
terrível! (*Chora.*) [191] Eu não posso, não posso suportar mais [192].
Não posso, não posso [193].

[*Entra Olga e começa a arrumar sua mesinha.*]

---

65 Em latim no original: "Tudo o que tenho carrego comigo." (N. da T.)

[178] Aproximando-se de Macha com a louça nas mãos. Fala com muita simplicidade, sem qualquer sentimentalismo. Compreender que ele é um homem bom.
[179] Revira-se, vira de lado, com o rosto para o público e de costas para Kulíguin.
[180] Beija-a, mantendo a louça nas mãos e inclinando-se cuidadosamente.
[181] Vai, abre a porta com o pé, para e fala.
[182] Sai, fechando a porta com o pé.
NB: Irina se despe atrás do biombo e veste agora uma larga blusa de dormir e sapatos.
[183] Macha deita e assobia. Irina sai detrás do biombo com o andar extenuado. Uma trança está feita, começa a fazer a outra. Batendo os sapatos, ela se aproxima do lavatório, tendo previamente espiado por detrás do biombo se Kulíguin foi embora. Aproxima-se do lavatório e coloca ali um pente e um broche tirado detrás do biombo; fala. Durante o monólogo seguinte, ouve-se como Natacha reverbera com sua voz tão aguda.
[184] Em frente ao lavatório.

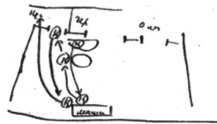

FIGURA 70
Irina e Ólia estão atrás do tabique e atrás dos biombos. Kulíguin se aproxima de Macha e a beija. Kulíguin vai atrás da louça e depois até a porta. Kulíguin volta para Macha, beija-a e vai embora.

[185] Reflete. Enxuga as lágrimas que rolaram, respira fundo. Pelo caminho, senta um pouquinho pelo cansaço e fala (durante todo esse tempo, Macha está deitada de olhos abertos, sem movimento, e assobia uma ária de amor. Pensa profundamente).
[186] Senta-se em frente à mesa redonda.
[187] Taciturna, inclina-se para a mesa. Apoia a testa sobre a mesa e chora. Com ar pensativo, Macha assobia. Pausa. Ouvem-se os soluços de Irina. Soluça mais alto. Taciturna, atira-se nas costas da cadeira e enxuga os olhos. Vai ao lavabo, pega um copo e a escova de dentes. Fala com a voz ainda chorosa.
[188] Em frente ao lavatório.
[189] Enxágua a escova no copo que enchera com água do lavatório.
[190] Deixa cair o copo e a escova no lavatório. Apoia a testa na parte superior do lavabo e geme "é horrível, horrível"; sacode a cabeça de sofrimento (tudo isso apoiando a testa na parte superior do lavatório).
[191] (Soluça por algum tempo). Está andando com sofrimento, perdida, soluçante. Andar vacilante. Macha levanta a cabeça e olha um pouco perturbada.
[192] Toque de sino a rebate, ao longe; sino grave.
[193] Irina se arrasta vacilante, o caminhar é atrapalhado, e, pisando com força, tomba na cama, soluça atrás dos biombos.

IRINA (*soluça alto*) [194]: Joguem fora, me joguem fora, eu não posso mais [195]. Joguem fora, não posso mais[66]. [197]

OLGA[67] (*espantada*) [196]: O que você tem? O que você tem? Querida! [198]

IRINA (*soluçando*): Para onde? Para onde foi tudo? Onde está? Oh, meu Deus, meu Deus! Eu esqueci tudo, tudo... está tudo misturado na minha cabeça... Eu não lembro como se diz janela em italiano ou teto... Estou esquecendo tudo, a cada dia, e a vida está passando e não vai voltar nunca e nós não vamos nunca para Moscou... Eu estou vendo que nós não vamos... [199]

OLGA[68]: Querida, querida... [200] [169]

IRINA (*contendo-se*) [202]: Oh, como sou infeliz... Não posso trabalhar, não vou mais trabalhar [203]. Chega, chega! Já trabalhei no telégrafo, agora trabalho na administração municipal e odeio e desprezo tudo o que me dão para fazer... ↑ Vou fazer 24 anos, já trabalho há muito tempo e meu cérebro secou, eu emagreci, fiquei feia, envelheci e nada, nada, nenhuma satisfação, ↑ e o tempo passa e tenho a impressão de que estamos nos afastando de uma vida bela e verdadeira, estamos nos afastando mais e mais e algo está se perdendo [204]. Eu estou desesperada... e como é que estou viva, por que não me matei até agora eu não entendo... [205] [201]

---

66 Esta fala foi acrescentada por K.S. Stanislávski. (N. da E. russa.)
67 K.S. Stanislávski trocou para Olga e Macha. (N. da E. russa.)
68 K. Stanislávski acrescentou: Macha e Olga. (N. da E. russa.)

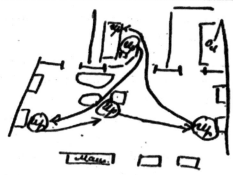

FIGURA 71
Irina pega o pente no lavatório. Caminha, no caminho se cansa e senta na poltrona. Vai ao lavatório e, lá, irrompe em soluços. Irina tomba na cama.

[194] Irina, com um gemido, quase um grito "joguem fora" etc. Depois disso inicia um ataque histérico genuíno atrás dos biombos, sempre mais e mais forte (penas, pelo amor de Deus, com verdade!!!). Macha corre, serve um copo de água no lavatório e vai apressadamente para trás do biombo. Ólia desperta, olha inquieta por detrás de suas cortinas e corre para Irina. Ouvem-se, ali, as vozes tranquilizadoras de Olga e de Macha. Ólia corre, procura as gotas, não encontra de primeira, vai para trás do biombo. O ataque de histeria se acalma, ouvem-se apenas suspiros acelerados e choro. Irina se deita sobre o leito, repele as irmãs que estão agarradas nela, sai com gestos vacilantes e soluços, repete com a voz entrecortada: "joguem-me fora" etc.

[195] Pausa do ataque de histeria.
[196] Ao mesmo tempo.
[197] Irina estremece. Caminha com passos débeis, ela mesma não sabe para onde, repetindo a mesma coisa por cem vezes. As irmãs dirigem-na para a cama turca.
[198] Pausa. Sentam Irina de costas para o público. Acalmando. Ólia pinga as gotas e dá para Irina beber. Macha traz a água de colônia e molha sua cabeça. Olga encontra mais alguns remédios, dá a Irina. Esta aceita docilmente.
[199] Dando de ombros desesperadamente e baixando os braços sem forças. Com a voz frágil, entrecortada pela respiração ofegante e pelos soluços.
[200] Elas deitam Irina na cama turca, trazem o xale da cama e cobrem a doente. Cessa o toque de sino a rebate.
[201] Ólia senta-se de frente para Irina na cama turca, enxuga seus olhos com um lenço. Macha, pensativa, mantém junto da cabeça de Irina um lenço com água de colônia. Irina fala com a voz debilitada.
NB: Irina envolve a manta com as mãos.
[202] Com a voz fraca, resistindo.
[203] Sem força, agita a cabeça.
[204] Balança a cabeça.
[205] Chora.

OLGA [206]: Não chore, minha menina, não chore... Assim eu sofro [207].

IRINA [208]: Não estou chorando, não estou... Chega... Veja, eu não estou mais chorando. Chega... Chega! [209]

OLGA: Querida, eu falo como irmã, como amiga, se quiser o meu conselho, case-se com o barão!

Irina chora[69]. [210]

OLGA (*em voz baixa*): Você o estima, o considera muito, não é? Ele é feio, é verdade, mas é muito honesto... Não se casa mesmo por amor, mas para cumprir um dever. Eu, pelo menos, penso assim; eu me casaria sem amor. Se alguém pedisse minha mão, eu me casaria, com qualquer um, contanto que fosse decente. Até mesmo com um velho me casaria...

---

69 Na versão final do texto, Tchékhov acrescentou: *Irina chora baixinho*. (N. da T.)

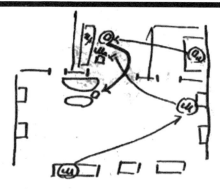

FIGURA 72
Macha corre para pegar água no lavatório. Macha corre até Irina atrás do biombo. Ólia sai correndo de detrás do tabique e vai até Irina. Ólia vai procurar as gotas.

[206] De joelhos, próxima à sua cabeceira, enxuga as lágrimas, estreitando sua cabeça à dela no travesseiro.

[207] Pausa. Ólia balança com a cabeça a cabeça de Irina, bate com a mão como se ninasse uma criança, murmurando suavemente, carinhosamente, sem cessar, com voz maternal "basta, basta". Irina cessa.

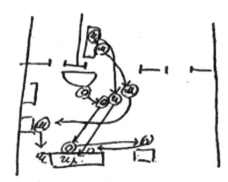

FIGURA 73
Irina salta de trás do biombo, procura escapar; Macha a alcança, a sustenta. Ólia também. Cobrem Irina[70]. Macha vai atrás da água de colônia e se coloca, com a compressa, à cabeceira de Irina. Ólia, deitando Irina e trazendo o lenço, vai atrás do remédio na escrivaninha e se senta junto à cabeceira da irmã.

[208] Acalmando-se.
[209] Pausa. Macha atravessa e se senta perto da perna de Irina, na cama turca.
[210] Chora. Ólia enxuga suas lágrimas apertando sua cabeça. O violino se cala.
[211] Enxugando as lágrimas e acariciando do mesmo modo. Macha alisa as pernas de Irina.

---

70 Trata-se de uma sequência de verbos com prefixo "u", que lhes confere suavidade. Esse tipo de verbo foi comumente utilizado pelos poetas do romantismo. (N. da T.)

IRINA: Eu sempre esperei que nos mudássemos para Moscou, lá eu encontraria o meu verdadeiro amor, eu sonhava com ele, o amava... Mas era tudo bobagem [212], tudo bobagem...

OLGA (*abraçando a irmã*): Minha querida, minha irmã maravilhosa, eu compreendo tudo. Quando o barão Nikolai L'vóvitch deixou o serviço militar e veio à nossa casa usando um paletó, ele me pareceu tão feio que eu chorei. Ele perguntou: "Por que está chorando?" Mas como eu poderia responder? Mas se for a vontade de Deus que vocês se casem, eu vou ficar contente. Porque isso é outra coisa, totalmente diferente.

Natacha corta o palco com uma vela, da porta direita para a esquerda, em silêncio. [213]

MACHA (*senta-se*): Ela caminha como se tivesse causado o incêndio.

OLGA [214]: Você é boba, Macha. É a mais boba da família. Desculpe, por favor.

Pausa [215].

MACHA: Quero me confessar, minhas irmãs queridas. Meu coração está sofrendo. Vou confessar a vocês e a mais ninguém, nunca mais... Só um minuto. (*Baixo.*)[71] [216] Eu amo, amo... Amo uma pessoa... Vocês o viram agorinha... Bem... Em uma palavra, amo Verchínin!

OLGA (*vai para trás do biombo*) [217]: Pare com isso. De qualquer modo, eu não estou ouvindo.

MACHA: O que posso fazer? (*Leva as mãos à cabeça.*) No começo, ele me parecia estranho, depois eu tive pena dele... depois me apaixonei... me apaixonei por sua voz, por suas palavras, pelos infortúnios, as duas meninas...

OLGA [219] (*atrás do biombo*): Eu não estou ouvindo mesmo. Diga quantas besteiras quiser, pois eu não estou ouvindo mesmo.

---

71 Depois, acrescentaram-se neste trecho as seguintes palavras: "E o meu segredo, mas vocês devem saber tudo... Não posso me calar..." Não se sabe se antes ou após a montagem de Stanislávski. (N. da T.)

[212] Balança a cabeça desesperadamente.

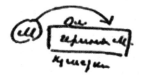

FIGURA 74

[213] Pausa. Batendo na porta, Natacha passa com uma vela. Está furiosa. Usa uma saia de tricô e uma blusa noturna, está de papelotes. Natacha está irritada com Ólia e, por isso, quase não olha para ela.
[214] Sem se mover, balançando Irina.
[215] Batida do relógio – 6 horas. O pequeno relógio está quebrado, não responde mais. Macha se levanta rapidamente, alvoroçada, decidida, nervosamente animada, se espreguiça nervosamente.
[216] Fica de joelhos, assim como Olga, perto da cabeceira de Irina, abraçando-a com um braço e Ólia com o outro. Fala baixo, aproximando a cabeça de Ólia e de Irina à sua. As cabeças das três irmãs estão próximas umas das outras.
[217] Liberta-se com cuidado e, tapando os ouvidos, vai para trás do biombo, em busca de um remédio.
[218] Ólia foi para trás do biombo em busca do remédio, Macha continua de joelhos em frente à cabeceira de Irina, sentada sobre suas pernas. Olha para cima sonhadora, com expressão de arrebatamento, lembra-se do peso de seu próprio romance.
[219] Atrás do biombo.

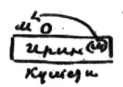

FIGURA 75

MACHA [220]: Ê, como você é esquisita[72], Ólia. Eu amo, esse é o meu destino. É a minha sorte. E ele me ama... [221] Isso é tão terrível? É? [222] Isso não é bom? [223] (*Pega Irina pela mão, atraindo-a para si.*) Oh, minha querida... o que estamos fazendo de nossas vidas, o que será de nós... Quando você lê um romance qualquer, tudo parece tão conhecido, tão claro, mas quando nós mesmos amamos, fica evidente que ninguém sabe de nada e que cada um deve decidir por si mesmo... [225] Minha querida, minha irmã... Eu me confessei, agora vou me calar... Agora vou ficar como um louco gogoliano: em silêncio, em silêncio... [226]

Andrei e, atrás dele, Ferapont [227].

ANDREI (*bravo*): Do que você precisa? Eu não entendo!

FERAPONT (*à porta, impaciente*) [229]: Eu, Andrei Serguêievitch, já falei umas dez vezes.

ANDREI [230]: Em primeiro lugar, eu não sou Andrei Serguêievitch para você, sou vossa excelência!

FERAPONT [231]: Os bombeiros, vossa excelência, pediram para atravessar o jardim para chegar ao rio. Senão vão ter de dar voltas e mais voltas – um verdadeiro castigo!

ANDREI: Está bem, diga que sim.

Ferapont sai [232].

Como aborrecem. [Onde] está Olga? [233]

Olga sai detrás do biombo.

Vim atrás de você para que me dê a chave do armário, eu perdi a minha! Você tem aquela chavinha.

Olga lhe dá a chave em silêncio. Irina vai para seu canto atrás do biombo. Pausa. [234]

ANDREI [236]: Mas que incêndio enorme! [+] Agora começou a se apagar. [+] Com os diabos! Ferapont me aborreceu e eu lhe disse uma bobagem... Vossa excelência...

---

72 Na versão final ficou: "Ê, como você é boba, Ólia." (N. da T.)

[220] Batendo com irritação sobre os próprios joelhos, levanta e vai com ânimo até Ólia. Deixou de lado o tom desesperado, decidiu.

[221] Ólia sai detrás do biombo com o remédio, pega um comprimido e um copo vazio e dirige-se ao lavatório. Macha a fez parar. Olhando-a timidamente nos olhos, pergunta seriamente, consertando a gola do casaco de Ólia.

[222] Triste e suavemente, Ólia beija Macha e vai ao lavatório, pega a jarra e começa a servir água. Macha se aproxima por trás até tocar, timidamente, a cintura de Ólia que, desse jeito, ficou de costas para a irmã.

[223] Ólia serve a água e, pensativa, sacode a cabeça negativamente, com delicadeza (dir-se-ia que está mal). Colocando a garrafa, vai apressadamente para junto de Irina. Macha vai atrás dela.

[224] Ólia senta-se na cama turca, dá um comprimido a Irina, dá-lhe água para beber. Macha, como antes, põe-se de joelhos perto da cabeceira de Irina. Macha fala e acaricia Irina suavemente, apoia sua cabecinha enfraquecida.

[225] Macha se avizinha do corpo de Ólia (Ólia está sentada e Macha, de joelhos). Ólia afaga suavemente a pecadora do mesmo modo como afaga a inocente. Beija Macha suavemente e a acaricia.

[226] Pausa – o grupo suave das três irmãs. Cinco segundos de pausa – passos, conversa. Andrei empurra a porta E, segue pelo corredor até a porta J.

[227] Indo pelo corredor, diz suas próprias palavras; ele começa a dizer o texto da peça quando se aproxima da porta J e abre-a. Andrei tem uma vela na mão. Quando as irmãs ouvem a voz de Andrei, Irina se levanta apressadamente e, com passos débeis, atravessa para detrás do biombo. As irmãs a amparam e, atrás do biombo, colocam-na na cama.

[228] Entreabrindo uma metade da porta, Andrei entra no quarto das irmãs; Ferapont para no corredor e estende apenas a cabeça para dentro do quarto.

[229] Ferapont fica um pouco zangado.

[230] Também se irrita.

[231] Ferapont perde o fôlego, desta vez ele veio correndo desde a cidade com essa missão.

[232] Andrei bate a porta, Ferapont vai embora.

[233] Andrei aproxima-se da escrivaninha.

[234] Pausa. Vai à escrivaninha, tira da gaveta um molho de chaves do claviculário e começa a desenrolar uma chave. Andrei transporta uma vela e a coloca sobre a escrivaninha. Espera, enquanto Ólia desenrola a chave.

[235] Ólia o tempo todo se retorce com as chaves. Andrei, à espera, sentou-se. Ele fica perturbado diante da irmã. De início adula, depois se irrita, fica nervoso.
Onde houver o sinal [+], pausa.

[236] Perturbado.

As Três Irmãs, de Tchékhov, Com as Partituras de Stanislávski

Pausa. [+]

Por que está calada, Ólia?

Pausa. [+] [237]

[235] Já está mais que na hora de vocês deixarem essas bobagens e de se agastarem desse jeito por nada. [+] Você está aqui [238], Macha, Irina também, então – ótimo – vamos esclarecer tudo, de uma vez por todas. O que vocês têm contra mim? O quê?
OLGA: Chega, Andriúcha. Vamos esclarecer amanhã. (*Perturba-se.*) Que tormento essa noite! [239]

ANDREI [240]: Não se altere, estou perguntando com a maior tranquilidade – o que vocês têm contra mim? Digam sinceramente!

Voz de Verchínin: "Tram-tam-tam!" [241]

MACHA (*levanta-se, em voz alta*) [242]: Tra-ta-ta! (*A Olga.*) [243] Até logo, Ólia, fique com Deus. (*Vai para trás do biombo e beija Irina.*) [244] Durma bem... [245] Adeus, Andrei [246]. Vá embora, elas estão exaustas... Amanhã vamos esclarecer tudo... (*Sai.*) [247]

[237] Senta-se de costas para o público e tamborila sobre a mesa.
[238] Murmura por trás do biombo.
[239] O tempo todo se retorcendo com as chaves.
NB: Vê-se, por detrás do biombo, que Macha estende o cobertor. Tira a saia (diz-se que despe Irina) e a pendura no biombo. Em suma, ela está cuidando de Irina. Embora isso não seja da sua natureza.
[240] Nervoso, voz chorosa. Batendo na mesa no compasso.

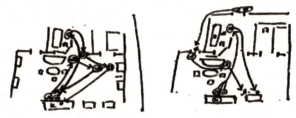

FIGURA 76

Irina se deita. Ólia sai detrás do biombo e Macha, atrás dela. Ólia volta ao arco com Macha. Ólia vai ao lavatório, Macha atrás dela. Ólia vai até a cama turca, senta-se nela, Macha também vai até lá e se ajoelha.
Irina, Macha e Ólia saem para trás do biombo e, lá, deitam Irina.

Ferapont e Andrei entram. Ferapont vai embora.

Andrei chama Ólia. Esta sai, procura a chave na mesa, tira a chave com o claviculário. Andrei se aproxima da escrivaninha, espera.

[241] Voz de Verchínin completamente inesperada (pergunta).
[242] Macha, como uma flecha, salta de detrás do biombo e responde.
[243] Macha, emocionada, corre para Ólia, que atirou as chaves sobre a mesa sem tirá-las do claviculário (Andrei fará isso durante a próxima cena). Ólia vai ao encontro de Macha, que a olha interrogativamente. Pausa. Ólia balança a cabeça cautelosamente. Macha sustenta o olhar, dá de ombros (ou seja, está esgotada). Abraça Ólia impetuosamente, com força. Fala.
[244] Corre apressadamente para trás do biombo, para junto de Irina e, lá, a abraça. Ólia fica triste.
[245] Macha vai apressadamente até Andrei, estende-lhe a mão. Neste tempo, Ólia vai à porta de saída.
[246] Macha diz as próximas palavras a caminho da porta. Vai apressadamente. Muito nervosa, excitada e impetuosamente.
[247] Pausa. Em frente à porta, Olga beija Macha ternamente, maternalmente. No fundo, ela a compreende, no fundo de seu coração, entende o que acontece e sabe que agiria da mesma maneira. Agora ela não a condena, mas sente pena. Por isso, beija-a ternamente, como uma mãe. Com um estrondo ao redor da casa, os bombeiros atravessam pelo pátio: bater dos pés, campainhas, gritos em duas vozes. Beijo de Ólia e Macha — ao fundo, este barulho. Macha sai. Ólia fecha a porta, vai até a mesa, cansada, e apaga a luz.

OLGA [248]: É mesmo, Andriúcha, vamos deixar para amanhã. (*Vai para o seu canto atrás do biombo.*) [249] É hora de dormir.

ANDREI: Só vou dizer e saio. Agora... Em primeiro lugar, vocês têm algo contra Natacha, minha mulher, e isso eu percebo desde o dia do meu casamento. E, se querem saber, Natacha é uma mulher maravilhosa, uma pessoa honrada, correta, generosa – em minha opinião. Eu amo e respeito minha esposa. Estão entendendo? Respeito e exijo que os outros também a respeitem. Repito, ela é uma pessoa honrada e generosa e, me desculpem, mas todos os seus descontentamentos são simplesmente caprichos ou pior – caprichos de solteirona. As solteironas nunca gostam da cunhada – via de regra[73].

[251] *Pausa* [252].

Trabalho no Conselho Municipal e considero meu dever tão sagrado e tão elevado quanto a ciência [253]. Eu trabalho no Conselho Municipal e me orgulho disso, se desejam saber...

Pausa [254].

Em terceiro... Eu ainda devo dizer que... Eu empenhei a casa sem pedir a permissão de vocês... Disso eu tenho culpa, sim, e peço que me perdoem. Fui levado a isso pelas dívidas... 35 mil... Eu não estou mais jogando, parei há tempos, mas, minha principal justificativa é que [256], é que... que... que vocês são moças, por assim dizer, e recebem pensão enquanto eu não tinha... salário, por assim dizer...

Pausa [257].

KULÍGUIN (*à porta*) [258]: Macha não está aqui? (*Alarmado.*) Então onde ela está? Que estranho... (*Sai.*) [259]

ANDREI: Não escutam[260]. Natacha é uma pessoa excelente, honrada. (*Caminha calado pelo palco e depois para.*) [261] Quando me casei,

---

73 Todo este trecho que se refere às solteironas foi retirado para a versão final. Não sabemos se entrou ou não na encenação de Stanislávski. (N. da T.)

FIGURA 77
Verchínin se aproxima da porta, grita. Macha salta, pergunta. Ólia vai ao seu encontro. Encontram-se. Ólia, com ar significativo, balança a cabeça. Macha passa por Irina, depois se despede de Andrei. Ólia vai até a porta e Macha se aproxima dela. Beijo. Passagem dos bombeiros. Andrei senta-se de costas para o público, tenta tirar a chave.

[248] Apaga o abajur.
[249] Dizendo, vai para trás do biombo, beija Irina, depois apaga a lamparina verde e vai para sua casinha atrás da cortina, onde acende uma vela. Deita-se.
[250] Escuridão.
[251] Em frente à cadeira, batendo com os dedos na cadência das palavras pronunciadas.
[252] Toma um gole.
[253] Irritou-se sem mais nem porquê.
[254] Bebe.
[255] Sentando-se no braço do sofá.
[256] Bebe.
[257] Bebe. Muito agitado.
[258] Corre batendo os pés pelo corredor, assoma na porta J, se esconde.
[259] Vai embora correndo pelo corredor.
[260] Bebe.
[261] Leva o copo para o lavatório.

eu pensava que nós seríamos felizes... Todos felizes... Mas, meu
[262] Deus... (*Chora.*) [263] Minhas irmãs queridas, amadas, não acreditem em mim, não acreditem... (*Sai.*) [264]

KULÍGUIN (*alarmado, à porta*) [265]: Onde está Macha? Não está aqui?
Mas que coisa espantosa! (*Sai.*)

Sinos. Cena vazia. [266]

IRINA (*de trás dos biombos*) [268]: Ólia! Quem está batendo no chão?

OLGA [269]: É o doutor, Ivan Románitch. Está bêbado.

IRINA [270]: Que noite agitada!

[267] *Pausa* [271]·

Ólia! (*Aparecendo por detrás do biombo.*) [272] Você ouviu? Vão tirar
de nós a brigada, vão para algum lugar distante.

OLGA [273]: São só boatos.

IRINA [274]: Nós vamos ficar sozinhas... [275] Ólia!

OLGA [276]: Hein?

IRINA: Minha querida, amável, eu respeito, eu estimo o barão, ele
é uma pessoa maravilhosa, eu concordo, me caso com ele, mas
[277] vamos para Moscou! Eu imploro, vamos! Nada no mundo é
melhor que Moscou. Vamos, Ólia! Vamos! [278]

Cortina.

[262] Anda, quase não contendo as lágrimas.
[263] Em frente à porta.
[264] Andrei não contém as lágrimas. Chora em frente à escrivaninha. Pranto abafado. Levanta, leva a vela, vai à porta. As próximas palavras são ditas em frente à porta. Sai apressadamente. Pausa. Ólia apaga a vela. Mexe-se na cama. Escuridão.
[265] Kulíguin, após a pausa – na porta Z; se esconde.

FIGURA 78
Macha sai. Ólia apaga o abajur. Passa na casinha de Irina, despede-se, apaga a lamparina. Vai para o seu cubículo, acende uma vela, despe-se.
Andrei se aproxima do lavatório, bebe água. Andrei vai para a mesa e bate, de costas, no ritmo das palavras. Andrei devolve ao lavatório o copo. Anda pelo quarto e senta-se em frente à escrivaninha. Chora. Andrei vai embora.

[266] Pausa de dez segundos. Batida no chão, forte.
[267] Na escuridão.
[268] Assustada.
[269] Tranquilizadora.
[270] Suspiro.
[271] Pausa de dez segundos.
[272] Pausa. <Ólia!>. Pausa. <Ólia!>. Olga responde.
[273] Com a voz débil, sonolenta.
[274] Suspiro.
[275] Pausa de cinco segundos.
[276] Sonolenta.
[277] Com voz débil, quase gemendo.
[278] Cinco segundos de pausa. Toca o grande sino ou passagem dos bombeiros. Pode ser a passagem de Natacha – de volta, com uma vela.

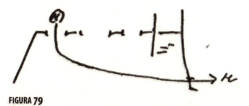

FIGURA 79

ESQUEMA CENOGRÁFICO DO ATO III

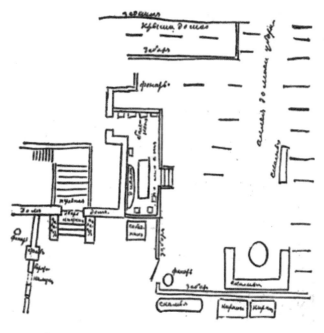

FIGURA 80

ACESSÓRIOS CÊNICOS DO QUARTO ATO

1. Folhas amarelas caídas.
2. Pá, vassoura.
3. Em frente à porta de entrada, um gancho (barulhento) e uma corrente.
4. Máquina fotográfica para Ferapont.
5. Eco da voz de Rodê.
6. Um caderninho de anotações com um lapisinho, embrulhados em papel, no bolso de Fedótik.
7. Pequeno baú de Tchebutíkin amarrado com uma corda.
8. Dois jornais para Tchebutíkin.
9. Repicar dos sinos – ao longe.
10. Bilha com leite coberta com um lenço (para a cozinheira).
11. Menininha figurante (criança que dorme no carrinho).
12. Carrinho de bebê com roda que chie e com capota de seda azul-escuro.
13. Piano ao longe.
14. Cachimbo e fumo para Tchebutíkin (cachimbo curto, de bolso).
15. Relógio e sua badalada.
16. Livro de recados ensebado (de Ferapont).
17. Velha pasta com papéis (dez folhas anotadas e com carimbos) dentro dela (para Ferapont).
18. Uma toalha comprida para arrastar o baú pesado.
19. Gansos voando (árvores e apitos de Os Solitários)[74].
20. Manta para Irina.
21. Harpa e violinista.
22. Pena e tinteiro para Ferapont.
23. Uma laranja para Ólia.
24. Bolsa com dinheiro para Ólia.
25. Na varanda – uma grande bola.
26. Na varanda – uma grande esfera de madeira.
27. Na varanda – pião (do primeiro ato).
28. Copo d'água e cálice com gotas para Kulíguin (colocar no varanda).
29. Frasquinho com gotas de louro e cereja.
30. Garfo sobre o banco.
31. Árvores – chilreio de gansos e gralhas (pássaros voando).
32. Lampião de rua no poste em frente ao jardim (antigo).
33. Lampião de rua antigo, atrás do portão.

Colar as rodas no carrinho para que não ranjam.

---

74 K. Stanislávski fala dos efeitos sonoros utilizados no espetáculo *Os Solitários*, de G. Haupt-mann (encenação do TAM de 1899). (N. da E. russa.)

As Três Irmãs, **de Tchékhov, Com as Partituras de Stanislávski**

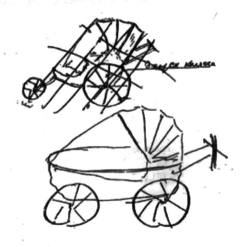

INÍCIO DO ATO

Outono. Está fresco, todos estão de capa (ainda de verão). Durante todo o ato, aqui e ali, caem folhas amarelas das árvores. A cortina se ergue enquanto se ouve o repicar dos sinos da igreja vizinha (após a missa, oração pela partida dos militares). Atrás do palco, as vozes: de Rodê, Irina, Fedótik e Kulíguin (acompanham Rodê e Fedótik à entrada principal).

1. Primeiro repique até o levantar do pano. Pausa de dez segundos. Cortina.
2. Segundo repique até a saída de dois oficiais, acompanhantes de Tuzembakh.
3. O ordenança de Tchebutíkin e o caseiro trazem um baú não muito grande, para a viagem (coisas de Tchebutíkin). Eles tiram o baú do apartamento de Tchebutíkin e colocam-no no chão, próximo à entrada. Enquanto carregam, Tchebutíkin surge na varanda de capote militar sobre os ombros. Assiste como carregam, desenrola o jornal e senta-se no fundo da varanda. O caseiro e o ordenança saem atrás de outro baú. Levam o baú ao mesmo tempo em que tocam, enquanto se abrem as cortinas.
4. Quando o caseiro e o ordenança tiverem saído, o primeiro oficial entrará rapidamente pela entrada principal (antes há o barulho do trinco da porta se abrindo), bate a porta e sai apressadamente pela portinhola.
5. Quando bate a portinhola, entra o segundo oficial, tira dinheiro do bolso da calça, às pressas, para a arrumadeira que o acompanha. Através da porta aberta veem-se descendo as pernas de Fedótik, Tuzembakh, Kulíguin, Irina e Rodê; ouvem-se suas vozes. Na porta aberta, o oficial saúda – e sai apressadamente. Fecha-se a porta.

6. O repicar dos sinos (do primeiro) termina.
7. Vozes atrás da porta. A porta se abre – entra aquele que foi cumprimentado, Fedótik e, atrás dele, Tuzembakh. Na varanda, eles se beijam calorosamente. Tuzembakh está emocionado. Fedótik coloca a máquina fotográfica cuidadosamente e arruma o cinto, o coldre etc. (termina de se vestir para a marcha militar).

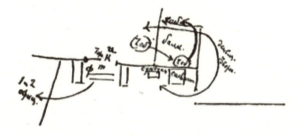

FIGURA 82
Passagem do primeiro e do segundo oficiais. Carregamento do baú pelo ordenança e pelo caseiro. Entrada de Tchebutíkin – observa como carregam, depois vai para o fundo da varanda, senta-se e lê. Entram Fedótik e Tuzembakh (Kulíguin, Irina e a arrumadeira estão atrás da porta).

NB: Da primeira coxia, à esquerda do público, um refletor – raio de sol – na entrada.
NB: Durante todo o ato caem do alto, em diferentes lugares, folhas amarelas.
Primeiro repicar dos sinos até que a cortina suba. Pausa de dez segundos.
Segundo repicar dos sinos – cortina (repicar dos sinos até a entrada de Ferapont e Tuzembakh).

Ato IV

O velho jardim da casa dos Prózorov. Uma longa alameda de abetos, no fim da qual se vê um rio. Do outro lado do rio há uma floresta. À direita está a varanda da casa. Ali, sobre uma mesa, há copos e garrafas indicando que tomaram champanhe. Meio-dia. De vez em quando, passam pelo jardim transeuntes que vêm da rua para o rio; cinco soldados passam apressados.

(Tchebutíkin, com um excelente humor que permanecerá durante todo o ato, está sentado em uma poltrona no jardim, esperando ser chamado. Está de gorro e com uma bengala. Irina, Kulíguin – com uma condecoração pendurada no pescoço e sem bigode – e Tuzembakh estão na varanda e se despedem de Fedótik e Rodê, que descem a escada; os dois oficiais estão usando uniformes de campanha.)

TUZEMBAKH (*beija Fedótik*): [1] O senhor é uma boa pessoa, sempre nos demos bem... (*Beija Rodê.*) [2] Mais uma vez, adeus, meu querido...

IRINA: Até a vista! [3]

[4] FEDÓTIK: Até a vista, não. É adeus mesmo, não nos veremos nunca mais!

KULÍGUIN: Quem é que sabe! (*Enxuga os olhos, sorrindo.*) [5] Veja, já estou chorando.

IRINA: Pode ser que nos encontremos [6].

FEDÓTIK: Daqui a quantos anos, dez, quinze? Não vamos reconhecer [7] um ao outro, vamos nos cumprimentar friamente... (*Tira uma fotografia.*) Parados. Mais uma última vez. [8]

RODÊ (*abraça Tuzembakh*): Não nos veremos mais. (*Beija a mão de* [9] *Irina.*) Obrigado por tudo, por tudo!

FEDÓTIK (*com irritação*): Esperem! [10]

TUZEMBAKH: Se Deus quiser, nos veremos [12]. Escrevam. Mas escre- [11] vam sem falta. [13]

RODÊ (*passando a vista pelo jardim*): Adeus, árvores! (*Grita.*) Ôoo, ôoo! (*Pausa.*) [14] Adeus, eco!

[1] Emocionado, aperta forte a mão.
[2] Beija Fedótik três vezes.
[3] Irina está atrás de Kulíguin, que ocupa a passagem da porta.
[4] Irina passa a mão através de Kulíguin. Ele beija sua mão.
[5] Kulíguin beija Fedótik três vezes. Ele está emocionado.
[6] Grita por trás de Kulíguin. Irina leva o lenço aos olhos, está emocionada.
[7] Kulíguin sai para o fonar; Irina está na porta. Fedótik desce a escada. Arruma-se e fala de costas para o público.
[8] Pausa. Fedótik se afasta e leva a máquina fotográfica; escolhe o lugar mais conveniente. Kulíguin faz uma pose. Tuzembakh se protege do Sol com a palma da mão. No instante em que Fedótik quer dar o clique, assim que tira a foto, fazendo um barulho, Rodê desce correndo as escadas, despede-se de Irina, beija-lhe a mão. Ele estragou todo o grupo e Fedótik se zanga.

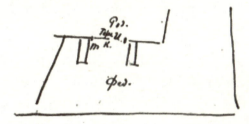

FIGURA 83

[9] Descendo as escadas com estrondo e beijando a mão de Irina.
[10] Pausa. Fedótik para de "arrumar" a máquina, até Rodê ter cumprimentado a todos. Rodê se esconde atrás da porta. Pausa. Fedótik arruma e tira (a foto).
[11] Rodê beija Kulíguin apressadamente; nesse momento, Tuzembakh diz: "se Deus quiser, nos veremos".
[12] Rodê beija Tuzembakh, que diz: "Escreva."
[13] Rodê, arrumando depressa o traje, salta as escadas e, apressadamente, abraça Fedótik, que está tirando sua fotografia (ele está no mesmo lugar e chacoalha o aparelho, como se algo nele não fechasse).
[14] Eco ao longe.

KULÍGUIN: Quem sabe não se casam lá na Polônia. A esposa polonesa vai dar um abraço e dizer "kokhane!"[75] (*Ri.*)

FEDÓTIK (*vendo as horas*): Temos menos de uma hora. Da nossa bateria, apenas Soliôni vai de balsa e nós com a nossa unidade. [15] Hoje vão partir três divisões de bateria e amanhã mais três – e na cidade vai reinar o silêncio e a tranquilidade.

TUZEMBAKH: E um pavoroso tédio. [16]

RODÊ: E onde está Maria Serguêievna? [17]

KULÍGUIN [18]: Macha está no jardim.

FEDÓTIK [19]: Quero me despedir dela... [20]

RODÊ: Adeus, é preciso partir, senão vou chorar... (*Abraça rapida-* [21] *mente Tuzembakh e Kulíguin, beija a mão de Irina.*) Foi maravilhoso vivermos aqui... [22]

FEDÓTIK (*a Kulíguin*) [23]: Isto é para o senhor, como lembrança... um caderninho com lápis... Nós vamos daqui até o rio. (*Ambos se afastam olhando ao redor.*) [24]

RODÊ (*Grita.*): Ôoo-ôoo!

KULÍGUIN (*Grita.*): Adeus!

No fundo do palco, Fedótik e Rodê encontram Macha e se despedem dela; ela sai atrás deles. [25]

IRINA: Foram. (*Senta-se no primeiro degrau da escada da varanda.*) [26] TCHEBUTÍKIN: Esqueceram de se despedir de mim.

IRINA: E o senhor, deles?

TCHEBUTÍKIN: Sim, eu também me esqueci. De qualquer modo, logo eu vou me encontrar com eles. Vou partir amanhã. Sim... Só mais um dia. Daqui a um ano me aposento, volto para cá e pas- [27] sarei o resto da minha vida com vocês... Falta um aninho para a aposentadoria... (*Guarda no bolso o jornal e tira outro dali.*) Volto para cá e mudo minha vida radicalmente. Serei quietinho, tran... tranquilo, bem tolerável...

IRINA: Precisaria mesmo mudar de vida, meu querido. De alguma maneira seria preciso.

---

75 Em polonês: "amado". (N. da T.)

[15] Durante a fala anterior de Kulíguin, Fedótik olha várias vezes para o relógio e põe-se a escutar se ele funciona ou não. Depois, Fedótik se aproxima da varanda e fica de costas para o público, "se arruma".
NB: Neste ato, todos os oficiais estão à entrada principal de uniforme de campanha e sobretudo.
[16] Levantando-se e apoiando na porta.
[17] Até aqui, Rodê passeou pelo jardim e despediu-se das árvores, sentando-se em cada banco.
[18] Rápido, sem pausa.
[19] Dá uma batida na própria testa.
[20] Começa a se apressar.
[21] Começou a se apressar e se despede umas cem vezes; e, também, Fedótik, atrás dele, se despede.
[22] Rodê vai e, atrás dele, vai Kulíguin.
[23] Fedótik, despedindo-se mais uma vez de Tuzembakh e Irina, alcança Kulíguin e tira do bolso um caderninho embrulhado.
[24] Vão pela alameda, Kulíguin vai atrás deles.

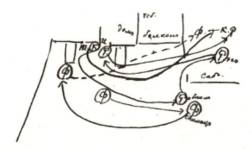

FIGURA 84
Fedótik passa fotografando. Vira-se para a varanda. Sai atrás de Kulíguin. Rodê entra pela entrada principal e se despede de todos. Corre até Fedótik e o abraça. Vai ao jardim (eco). Vai à varanda e se despede. Sai pela alameda e Kulíguin vai atrás dele pela entrada principal.

[25] Três repiques. O ordenança e o caseiro passam carregando o segundo caixote e colocam-no perto do primeiro. Tchebutíkin se levanta. Irina senta-se pensativa no parapeito da varanda. Tuzembakh apoia-se na porta, levanta-se e olha tristemente para Irina. Tchebutíkin, espreguiçando-se e bocejando e se espreguiçando, aproxima-se da frente do balcão. Irina nota-o e lhe diz: "Foram-se." O caseiro e o ordenança voltam. Ferapont entra pela portinhola, cumprimenta e entra pela porta principal.
[26] Irina senta-se com ar pensativo. Tchebutíkin se espreguiça.
[27] Tchebutíkin esconde um jornal, pega outro, senta-se, desdobra-o e lê.

TCHEBUTÍKIN: Sim, eu sinto isso. (*Cantarola baixinho.*)[76] Tarara... búmbia... sentado na tumba...[77]

KULÍGUIN: É um incorrigível, Ivan Románitch. Incorrigível.

[28] TCHEBUTÍKIN [29]: Bom seria ir aprender com o senhor. Então eu me corrigiria. [30]

IRINA: Fiódr tirou o bigode. Não posso nem olhar [31].

KULÍGUIN: E por quê [32]?

TCHEBUTÍKIN: Eu até diria com o que está parecendo o seu rosto, [33] mas não posso.

KULÍGUIN: Mas que coisa! A mim agrada, é o *modus vivendi*[78]. O nosso diretor tirou os bigodes e eu também tirei; quando me tornei inspetor, raspei. (*Ri.*) [34] Ninguém gosta, mas para mim tanto faz. Eu estou contente. Com bigode ou sem bigode eu estou contente... (*Senta-se.*) [35] (*No fundo da cena, Andrei empurra um carrinho de bebê.*) [36]

IRINA: Ivan Ranovitch, meu querido, meu irmão, estou terrivelmente inquieta. Ontem o senhor esteve no bulevar, não é? O que aconteceu lá? [37]

TCHEBUTÍKIN [38]: O que aconteceu? Nada. Besteira. (*Lê o jornal.*)

KULÍGUIN: Estão dizendo que Soliôni e o barão se encontraram ontem no bulevar perto do teatro... [39]

TUZEMBAKH: Pare! Para que ficar falando... (*Faz um gesto com o braço e vai para dentro da casa.*) [40]

KULÍGUIN: Perto do teatro... Soliôni começou a provocar o barão que não aguentou e acabou lhe dizendo uma ofensa...

TCHEBUTÍKIN: Não sei. Tudo isso é absurdo [41].

KULÍGUIN [42]: Certa vez, em uma aula, o professor anotou na composição de um aluno "absurdo" e o estudante leu "renyxa" e pensou

---

76 K. Stanislávski tirou o "baixinho" e acrescentou "folheando o jornal". (N. da E. russa.)

77 Para não perder o jogo sonoro, manteve-se a palavra russa "tumba", que quer dizer frade de pedra, que vem a ser uma "coluna de pedra que se usava nas esquinas das ruas, ou rodeando as praças etc., e ainda hoje se vê em entradas de becos, de portas etc. (em Port.) e à frente de casas comerciais de algumas povoações do interior (Bras.)" (*Caldas Aulete*, v. 3, 1958). (N. da T.)

78 Do latim *modus vivendi*: "modo de viver, estilo de vida". (N. da T.)

[28] Kulíguin volta após a despedida, aproximando-se de Tchebutíkin, cumprimentam-no.
NB: Tuzembakh durante todo o tempo tem o olhar inquieto, ele olha com frequência para o relógio e pigarreia de nervoso. Irina nota sua situação e olha-o também inquieta.
[29] Interrompe a leitura e cumprimenta.
[30] Kulíguin aproxima-se de Irina.
[31] Vira de costas.
[32] Parou, apalpa os bigodes.
[33] Interrompendo a leitura, através do pince-nez.
[34] Beija Irina, espetando-a com os bigodes; ela faz uma careta e se afasta.
[35] Kulíguin senta-se no parapeito.
[36] Andrei atravessa com o carrinho para o fundo do jardim. Irina olha inquieta para Tuzembakh, que sorri constrangido. Ela lhe estende a mão, ele a aperta e beija amorosamente. Irina está agitada.

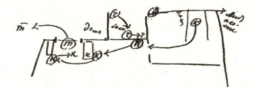

FIGURA 85
Tchebutíkin aproxima-se da parte dianteira do balcão e se espreguiça. Senta-se ao fundo, de frente para Irina.
Kulíguin volta, cumprimenta Tchebutíkin, vai até Irina, beija-a e senta-se no parapeito da escada. Saída de Tuzembakh. Kulíguin veste o casaco e troca de lugar com Irina.

[37] Tuzembakh está agitado, como se ele fosse deixar escapar. Ele e Kulíguin trocam olhares. Tuzembakh emite sinais a Tchebutíkin.
[38] Interrompendo a leitura, através do pince-nez.
[39] Olhando Tuzembakh com astúcia.
[40] Tuzembakh agita-se e se irrita; dá os ombros para Kulíguin. Irina fica alarmada.
[41] Folheia o jornal. Irina tira o lenço, nervosa.
[42] Ele está com frio, levanta e veste o casaco que estava, até este momento, jogado sobre os ombros.

que fosse alguma anotação em latim...[79] (*Ri.*)[43] É extremamente engraçado... É de se compreender... Dizem que Soliôni está apaixonado por Irina e tomou ódio pelo barão... Entende-se... Irina é muito boa moça. Ela, inclusive, se parece com Macha, até nesse jeito pensativo. Só que você, Irina, é mais dócil. Mas Macha também tem um gênio bom. Eu amo Macha. (*No fundo do jardim, fora de cena: "Ei! Ôoo-ôoo!"*) [45]

IRINA (*estremece*) [46]: Hoje tudo me assusta. (*Pausa.*) [47] Eu já estou com tudo pronto, depois do almoço já vou despachar minhas coisas. Amanhã o barão e eu nos casaremos e amanhã mesmo partiremos para a fábrica de tijolos. E depois de amanhã já estarei na escola e começarei uma nova vida. Que Deus me ajude! Quando consegui o diploma de professora, eu quase chorei de alegria... (*Pausa.*) Logo chegará um coche para pegar as coisas...

KULÍGUIN: É assim, mas, em certa medida, parece que não é muito sério. Apenas algumas ideias, mas pouco sérias. De qualquer modo, eu lhe desejo tudo de bom, de coração [51].

TCHEBUTÍKIN (*comovido*): Minha adorável, encantadora... Minha preciosa... Vocês foram longe... Não consigo alcançar. Eu fiquei para trás, como uma cegonha que envelheceu e não pode mais voar. Voem, queridas, vão com Deus. (*Pausa.*) [53] Perdeu seu tempo tirando o bigode, Fiódr Ilítch.

KULÍGUIN: Ah, chega.

TCHEBUTÍKIN: Agora sua esposa vai ter medo de você [54].

KULÍGUIN: Não. Bem, hoje vão todos embora e tudo vai voltar a ser como era antes. Digam o que quiserem, mas Macha é uma boa moça, uma mulher honrada, eu a amo muito e agradeço o meu destino... Cada um tem um destino diferente... Aqui no fisco, trabalha um certo Kozirev. Ele estudou comigo, foi expulso no

---

79 Em russo, a palavra "absurdo" é *tchepukhá*. Em cirílico se grafa чепуха. O aluno da história de Kulíguin teria lido essa anotação como se fossem letras do alfabeto latino, formando a palavra "renyxa", e por isso não entendeu que o professor comentava o absurdo de algum trecho de sua composição. Segundo relato do diretor russo de teatro Adolf Shapiro, durante trabalho com atores, em 2010, na Funarte-SP, nem mesmo os russos entendem a piada. (N. da T.)

[43] Risos. Senta-se perto de Irina, beijando-lhe a mão. Irina escuta agitada.
[44] Beijando e acariciando a mão de Irina.
[45] Depois das palavras "eu amo Macha", todos congelam por cinco segundos. Pausa. Grito, ao longe: "Ôoo-ôoo!"
[46] Irina, num ímpeto de nervosismo, estremece, volta-se para a direção do grito.
[47] Pela porta principal, o caseiro e o ordenança carregam um caixote (é o retrato do general empacotado) e duas cadeiras costuradas com junco. Irina e Kulíguin se levantam para ceder-lhes o lugar e afastam-se para o cercado. As cadeiras ficam ao lado dos baús. O caseiro e o ordenança saem para a casa, fecham a porta.
[48] Enquanto se afastam, Kulíguin faz ginástica entre as vigas da portinhola.
[49] Apoiando-se na cerca, enquanto passam com as coisas.
[50] Fazendo ginástica.
[51] Beija.
[52] Estica-se em direção a ela, no balcão e, debruçando-se, beija-lhe a cabeça e toma-lhe a mão. Beija.

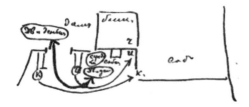

FIGURA 86
Kulíguin e Irina se afastam. O caseiro e o ordenança passam com as coisas.

[53] Quase sem pausa.
[54] Irina atravessa e se senta no lugar anterior. Kulíguin, falando, se aproxima do baú e verifica se as coisas estão bem embrulhadas.
[55] Verifica as coisas embrulhadas, depois se senta sobre o baú. Sobe a gola do casaco, mãos no bolso, balança as pernas. Frio. Kulíguin corrige o empacotamento.

quinto ano porque não havia jeito de aprender o *ut consecutivum*[80]. Agora vive numa terrível miséria, doente, e, quando o encontro, digo: "Olá, *ut consecutivum*." E ele responde, "sim, justamente, *ut consecutivum*"... E começa a tossir... Mas eu tive sorte a vida toda, sou feliz, recebi esta ordem de São Estanislau[81] de segundo grau e eu mesmo ensino aos outros esse tal *ut consecutivum*. É claro que sou um homem inteligente, mais inteligente do que muitos, mas a felicidade não está nisso... (*Pausa.*) |56| Há algo que me escapa[82].

Dentro da casa, tocam "A Prece da Virgem" ao piano.

IRINA: Amanhã à noite já não vou mais escutar "A Prece da Virgem", nem vou encontrar Protopópov... (*Pausa.*) |58| Está lá, sentado na sala de visitas, veio hoje também |59|.

KULÍGUIN: A diretorinha ainda não chegou?

IRINA: Não. Já foram atrás dela. Se soubessem como é difícil para mim ficar sozinha aqui, sem Ólia... Agora ela vive no ginásio, é diretora, fica ocupada o dia todo e eu fico sozinha, entediada, sem nada o que fazer. E odeio o quarto onde vivo... |61| Então eu decidi: se não posso ir para Moscou é porque deve ser assim. Deve ser meu destino. Não se pode fazer nada. Tudo é vontade de Deus, isso é certo: Nicolai L'vóvitch me pediu em casamento. E então? Eu pensei e... aceitei... Ele é uma boa pessoa, até demais... E de repente minha alma criou asas, eu passei a me sentir alegre, fui ficando leve e voltei a ter vontade de trabalhar... Só que ontem aconteceu alguma coisa e um mistério paira no ar....

TCHEBUTÍKIN |62|: Renixa. Absurdo |63|.

NATACHA (*da janela*)[83]: A diretora!

---

80 A partícula *ut*, no latim, é empregada como conjunção consecutiva. (N. da T.)

81 Trata-se de uma condecoração sem muita importância concedida a funcionários da burocracia antes da Revolução. (N. da T.)

82 Essa última fala não entrou na versão definitiva do texto. (N. da T.)

83 "NATACHA (*na janela*)" foi tirada. Essa fala foi dada a Kulíguin. (N. da E. russa.)

[56] Alguns acordes no piano.
[57] Música.
[58] Pausa. Tchebutíkin folheia o jornal, olha o relógio, encosta-o na orelha e cantarola "A Prece da Virgem". Passagem da triste Macha ao longe.
[59] Pausa. Kulíguin cantarola, balança as pernas.
[60] Cobre-se com um xale ou casaquinho.
[61] Pausa. A cozinheira entra pela portinhola fazendo soar o ferrolho; tem a cabeça e o tronco cobertos por um xale. Carrega uma vasilha com leite, coberta com um lenço limpo. Ela passa através de toda a cena, cumprimentando respeitosamente (respondem-lhe a saudação, Kulíguin tira, negligentemente, o chapéu). A passagem é feita na explicação das seguintes palavras "nosso jardim é uma passagem pública95" (Essa passagem refere-se a uma fala de Olga, muito mais adiante. Não se compreende o que Stanislávski pretendia aqui. [N. da T.]) Na explicação da passagem no duelo.
[62] Levanta-se e sai para dentro de casa.
[63] Entrada de Ólia de chapéu, sobretudo, sombrinha e luvas. Envelheceu, tem outro penteado. Irina e Kulíguin se levantam. Kulíguin antecipa-se, primeiro beija a mão e depois os lábios. Irina o beija. Falam algo em voz baixa. Vão para a casa.

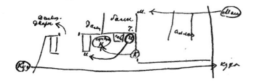

FIGURA 87
Irina volta para o lugar anterior. Kulíguin atravessa até o baú. Passagem da cozinheira e de Macha.

KULÍGUIN: Vamos, a diretora chegou. (*Sai com Irina para dentro da casa.*)

TCHEBUTÍKIN (*lê o jornal*) [65]: Sim, o que dizer, Ivan Románitch, já faz tempo que é hora de mudar de vida?[84] [66] (*Cantarola.*) Ta-ra--ra... búmbia... eu, sentado na tumba... [67]

Macha se aproxima; Andrei está ao fundo [*empurrando o carrinho de bebê.*] [68]

MACHA: Está aqui sentado, vive sentado... [69]

TCHEBUTÍKIN: E daí? [70]

MACHA (*sentando-se*) [71]: Nada... (*Pausa.*) [72] O senhor amava minha mãe? [73]

TCHEBUTÍKIN [74]: Muito [75].

MACHA: E ela o amava?

TCHEBUTÍKIN (*depois de uma pausa*) [76]: Disso não me lembro mais [77].

MACHA [78]: O meu está aqui? Era assim que, em outra época, nossa cozinheira Marfa falava de seu marido, que era guarda: o meu [79]. O meu está aqui?

TCHEBUTÍKIN [81]: Ainda não [82].

MACHA [83]: Quando conquistamos a felicidade aos poucos, parte a parte, e depois a arrancam de nós, vamos pouco a pouco endurecendo, nos tornando amargos, como a cozinheira... (*Apontando o próprio peito.*) [84] Está ardendo aqui... [85] Eu daria uma surra

---

84 Essa fala de Tchebutíkin também não se encontra na versão final da peça. (N. da T.)

[64] Pausa. Tchebutíkin, que fora atrás de um cachimbo, sai na varanda enchendo o cachimbo, jornais nas mãos. Olhou de passagem para o outro lado do rio – fala. Olha – não há ninguém; vê as horas, senta-se no banco perto da cerca. Penteia a barba.
[65] Vai enchendo o cachimbo, desce para a varanda.
[66] Vê que foram embora. Olha as horas.
[67] Penteia a barba. Cessa a música.

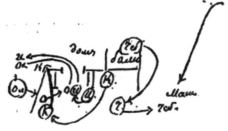

FIGURA 88
Ólia entra pela portinhola. Kulíguin a encontra primeiro. Ólia vai até Irina, se abraçam, conversam, saem. Kulíguin vai atrás delas. Tchebutíkin entra, fala, vê que não há ninguém. Senta-se no banco. Macha entra pela alameda.

[68] Pausa. Ferapont entra pela portinhola. Toca, empurra a porta – ela está aberta –, ele entra na casa, com um livro de recados e uma pasta com papéis. Macha caminha pela alameda, sempre respirando fundo, esfregando a testa, olhando para todos os lados como se tentasse se lembrar de algo. Com um ímpeto, olha as horas. Muito nervosa, sempre pensativa e distraída. Caminha até a cerca, quando está quase trombando, avista Tchebutíkin.
[69] Está distraída. Olha para a portinhola. Está muito atenta às horas.
[70] Inclina-se para trás, tentando alcançar-lhe o braço.
[71] Olha para ele com assombro, esquecendo-se do que lhe perguntara.
[72] Caminha impetuosamente, para, suspira e esfrega a testa.
[73] Fica na portinhola, no jardim, olha para a entrada.
[74] Sentimental.
[75] Pausa. Tchebutíkin tem o rosto ditoso, sonhador.
[76] Um pouco desconcertado. Olha acanhadamente para Macha.
[77] Abrindo o jornal. Pausa.
[78] Macha, impetuosamente-distraidamente, aproxima-se dos baús, toca-os.
[79] Cautelosamente.
[80] Uma harpa e um violino ao longe.
[81] Olha para Macha cautelosamente, interessado.
[82] Pausa. Macha vira-se rapidamente, vai para o jardim e para perto da grade. Põe os dois braços sobre a grade e o queixo sobre as mãos. Olha distraidamente para o público.
[83] Suspira pesadamente.
[84] Endireitando-se rapidamente, suspira, esfrega a testa. Gestos de aflição no lugar.
[85] O ranger do carrinho de bebê ao longe.

em nosso irmão [86], Andriúchka. Como se presta ao ridículo [87]. Todas as esperanças se perderam. Milhares de pessoas levantaram um sino, isso custou muitos esforços e dinheiro. E, de repente, ele cai e quebra... [88] De repente, sem mais nem por quê[85] [89].

Andrei traz o carrinho [90].

ANDREI: E quando, finalmente, a tranquilidade voltará a essa casa? Está uma barulheira.

[80] TCHEBUTÍKIN: Logo. (*Vê as horas.*) [91] Meu relógio é antigo, bate as horas... (*Dá corda, o relógio toca.*) A primeira, a segunda e a quinta baterias sairão exatamente a uma hora. (*Pausa.*) E eu, amanhã.

ANDREI: Para sempre?

TCHEBUTÍKIN: Não sei. Pode ser que volte em um ano.

Ouve-se que, em algum lugar ao longe, tocam uma harpa e um violino.

ANDREI: A cidade vai ficar deserta. Como se a cobrissem com uma redoma. (*Pausa.*) [92] Ontem aconteceu alguma coisa perto do teatro, estão todos falando, mas eu não sei de nada.

---

85 O texto final de Tchékhov traz pequenas alterações nessa fala de Macha. (N. da T.)

[86] Olha em direção a Andrei.
[87] Suspiro. Braços novamente na grade e queixo nas mãos.
[88] Andrei surge na alameda com o carrinho de bebê.
[89] Olha com desprezo para a entrada de Andrei, suspira, vira-se bruscamente, esfrega a testa e vai até a entrada da portinhola.
[90] Pausa. Tchebutíkin lê o tempo todo. Macha foi rapidamente para a entrada da portinhola, entreabriu, enfiou a cabeça e olha se Verchínin não vem. Permanece assim por algum tempo, suspira, examina Andrei e os que trazem o baú, e sai para a rua batendo a portinhola. Enquanto isso, Andrei aproximou o carrinho e cumprimentou Tchebutíkin. Tchebutíkin deixa de ler, põe-se em pé no banco, inclina-se através da cerca para o jardim e chama, estalando (os dedos), a criança, entreabrindo a cortina do carrinho e mostrando o relógio à criança. Desse jeito, ele fica de costas para o público. Enquanto isso, o ordenança, Ferapont e o caseiro trazem, pela entrada principal, um grande baú ou caixote. Eles fazem barulho e falam ao mesmo tempo "mais baixo, mais baixo, deixe, não aperte" etc.; provavelmente o baú é muito pesado. Escolher o tempo, quando vai ser possível que Andrei fale, provavelmente, quando puseram o baú. Aqueles que o trouxeram ficaram algum tempo no mesmo lugar – enxugando-se após o trabalho pesado –, não podem tomar fôlego. Depois eles vão embora e fecham a porta principal. Ferapont saúda Andrei e sai apressadamente atrás dos papéis.
NB: Trazem o baú pesado sobre uma toalha.

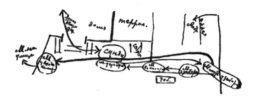

FIGURA 89
Passagens de Macha: próxima à cerca, na portinhola do jardim, perto dos baús, perto da cerca novamente, em frente à entrada da portinhola, na rua.
Entrada do baú e entrada de Andrei.

[91] Tira o relógio e mostra à criança.
[92] Andrei se sentou segurando o carrinho. A música para.

TCHEBUTÍKIN: Não foi nada. Bobagem. Soliôni provocou o barão que se enfureceu e o insultou e, para terminar, Soliôni acabou o desafiando para um duelo. (*Vê as horas.*) [94] E acho que está na hora... Vai ser a uma e meia, no bosque público. Dá para ver daqui, do outro lado do rio... Pif-paf! (*Ri.*) [96] Soliôni pensa que é um Liérmontov, até escreve uns versos [98]. Bem, brincadeiras à parte, ele já está em seu terceiro duelo.

MACHA: De quem? [99]

TCHEBUTÍKIN: De Soliôni.

MACHA [100]: E do barão? [101]

TCHEBUTÍKIN: Do barão o quê? (*Pausa.*) [102]

MACHA [103]: Está tudo emaranhado na minha cabeça [104]. Estou querendo dizer que isso não deveria ser permitido, ele pode ferir ou até matar o barão.

TCHEBUTÍKIN [105]: O barão é uma boa pessoa, mas um barão a mais, um barão a menos – não é a mesma coisa? Tanto faz! [106]

De trás do jardim, um grito "Ei! Ôoo-ôoo!" [107]

Que espere... [108] É Skvôrtsov gritando, é o padrinho do duelo. Está de barco... (*Boceja.*)

ANDREI [109]: Para mim, participar de um duelo ou mesmo presenciar um, mesmo na qualidade de médico, é simplesmente imoral...

TCHEBUTÍKIN [110]: Apenas parece ser... Não há nada no mundo, nem mesmo nós, nós não existimos, apenas parece que existimos...

MACHA [111]: Passam o dia todo falando, falando... (*Vai.*) Vive-se em tal clima que pode começar a nevar que todos continuarão com essas conversas... (*Parando.*) [112] Eu não vou para a casa, não posso ir para lá... [113] Quando Verchínin chegar, avise...

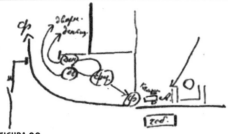

FIGURA 90
Entrada de Andrei com o carrinho de bebê, saída do ordenança e do caseiro. Cumprimento de Ferapont. Sua saída em busca dos papéis.

[93] De costas para o público.
[94] Volta o rosto para o público. Vê as horas.
[95] Está nas pontas dos pés, olhando ao longe com a palma da mão sobre a testa.
[96] Passagem de um vendedor ambulante (para explicação do segundo movimento da rua, onde ocorrerá o duelo entre Tuzembakh e Soliôni). Essa passagem não ficou clara com nosso cenário, com nosso espaço apertado. O vendedor ambulante com seu tabuleiro na cabeça passa e diz: "frutas frescas, maçãs, laranjas, peras boas, limões!" Andrei e Tchebutíkin entreolham-se. Andrei sacode a mão – ele passa. Macha abre a portinhola, sai, impetuosamente; olha a rua.
[97] Veste o sobretudo nos braços – frio.
[98] Macha bate a portinhola e vai repentinamente.
[99] Para distraída, pensando em outra coisa. Olha para Tchebutíkin como que pela primeira vez. Andrei se levanta e, de modo indeciso, culpado, estende-lhe a mão.
[100] Cumprimentando Andrei, distraidamente, sem beijar.
[101] Dando a mão a Tchebutíkin, distraída.
[102] Admirado.
[103] Agitou a mão, lembrou que estava vendo Tchebutíkin. Esfrega a testa.
[104] Apoiando os cotovelos na cerca. Olhando para baixo, distraída.
[105] Folheando o jornal.
[106] Andrei, se sentando, olha para Macha afetuosamente e com culpa.
[107] Pausa. Após a pausa, grito ao longe. Imediatamente todos estremecem, olham ao redor. Macha olhou de longe, respirou fundo, esfregou a testa e foi, distraidamente, para a varanda. Senta ali, apoia as mãos e o queixo sobre a balaustrada do balcão, olha para a terra.
[108] Tchebutíkin vira-se no grito, interrompendo a leitura. Depois, faz um meneio com a cabeça e retoma a leitura.
[109] Sem pausa. Andrei fica sentado balançando o carrinho, embalando o bebê. Apoia o cotovelo esquerdo na cerca e deita nele a cabeça.
[110] Olhou para Andrei através dos óculos (do pince-nez), desistiu.
[111] Endireita-se impacientemente, dá um profundo suspiro e esfrega a testa.
[112] Passam cegonhas voando. Macha levanta-se num ímpeto.
[113] Vai até a escada do balcão.

(*Vai em direção à alameda.*) [114] Como voam os pássaros migrantes... (*Olha para cima.*) São cisnes ou gansos... [115] Meus queridos, felizes... (*Sai.*) [116]

ANDREI: Nossa casa vai ficar deserta. Os oficiais vão partir, o senhor também e minha irmã vai se casar; eu vou ficar sozinho nessa casa.

TCHEBUTÍKIN: E sua esposa?

[*Entra Ferapont com papéis.*]

ANDREI: A esposa é a esposa. Ela é honesta, honrada, bondosa, mas há [117] alguma coisa nela que a rebaixa até um animal cego, pequeno. Não é, de qualquer modo, um ser humano. Pode ser que eu esteja sendo injusto, mas então, que seja. Eu falo porque é um amigo, é a única pessoa a quem posso abrir meu coração. Eu amo Natacha, é fato, mas, às vezes, ela me parece extremamente vulgar. Então eu me perco e não entendo por que e para que a amo... ou, pelo menos, amei [118].

TCHEBUTÍKIN (*levanta-se*) [119]: Meu irmão, amanhã eu vou embora, pode ser que nunca mais nos vejamos, então, eis o meu conselho. Sabe, [120] chapéu na cabeça, bengala na mão e vá embora... Vá embora, vá, vá sem se virar para trás. E quanto mais longe você for, melhor [121].

Soliôni passa com dois oficiais no fundo do palco; ao ver Tchebutíkin, *vem até ele, enquanto os oficiais seguem adiante.*

SOLIÔNI: Está na hora, doutor! [122] Já é uma e meia. (*Cumprimenta Andrei.*)[86]

TCHEBUTÍKIN: Já vou. Vocês todos me aborrecem [123]. (*A Andrei.*) Se alguém perguntar por mim, Andriúcha, diga que volto logo... (*Suspira.*) Ha, ha, ha... [124]

SOLIÔNI: Não esperou que desse um ai e o urso pulou em cima dele. (*Vai com ele.*) [125] Por que está gemendo, velho?

TCHEBUTÍKIN: Anda! [127]
[126] SOLIÔNI: Como vai a saúde?
TCHEBUTÍKIN (*irritado*): Às mil maravilhas.

---

86 Alteração de K. Stanislávski: "Cumprimenta Tchebutíkin." (N. da E. russa.)

[114] Olha para cima, permanecendo na escada.
[115] Balançando tristemente a cabeça. As lágrimas brotam.
[116] Suspiro. Sacode e meneia a cabeça, esfrega a testa, sai rapidamente.
[117] Fumando um cigarro de palha.
[118] Batida atrás da portinhola.
[119] Volta-se na direção da batida, levanta-se resolutamente, vê as horas e guarda os jornais no bolso.
[120] Enquanto olha as horas e guarda os jornais.
[121] Vai para a varanda.

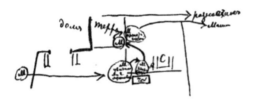

FIGURA 91
Macha sai da portinhola, vai até a portinhola do jardim, vê Andrei e Tchebutíkin. Macha os cumprimenta. Vai para o balcão. Macha, na escada do balcão, olha a passagem dos gansos. Sai.

[122] Sacode a cabeça.
[123] Agita os braços, vai para o quarto e para.
[124] Vai, gemendo, para o quarto.
[125] Cumprimenta Andrei. Tchebutíkin sai com uma bolsinha e guarda algo nela.
[126] Soliôni fica esperando na escada da varanda, apoiando-se no pilar.
[127] Tchebutíkin sai de novo para o quarto, esqueceu algo e já voltou e fechou a bolsa.

SOLIÔNI: Está nervoso à toa, velho. Eu me permitirei pouca coisa, apenas matá-lo como a uma galinhola. (*Pausa.*) Lembra-se dos versos? E ele busca, rebelde, a tempestade, como se na tempestade houvesse o repouso [129].

TCHEBUTÍKIN: Sim. Não esperou que desse um ai e o urso pulou em cima dele. (*Sai com Soliôni.*)

[128]

Ouvem-se os gritos: "Ôoo-ôoo! Ei! [130]

FERAPONT: Papéis para assinar...

ANDREI (*nervoso*) [131]: Deixe-me! Deixe-me! Estou implorando! (*Sai com o carrinho.*) [132]

FERAPONT [133]: Mas são para isso, os papéis, para serem assinados... (*Sai para o fundo da cena.*) [134]

Entram Irina e Tuzembakh, que usa um chapéu de palha. Kulíguin atravessa o palco, gritando: "Ei! Macha, ei!" [135]

Verchínin está de uniforme de parada militar, próximo a portinhola. Ferapont, com uma pasta em uma das mãos e pena e tinteiro na outra, abre para ele. Verchínin sai apressado. Ferapont procura por Andrei enquanto fecha a portinhola. Ao vê-lo, vai ao seu encontro. Ferapont leva os papéis (pasta), a pena e o tinteiro.

TUZEMBAKH [136]: Parece que ele é a única pessoa na cidade que está feliz com a partida dos militares.

IRINA [138]: É de se entender. (*Pausa.*) Agora nossa cidade vai ficar deserta.

[137]

TUZEMBAKH (*olhando as horas*) [139]: Querida, eu já volto.

IRINA [140]: Aonde você vai? [141]

TUZEMBAKH [142]: Eu preciso ir até a cidade para e depois... [143] vou me despedir dos companheiros.

[128] Em frente ao pilar, na escada. Abotoando o casaco.
[129] Soliôni vai se despedir de Andrei.
[130] Saem. Entrada de Verchínin e Ferapont. Enquanto Ferapont caminha, gritos: "Ôoo, ei!"
NB: Soliôni está muito vivaz, embora tranquilo, quase majestoso. Ele fuma o tempo todo com uma boquinha apertada.

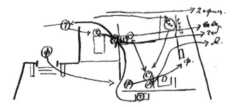

FIGURA 92
Tchebutíkin vai à varanda e, vendo Soliôni, para na escada. Tchebutíkin vai embora para casa. Volta e pega uma bolsa que está sobre a mesa (sai mais uma vez e volta). Sai com Soliôni. Entrada de Soliôni e passagem dos oficiais. Soliôni cumprimenta Andrei. Soliôni está perto da pilastra do balcão esperando Tchebutíkin. Soliôni se despede de Andrei e sai. Andrei leva embora o carrinho, Ferapont entra e depois se senta no banco.

[131] Sai do estado meditativo.
[132] Leva embora o carrinho de bebê.
[133] Atrás dele, estendendo os papéis.
[134] Deixar sair ao mesmo tempo, sem demora – Kulíguin, para a varanda, e Tuzembakh e Irina, da porta principal.
[135] Sai para o jardim à direita do público. Irina está na porta com uma manta sobre os ombros, Tuzembakh está de sobretudo e chapéu.
NB: Tuzembakh está muito nervoso, o olhar vagueia. Com frequência, ele tosse nervosamente, pisca os olhos e engole a saliva. Tem um ar pensativo, faz gestos involuntários com as mãos (pequenos gestos). Às vezes, para os olhos sobre algum objeto e volta rapidamente. Às vezes se esforça para sorrir redobrado, mas o sorriso resulta um tanto torcido e ele muda rapidamente para uma expressão séria. Irina também está nervosa, concentrada. Acompanha cada gesto dele. Ela sabe tudo, sabe para onde ele vai ou intui em grande medida. Ela não tem energia suficiente para deter o duelo, mas pode ser que ela entenda, como uma senhorita de regimento, que não se pode detê-lo.
[136] Beijando a mão.
[137] Irina espia por detrás da porta e Tuzembakh apoia-se na outra metade da porta, olha para Irina. Pausa. Súbito, Tuzembakh dá uma olhada rápida para a rua, inquieto.
[138] Espiando por detrás da porta.
[139] Olhando as horas, nervosamente, de tempos em tempos, começa a se apressar.
[140] Impetuosamente.
[141] Tuzembakh foge do seu olhar, engole a saliva com frequência.
[142] Começa a sorrir.
[143] Com seriedade.

IRINA: É mentira… [144] Nikolai, por que você está tão distraído hoje? (*Pausa.*) [145] O que aconteceu perto do teatro?

TUZEMBAKH (*com um gesto impaciente*) [146]: Em uma hora estarei de volta e ficarei com você. (*Beija-lhe a mão.*) Minha amada. (*Olha atentamente para seu rosto.*) [147] Já faz cinco anos que eu a amo e ainda não consigo me acostumar, e você me parece ainda mais bonita. Que cabelos maravilhosos, encantadores! Que olhos! Amanhã lhe levarei embora, nós vamos trabalhar, seremos ricos, meus sonhos vão renascer! Você vai ser feliz. Há apenas uma coisa, só uma coisa: você não me ama!

IRINA [149]: Isso está fora do meu alcance [150]. Eu serei sua esposa fiel, submissa, mas não há amor, o que posso fazer? (*Chora.*) [151] Eu não amei nem uma vez na vida. Oh, eu sonhava com o amor, eu sonho há muito tempo, noites e dias, mas meu coração é como um piano trancado, cuja chave está perdida. (*Pausa.*) [153] Você está com o olhar inquieto…

TUZEMBAKH [155]: Eu não dormi a noite toda. Em minha vida não há nada tão terrível que possa me assustar, apenas essa chave perdida que me tortura a alma e não me deixa dormir… [156] Diga alguma coisa.

IRINA: O quê? O quê? Há um mistério pairando sobre tudo, essas velhas árvores que estão aí em silêncio… (*Deita a cabeça em seu peito.*) [157]

TUZEMBAKH: Diga alguma coisa[87].

IRINA: Dizer o quê? O quê?

TUZEMBAKH: Qualquer coisa.

IRINA: Chega! Chega! (*Pausa.*) [158]

TUZEMBAKH: São ninharias, ideias bobas, que às vezes, sem mais nem menos, ganham importância na vida. Rimos delas, como antigamente, consideramos que são bobagens e, mesmo assim, nos deixamos levar e sentimos que somos incapazes de parar [160]. Oh, não vamos falar sobre isso [161]! Estou alegre! É como se pela

---

87 Essa fala de Tuzembakh e a fala anterior de Irina não constam na versão final. (N. da T.)

[144] Olhando fixamente e sacudindo negativamente a cabeça. Ele se desprende. Ela sai para a varanda.

[145] Tuzembakh sempre desviando o olhar. Fecha o xale perturbada. Tira-o e se enxuga.

[146] Sorriso reforçado. Beija a mão.

[147] Congela na pose, olhando para ela. Ela o acaricia.

[148] Tuzembakh acaricia Irina, arruma seus cabelos, cobre-a melhor com a manta, beija cada um dos dedos de sua mão. Irina, concentrada, não tira os olhos de Tuzembakh.

[149] Baixa os olhos cautelosamente.

[150] Arrumando-lhe, com cuidado, a gola. É difícil para ela dizer isso.

[151] Vira-se de costas rapidamente e enfia a mão no bolso atrás do lenço. Pausa. Chora. Tuzembakh, com ar pensativo.

[152] Virada, ocupada com o lenço.

[153] Uma música próxima. Harpa e violino. Irina vira-se.

[154] Música. Harpa e violino.

[155] Aperta a testa.

[156] Puxa Irina para si pela manta.

[157] Deita a cabeça em seu peito; ele a abraça.

[158] Perturba-se, sofre, mais uma vez esconde dele o rosto, deixando-o no peito.

[159] Acaricia Irina na cabeça. Ela fica o tempo todo grudada em seu peito.

[160] Estremece, beija-lhe a mão impetuosamente.

[161] Procura sorrir.

[162] Ficando muito animado, sobe o tom, reaviva.

primeira vez na vida eu visse esses abetos, esses bordos, essas bétulas e, ao mesmo tempo, é como se tudo me olhasse com curiosidade e espera! Como são bonitas essas árvores e como deve ser maravilhosa a vida ao lado delas! (*Grito: "Ei! Ôoo-ôoo."*) [163] Preciso ir, já está na hora… [164] Veja essa árvore – secou e, mesmo assim, continua aqui com as outras, balançando ao vento. Assim, se eu morrer vou continuar a participar da vida, de uma maneira ou outra [166]. Adeus, minha querida… (*Beija-lhe a mão.*) [167] Seus papéis, aqueles que você me deu, estão em minha mesa, debaixo do calendário [169].

IRINA [170]: Então eu vou com você…

TUZEMBAKH (*estremece*) [171]: Não, não! (*Vai rapidamente e para na alameda.*) [172] Irina!

IRINA: O quê?

TUZEMBAKH (*sem saber o que dizer*) [173]: Eu não tomei café hoje. Peça para passarem um para mim… (*Sai rapidamente.*) [174]

Irina permanece pensativa [e depois sai para o fundo da cena onde se senta no balanço; entra Andrei com o carrinho de bebê; surge Ferapont.] [175]

FERAPONT: Andrei Serguêitch, esses papéis não são meus, são da receita. Não fui eu quem inventou… [176]

ANDREI: Oh, onde ele está? Para onde foi o meu passado, quando eu era jovem, alegre, inteligente, quando eu sonhava e tinha pensamentos elevados, quando o presente e o futuro eram cheios de luz e de esperança? Por que é que nós, recém-chegados à vida, já nos tornamos tediosos, insossos, desinteressantes, indolentes, indiferentes, inúteis, infelizes…? Nossa cidade existe há duzentos anos, tem cem mil habitantes e nenhum que não se pareça com os outros, não, nem nunca houve nenhum herói, nenhum cientista, nenhum pintor, nenhuma pessoa minimamente notável [178] que desperte um pouco de inveja ou um desejo ardente de imitá-la… [179]. Apenas comem, bebem, dormem e, depois, morrem [180]; e nascem outros que também comem, bebem, dormem e, para que não morram de tédio, para variar um pouco, dedicam-se a mexericos vis, à vodka,

[163] Fica, imediatamente, inquieto. Aguça o ouvido. Irina olha para ele inquieta.

[164] Rapidamente beija-lhe a mão, desce, segura na maçaneta da portinhola e gira-a. Irina desce correndo, com o olhar inquieto, pega-o pelo braço e o detém. Tuzembakh sorri contra a vontade. Irina o abraça e deita a cabeça em seu peito. Tuzembakh olha pensativo na direção do jardim.

[165] Abraçando-a.

[166] Pausa. Estremece, se apressa.

[167] Beija-lhe a mão fortemente.

[168] Assomando por detrás da cerca.

[169] Vai.

[170] Impetuosamente. Sem deixar que a portinhola se feche.

[171] Atrás da portinhola.

[172] Irina permanece diante da portinhola por algum tempo, depois vai, pensativa, para a entrada principal. Tuzembakh volta.

[173] Fala, mostrando a cabeça por trás da portinhola.

[174] Bate a portinhola.

[175] Vai para a casa devagar, pela entrada principal, olhando para o lado da partida. Cinco segundos após as últimas palavras de Tuzembakh, Andrei empurra o carrinho.

[176] Andrei para e suspira pesadamente. Pega os papéis e dá uma olhada.

[177] Levanta, deixa o papel e fala com Ferapont. Com a outra mão, segura o carrinho e embala o bebê.

[178] A música para.

[179] Tuzembakh passa por trás apressadamente, com medo de ser notado. Ele vê Andrei, aproxima-se dele, beija-o com força e também a Ferapont. Sai rapidamente. Andrei segue-o com o olhar e começa a falar.

[180] Suspiro profundo. Passa maquinalmente o papel para Ferapont e empurra o carrinho.

[181] Enquanto empurra o carrinho e o conduz através da portinhola do jardim, Ferapont, com os papéis e a pena com tinteiro, vai atrás dele.

As Três Irmãs, de Tchékhov, Com as Partituras de Stanislávski

ao carteado, aos litígios... e as esposas traem os maridos e os maridos mentem... e a influência desse ambiente contamina as crianças e a centelha divina que elas carregavam se apaga e elas se tornam cadáveres, tão semelhantes entre si quanto o foram suas mães e seus pais... (*A Ferapont.*) O que você quer [182]?

FERAPONT: O quê? [183] Assinar os papéis.

ANDREI: Você me cansou [184].

FERAPONT (*entregando os papéis*) [186]: Agora há pouco o porteiro da receita estava contando... disse que em São Petersburgo, no inverno, fez duzentos graus abaixo de zero.

ANDREI [187]: O presente é tão repugnante mas, por outro lado, quando penso no futuro, minha alma, de repente, fica leve e espaçosa. E uma luz começa a brilhar ao longe e eu vejo a liberdade, vejo a mim e aos meus filhos livres do ócio, do *kvas*, do ganso com repolho, da soneca depois do almoço, desse parasitismo odioso...

FERAPONT: Duas mil pessoas congelaram, parece. Ele disse que o povo ficou apavorado. Ou foi em São Petersburgo ou foi em Moscou, não lembro.

ANDREI (*enternecendo*) [190]: Minhas irmãs queridas, maravilhosas! (*Entre lágrimas.*) Macha! Minha irmã...

NATACHA (à janela) [191]: Quem é que está aí falando tão alto? É você, Andrei? Sófotchka[88] vai acordar. *Il ne faut pas faire du bruit, la Sophie est dormée déjà. Vous êtes un ours!*[89] (*Irritada.*) Se quiser conversar, então passe o carrinho do bebê para outra pessoa. Ferapont, pegue o carrinho do patrão! [192]

FERAPONT: Estou ouvindo. (*Pega o carrinho.*) [193]

ANDREI (*desconcertado*): Eu vou falar baixo.

NATACHA (*detrás da janela, fazendo carinho em seu bebê*): Bóbik! Bóbik travesso! Bóbik malvado.

ANDREI (*examinando os papéis*): Bem, vou examinar e assino o que for preciso e você leva de volta para a administração... (*Vai para*

---

88 Diminutivo de Sofia. (N. da T.)

89 Em francês no original: "Não faça barulho, Sofia já está dormindo. Você é um urso." (N. da T.)

[182] Abre a cortina, espia dentro do carrinho, arruma a criança.

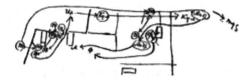

FIGURA 93
Ferapont senta-se no banco. Kulíguin atravessa atrás de Macha. Entra Tuzembakh. Irina, à porta. Irina entra. Tuzembakh vai até a portinhola. Irina vai até ele. Tuzembakh sai. Irina quer ir atrás dele. Tuzembakh volta e vai embora novamente. Irina vai para a casa. Andrei entra empurrando o carrinho. Ferapont o detém. Tuzembakh atravessa por trás, aproxima-se de Andrei, beija-o e sai. Andrei empurra o carrinho para a entrada principal. Ferapont vai atrás dele com os papéis.

[183] Entrega os papéis.
[184] Continua arrumando a criança.
[185] Andrei senta-se no parapeito. Com indolência pega novamente o papel e examina. Apoia-o sobre uma pasta dura e assina.
[186] Após a pausa.
[187] Entregando o papel a Ferapont, que assopra a assinatura, seca.
[188] Enquanto seca a assinatura, volta novamente ao trabalho.
[189] Enquanto Andrei assina.
[190] Para de escrever e fala em direção à porta principal.
[191] Natacha sai na varanda e fecha as cortinas para que Bóbik possa brincar ali.
[192] Ela fala tudo isso enquanto fecha as cortinas da varanda, dos dois lados.
[193] Pega a pena e o tinteiro.
[194] Enquanto Ferapont entrega os papéis, organizados sobre o baú para secar, e observa se as assinaturas secaram, Andrei pega os papéis, a pena e o tinteiro. Ele pega os papéis molhados, cuidadosamente, por uma ponta. Ferapont leva o carrinho pela portinhola do jardim, Andrei vai embora, pela varanda principal, para casa.

dentro da casa lendo os papéis; Ferapont leva o carrinho para o fundo do jardim.) [194]

NATACHA (*detrás da janela*): Bóbik, como se chama a mamãe? [196] Querido, querido! [197] E quem é essa? [198] É a titia Ólia. Diga à titia: "olá, Ólia!" [199] [195]

Músicos ambulantes, um rapaz e uma moça tocam violino e harpa [200], *Olga, Verchínin e Anfissa entram, vindos da casa; Irina se aproxima* [201]. *Inesperadamente, salta da varanda um senhor gordo com um charuto nos dentes – ele corre atrás da bola, abaixa-se algumas vezes como se não pudesse pegá-la imediatamente. Depois, some com a bola para sempre.*

OLGA: Nosso jardim é uma passagem pública; as pessoas atravessam a pé e a cavalo [203]. Babá, dê algo a esses músicos... [204] [202]

ANFISSA (*dando o dinheiro aos músicos*): Vão com Deus. (*Os músicos pegam e saem.*) [206] Gente miserável. Saciados não tocariam. (*A Irina.*) [207] Olá, Aricha[90]! (*Beija-a.*) [208] Ah, minha menina! Precisa ver como eu vivo agora! Como eu vivo! Com Óliuchka, no apartamento do colégio. Deus me amparou na velhice. Nunca tive uma vida dessas, pecadora que sou... É um apartamento grande, da diretoria, e tem um quarto inteiro para mim – e uma cama. Tudo da diretoria. Acordo no meio da noite – oh, meu Deus, [209] [205]

---

90 Diminutivo de Irina. (N. da T.)

[195] Vozes por detrás das cortinas; passos.
[196] Quase se ouve uma voz de criança e, depois, arroubos, "bravo", beijos.
[197] Ouvem-se passos, encontro. "Ahh!" É Ólia que entrou.
[198] Voz de Ólia: "quem eu sou?"
[199] Pausa. Gargalhada geral. Aplausos e "bravo". O pequerrucho fez alguma gracinha.
NB: Entre os que gargalharam – uma voz de baixo profundo – é, evidentemente, de Protopópov.
NB: Durante parte da última cena das vozes na varanda, som do pião, pancada de uma grande bola no assoalho, uma bola rolando pelo chão de madeira, de vez em quando uma gargalhada (o baixo se sobressai). A bola pula para fora da varanda, no mesmo lugar. A babá a apanha no jardim e volta para a varanda. (Tentar fazer com que Protopópov a apanhe aparecendo, por um instante, diante do público. Isso pode ser magnífico ou um desvio. É preciso tentar uma vez no geral. Isso poderia ser interessante para o papel.)
[200] Música na cena. Pausa.
[201] Músicos – um menino no violino e uma mulher, sua mãe, entraram antes e, com a fala, começaram a tocar imediatamente. Verchínin e Olga descem da varanda para o jardim – Ólia está com uma laranja que ela descasca e come. Verchínin fuma nervosamente.

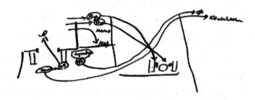

FIGURA 94
Saída de Andrei para casa, Ferapont leva embora o carrinho de bebê. Natacha fecha as cortinas. Entrada de Ólia e Verchínin na varanda. Eles descem para o jardim e se sentam no banco.

[202] No momento em que se acomodam à mesa.
[203] Na varanda, surge Anfissa.
[204] Anfissa desce da varanda, aproxima-se de Olga, pega dinheiro e vai até os músicos. Dá-lhes o dinheiro.
[205] Enquanto se despede no portão.
[206] A música para. Surge o caseiro. Anfissa acena para eles (músicos) com a mão, para que eles passem do portão para a rua. Os músicos, cumprimentando, atravessam o jardim até o portão, Anfissa e o caseiro foram atrás deles. Fala e depois fecha a portinhola atrás deles. O caseiro pega a vassoura e vai varrer a rua.
[207] Anfissa bateu a portinhola acompanhando os músicos. Neste momento, Irina sai da casa, olha para a direção em que partiu Tuzembakh. Ela está nervosa, pergunta distraidamente.
[208] Irina imediatamente se alegra com a babá.
[209] Irina toma a babá pelo braço e a conduz ao jardim. Esta conta algo, no caminho, com passos curtos e pesados, se apressando para ir atrás de Irina. O corpo de Anfissa envelheceu muito. Mas ela tem a alma alegre e cheia de entusiasmo.

minha Nossa Senhora, não há ninguém no mundo mais feliz do que eu! [210]

VERCHÍNIN: (*olhando as horas*) [211]: Estamos partindo, Olga Serguêievna. Está na hora. (*Pausa.*) [212] Eu lhe desejo tudo de bom, tudo de bom... [213] Onde está Maria Sergueiêvna?

IRINA: Está em algum lugar do jardim... [214] Eu estou indo, vou buscá-la [215].

VERCHÍNIN: Tenha a bondade. Estou com pressa [216].

ANFISSA: Eu também vou, vou buscar... (*Grita.*) Máchenka, ei! (*Vai para onde está Irina, no fundo do jardim.*) [218]

VERCHÍNIN: Tudo tem seu fim. Estamos nos despedindo. (*Olha as horas.*) A cidade nos ofereceu algo como um café da manhã, tomamos champanhe, o prefeito fez um discurso; eu estava comendo e ouvindo, mas meu coração estava aqui, com vocês... (*Olhando o jardim ao redor.*) Eu me acostumei a estar aqui.

OLGA: Será que ainda nos veremos?

VERCHÍNIN: Provavelmente não. (*Pausa.*) [221] Minha esposa e minhas filhas ainda ficarão aqui por dois meses; por favor, se acontecer alguma coisa ou se faltar algo...

OLGA: Sim, sim, é claro. Fique tranquilo. (*Pausa.*) [222] Amanhã já não haverá nenhum militar na cidade, tudo vai se transformar em lembrança e, para vocês, é claro, vai começar uma vida nova... (*Pausa.*) As coisas não acontecem como nós desejamos. (*Pausa.*) Eu não queria ser diretora, mas acabei sendo. E certamente, não iremos a Moscou...

VERCHÍNIN [224]: Bem (*Pausa.*) [225] Obrigado por tudo... Desculpe por qualquer coisa... Eu falei muito, falei até demais, desculpe também por isso, não me entenda mal [226].

OLGA (*enxuga os olhos*) [227]: Mas por que Macha não vem...? [228]

VERCHÍNIN: O que mais posso dizer na despedida? Filosofar sobre o quê? (*Ri.*) A vida é dura. A muitos ela parece opaca e sem esperança, mas ainda assim é preciso reconhecer que ela está se tornando mais clara e mais leve e, ao que parece, daqui há pouco se tornará inteiramente clara. (*Vê as horas.*) Está na hora, está na

NB: Expressando sua impaciência, Verchínin ora se levanta para ver se Macha já chegou, ora olha ao redor, ora olha o relógio.

[210] Apenas nesse momento entram no jardim, senão Verchínin perceberia Irina antes e se aproximaria.

[211] Verchínin vê as horas e se assusta e, como se estivesse atrasado, apressou-se e ficou em pé.

[212] Tira o quepe e beija a mão de Ólia. Aperta-lhe a mão e se despede. Olga se levanta.

[213] Pausa. Aproxima-se da recém-chegada Irina, aperta e beija-lhe a mão. Ele está muito nervoso e emocionado (isto é muito importante para que se desculpe V[erchínin] por sua conduta).

[214] Irina vai depressa para o jardim.

[215] No caminho.

[216] Atrás dela. Verchínin beija a babá que quer, por sua vez, beijar-lhe a mão – que ele arranca.

[217] Apressa-se atrás de Macha.

[218] Olga sentou-se novamente e come uma laranja, como antes.

[219] Ouve-se como se o caseiro varresse a rua, na coxia. Durante todo tempo da cena o som da vassoura vai se afastando.

[220] Arruma-se, apoia-se na cerca e olha ao longe, esperando a chegada de Macha.

[221] Verchínin se aproxima, apoia-se na mesa.

[222] Aperto de mão. Verchínin começou a caminhar. Pausa. Nesse momento, rola uma bola da varanda. Verchínin a apanha e a entrega à babá ou a Protopópov, que correram atrás dela. Até aqui, sem atrapalhar a ação, já se escutavam conversas, barulho de bola e brincadeiras na varanda; após esse momento, ir baixando e desaparecer rapidamente; sair da varanda.

[223] Enquanto Verchínin caminha nervoso e meditativo.

[224] Olha no relógio, agita-se, começou a se apressar.

[225] Olga se levanta, aperto de mão.

[226] Beija-lhe a mão.

[227] Enxuga os olhos e, para esconder as lágrimas, procura Macha com os olhos.

[228] Vão para a entrada.

[229] No caminho.

[229] hora! Antigamente a humanidade se ocupava em fazer guerras, ocupava toda sua existência com campanhas, incursões, vitórias e, quando tudo isso acabou, sobrou um enorme espaço vazio que ainda não sabemos como preencher; a humanidade busca apaixonadamente e, é claro, há de encontrar. Ah, mas que seja [230] depressa! (*Pausa.*) Sabe, se somássemos o amor pelo trabalho à educação e a educação ao amor pelo trabalho... (*Vê as horas.*) [231] Está na hora...

[230] Ólia se senta no parapeito. Verchínin, ao lado dela, com um pé sobre o degrau, olha impacientemente se Macha vem ou não vem. Macha caminha depressa.
[231] Olha no relógio, agita-se.

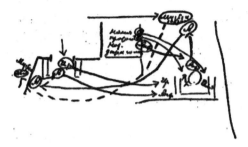

FIGURA 95
Ólia e Verchínin descem da varanda e sentam-se à mesa. Anfissa desce da varanda, aproxima-se em busca do dinheiro, vai até os indigentes e os põe para fora do portão. Vai atrás deles e fecha bruscamente a portinhola. Aproxima-se de Irina que saíra de casa. Anfissa e Irina vão ao jardim.

FIGURA 96
Verchínim levanta, se despede de Ólia, aproxima-se de Irina e depois de Anfissa. Irina e Anfissa saem. Ólia se levanta e depois se senta no mesmo lugar.

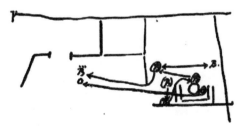

FIGURA 97
Verchínin se apoia sobre a cerca. Verchínin se aproxima de Ólia e pede pelas crianças. Verchínin, esperando, caminha. Verchínin se despede e vai com Ólia para a entrada.

OLGA [232]: Veja, ela está vindo[233].

Entra Macha [234].

VERCHÍNIN: Eu vim me despedir...

Olga se afasta um pouco para o lado para não atrapalhar a despedida [235].

MACHA (*olhando-o nos olhos*): Adeus... (*Um longo beijo.*) [236]

OLGA: Basta! Basta! [237]

Macha soluça profundamente [238].

[239] VERCHÍNIN [240]: Escreva... Não se esqueça! [241] Solte-me... [242] está na hora... Olga Serguêievna, segure-a, eu preciso ir... estou atrasado... [243] (*Comovido, beija a mão de Ólia, [depois abraça Macha ainda uma vez e sai rapidamente.]*) [244]

OLGA [245]: Chega, Macha! Pare, querida...

Entra Kulíguin [246]·

[247] KULÍGUIN (*desconcertado*): Não é nada, deixe de chorar, deixe... Minha bondosa Macha, minha querida... Você é a minha esposa e eu estou feliz apesar de tudo... Eu não me lamento, não lhe faço nenhuma censura... Olga é testemunha... Vamos recomeçar nossa vida de antes e eu não lhe direi uma só palavra, nem farei qualquer alusão...

[232] Levanta-se rapidamente.
[233] Encontrando, faz um gesto de incentivo a Macha, no caminho.
[234] Macha entra pelas aleias com passos rápidos. Está fora de si. Atrás dela, a uma certa distância (depois que ela atravessou a cerca do jardim), vão, deliberando em voz baixa, Kulíguin e Irina. Eles se aproximam da varanda. Irina se aproxima de Ólia, que está em frente à varanda, virada de costas para os que se beijam. Quando Macha se aproxima de Verchínin, houve uma certa pausa. Ólia atravessa o jardim precipitadamente e fica de costas para Macha. Irina se aproxima por trás de Ólia e observa a despedida. Expressão inquieta.
[235] Pausa. Respiração de Macha.
[236] Natacha sai detrás das cortinas, na varanda, e fala com Kulíguin. Depois sai. Olga, ouvindo a voz de Natacha, se apressa, com Irina, em separar o beijo para que Natacha não veja.
[237] Vai.
[238] Macha soluça no peito de Verchínin, ele mesmo quase chora. Muito emocionado. Olga quer tocar Macha. Irina aconselha a não incomodar e deixar que chore.
[239] O mais cordial, emocionado e doce possível. É um lugar muito perigoso – pode soar como se ele tivesse pressa em se afastar dela, como se ela o aborrecesse.
[240] Enquanto ela soluça em seu peito. Muito agitado.
[241] Delicado.
[242] Fazendo um sinal a Ólia.
[243] Olga os separou. Irina põe Macha sentada.
[244] Irina acompanha Verchínin e quase o coloca para fora. Na portinhola, Verchínin beija a mão de Irina.
[245] Abraçando Macha, que se senta na escada e deita a cabeça sobre os joelhos de Ólia.
[246] Irina ficou de joelhos diante da dupla Macha e Ólia. Kulíguin pega, apressadamente, um copo e o frasquinho com gotas de valeriana. Neste momento, Kulíguin é bondoso e muito sincero. Ele perdoa tudo sinceramente.

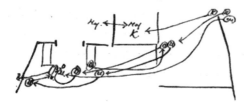

FIGURA 98
Ólia senta-se no parapeito, Verchínin está em pé, coloca o pé sobre um degrau. Macha entra, Ólia sai na varanda (no caminho, anima Macha dando-lhe uma batidinha). Ólia está de costas para Macha. Irina sai e se aproxima de Olga. Kulíguin avança pelo balcão, Natacha entra e sai (voz). Macha e Verchínin se abraçam. Ólia e Irina vão até eles, param, esperam até que ela se desafogue. Ólia separa Verchínin e Macha. Irina acompanha Verchínin. Verchínin vai embora.

[247] Senta junto, abraça, dá as gotas. Macha não quer tomar. Irina pega e lhe dá para beber. Kulíguin se anima.

MACHA (*contendo os soluços*) [249]: Em Lukamórie há um carvalho
[248] verde, e no carvalho, uma corrente de ouro... [250] Estou enlouquecendo... Em Lukamórie há um carvalho verde... [251]
OLGA: Calma, Macha... Calma... Dê-lhe água [252].
MACHA [253]: Não estou mais chorando... [254]
KULÍGUIN [255]: Ela não está mais chorando... ela é boazinha...

Ouve-se um tiro ao longe [256].

MACHA [257]: Em Lukamórie há um carvalho verde, e no carvalho,
uma corrente de ouro... Um gato verde... [258] um carvalho verde...
Estou me perdendo... (*Bebe água.*) [259] Que vida desgraçada, não
preciso de mais nada [260]. Já me acalmo... Tanto faz [261]. O que
quer dizer – em Lukamórie? Por que essas palavras não saem da
minha cabeça? Estou enlouquecendo...

Entra Irina.

OLGA: Calma, Macha. Assim, fique boazinha... Vamos para dentro [262].
MACHA (*brava*): Para lá eu não vou! Pare! (*Soluça, mas para imediatamente.*)[91] Eu já não entrava nessa casa antes e para lá eu não vou... [263]
IRINA [264]: Então vamos nos sentar aqui e ficar em silêncio. Sabe que
amanhã eu vou partir... (*Pausa.*)
KULÍGUIN: Ontem, no terceiro ano, tirei de um aluno essa barba
[265] e bigode... (*Põe a barba e o bigode.*) Pareço o professor de alemão... (*Ri.*) Não pareço? São engraçados esses garotos.
MACHA [266]: Realmente está parecendo o professor de alemão.
OLGA (*Ri.*) [267]: Sim.

Macha chora.
[268] IRINA: Chega, Macha!
KULÍGUIN: Muito parecido...

Entra Natacha [269].

---

91 K. Stanislávski transferiu a rubrica para depois das palavras de Macha "eu não vou...".
(N. da E. russa.)

[248] Macha sentou-se, olha para frente estupidamente, cotovelos sobre os joelhos e queixo sobre as mãos.
[249] Enxuga as lágrimas, se segura. Soluços mais fortes.
[250] Balança a cabeça, abana-se.
[251] Balança a cabeça, esfrega a testa, suspira.
[252] Oferecem as gotas novamente; Macha dispensa.

FIGURA 99

[253] Repelindo.
[254] Macha senta novamente com o queixo sobre as mãos.
[255] Kulíguin quase chora. Incentiva muito sinceramente. Abraça Macha cuidadosamente.
[256] Pausa. Congelaram por três segundos. Tiro ao longe. Ólia estremeceu, quase gritou, levantou-se. Põe-se a escuta. Fica, imediatamente, sombria, nervosa, atenta. Ólia entendeu tudo e agora observa e sofre por Irina.
[257] Na mesma pose.
[258] Está embaralhada, respira, esfrega a testa, fala disparatadamente, se esforça penosamente para lembrar, para pegar.
[259] Sentiu um pouco de medo. Será que está enlouquecendo? Ela mesma se estica atrás das gotas e molha o lenço. Coloca-o na testa.
[260] Chora. Todos ficaram alarmados. (NB: Todas as passagens de Macha são apressadas, sem exagero, leves, livres.)
[261] Suspiro, levanta-se – todos atrás dela, amparam-na. Apenas Irina está ocupada com seu pesar, bebe água aos golinhos.
[262] Kulíguin e Ólia aproximaram-se de Macha e tranquilizam-na.
[263] Pausa. Soluços sobre o baú.
[264] Irina voltou de seu estado contemplativo, levanta-se rapidamente e vai até Macha. Erguem Macha. Levam-na. Kulíguin vai na frente (recua, de costas). Para distrair Macha, põe o bigode. Gargalha, com efeito, mais do que o necessário (de nervoso).
[265] A caminho.
[266] Por um instante sorriu tomando fôlego.
[267] Sorri contra a vontade.
[268] Para em frente à sacada, chora. Todos começam a fazer caras alegres, mas o tempo todo lançam olhares para Macha. Riso sem alegria, de todos. Rapidamente a mímica de todos passa de risonha para triste. O caseiro passa pelo palco – vem da rua.
[269] Descendo da varanda, entra de chapéu e sobretudo. Vem vestindo luvas apertadas.

[270] NATACHA (*A arrumadeira.*): O quê? Mikhail Potápitch Protopópov vai ficar com Sófotchka e Andrei Serguêievitch com Bóbik. Como dão trabalho as crianças... (*A Irina.*) [271] Amanhã você vai embora, Irina, que pena! Fique por mais uma semana! (*Ao ver Kulíguin, dá um grito; este ri e tira a barba e o bigode.*) [272] Ai, o senhor me assustou. (*A Irina.*) Eu me acostumei com você, pensa que vai [273] ser fácil me separar? Pretendo transferir Andrei e o violino para o seu quarto – que fique lá arranhando! E no quarto dele vou colocar a Sófotchka. Que doçura de criança, como é divina! Que [274] menininha! Hoje me olhou com seus olhinhos e – "mamãe!" [275]

KULÍGUIN: É verdade, é uma criança maravilhosa!

NATACHA: Então, amanhã já estarei aqui sozinha... (*Leve suspiro.*) Para começar, vou mandar cortarem essa alameda de abetos e depois aquele bordo. À noite fica tão assustador, é feio... (*A Irina.*) [276] Querida, esse cinto não fica bem em você... É de mau [281] gosto. Precisa de algo com uma cor mais suave... [277] E aqui vou mandar plantar florzinhas e mais florzinhas e vai ficar tudo perfumado... (*Austera.*) [278] Por que tem um garfo aqui nesse banco? (*Entrando na casa, à camareira.*) [279] Eu estou perguntando por que tem um garfo aqui nesse banco? (*Grita.*) Cala a boca! [280]

KULÍGUIN: Estão marchando.

OLGA [283]: Estão partindo.

Entra Tchebutíkin.

MACHA [284]: Estão indo, os nossos. Que sejam felizes! (*Ao marido.*) [285] Precisamos ir para casa... Onde estão meu chapéu e minha capa? [286]

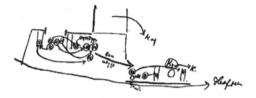

FIGURA 100
Irina, com o tiro, troca de lugar, sentando-se no parapeito. Macha atravessa até o baú, senta-se e chora – atrás dela, Kulíguin e Ólia. Irina voltou a si, aproxima-se e, com Ólia, conduz Macha ao jardim. Kulíguin, à frente, recua (faz a traquinagem). Macha, em frente à varanda, chora. Irina e Ólia se alegram. Kulíguin se afasta e faz a traquinagem tristemente. Ólia senta-se no banco. Irina passa. Macha fica em frente à varanda. Passagem do caseiro.

[270] Vai.
[271] Aproximando-se de Irina e beijando-a. Kulíguin fica, propositalmente, atrás de Irina, de costas para Natacha.
[272] Kulíguin virou-se rapidamente. Natacha gritou, assustou-se. Kulíguin gargalha sinceramente. Os demais mal riram. Irina estremeceu.
[273] A Irina, vestindo as luvas cuidadosamente.
[274] A Olga.
[275] Beija Ólia.
[276] Beija Irina.
[277] Perdoando Kulíguin, que lhe beija a mão.
[278] Encontra o garfo perto de Irina.
[279] Vai à varanda.
[280] Natacha sai por um momento na varanda.

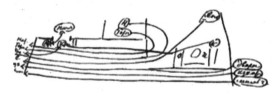

FIGURA 101
Passagem correndo de Natacha, da arrumadeira, do caseiro, da cozinheira, do menino e de Anfissa. Kulíguin vai até a entrada, fala com a babá. Entrada da babá.

[281] A arrumadeira abre as cortinas, para que depois se veja carregar o corpo de Tuzembakh.
[283] Falar assim que a música permitir.
[284] Parando junto ao poste.
[285] Agita-se, em voz alta. Ólia também se agitou, vai se despedir de Irina.
[286] Apoia novamente o queixo sobre a grade.

KULÍGUIN: Vou pegar dentro de casa. Trago já... (*Entra na casa.*) [287]

OLGA [288]: Bem, agora podemos voltar para casa. É hora [289].

TCHEBUTÍKIN [290]: Olga Serguêievna! [291]

OLGA: O quê? (*Pausa.*) O que foi? [292]

TCHEBUTÍKIN (*fala-lhe ao ouvido*): É... mas que história... Estou fatigado... exausto, não quero mais falar... [293]

MACHA: O que aconteceu? [294]

OLGA (*abraça Irina*) [295]: Que dia horrível... [296] Não sei como lhe dizer, minha querida...

IRINA: O que foi? Fale logo, o que foi? Deus do céu! (*Chora.*)

TCHEBUTÍKIN [297]: Agora, no duelo, mataram o barão.

IRINA (*chora baixinho*) [298]: E eu sabia, eu sabia... [299]

TCHEBUTÍKIN (*senta em um banco no fundo do palco*) [300]: Estou [301] esgotado... (*Abre o jornal.*) Que chorem... (*Baixo.*) Ta-ra-ra-búmbia, sentado na tumba...

As três irmãs se estreitam umas às outras[92].

OLGA [303]: (*abraça as duas irmãs*): A música é tão alegre, tão feliz, dá uma vontade de viver! Oh, meu Deus! O tempo passa e nós partiremos para sempre, esquecerão nossos rostos, nossas vozes [304] e em quantos éramos. Mas o nosso sofrimento vai se transformar em alegria para os que virão depois de nós e a felicidade e a paz reinarão sobre a Terra e se lembrarão com gratidão e com boas palavras dos que vivem agora. Oh, minhas irmãs tão queridas, nossa vida ainda não acabou. Vamos viver! A música é tão alegre,

---

92 N. da E. russa: No rodapé do exemplar do diretor, em frente à rubrica, está colado um monólogo de Macha: "Oh, como toca a música! Eles estão partindo, um deles partiu sozinho, sozinho para sempre, nós ficamos sozinhas para recomeçarmos nossa vida. Eu vou viver, minhas irmãs...! É preciso viver... (*Olha para cima.*)

[NOTA 302] Passa voando um pássaro. (N. de K.S.).

Acima de nós vão os pássaros, voam a cada primavera e a cada outono, há mil anos e não sabem por que voam. E vão continuar voando por mais milhares e milhares de anos, enquanto Deus não lhes revelar o mistério..."

N. da T.: Na edição russa não consta a nota 302 sobre o texto dramático. Uma parte do monólogo acima, até "É preciso viver", entrou no texto final de Tchékhov.

[287] Vai, às pressas, para casa.

[288] Beijando Irina, vai para casa.

[289] Irina beija Ólia, põe a testa na mesa e se deita.

[290] Alcança-a.

[291] Ele está nervoso.

[292] Alarmada.

[293] Quer ir, Ólia o detém. Ólia segura Tchebutíkin pela mão – vão até Irina.

[294] Enquanto chegam perto de Irina.

[295] Essas palavras são dirigidas a Macha no caminho.

[296] Tendo se aproximado, com Tchebutíkin, de Irina – soerguendo o rosto de Irina. Irina teve, imediatamente, um sobressalto e compreendeu tudo; levantou-se de um salto.

[297] Decidido, mastiga as palavras assim como Ólia.

[298] Chora.

[299] Ólia aproxima Irina de Macha. Irina chora recostada no colo de Macha.

[300] Ólia foi pegar água. Sacudiu a mão e foi à varanda.

[301] Na varanda.

[302] Passa voando um pássaro. <Na edição russa não consta a nota 302 sobre o texto dramático.> (N. da T.)]

[303] Grupo de irmãs: com a aproximação de Ólia (que fica no meio, entre as duas irmãs).

[304] Da varanda, Tchebutíkin entrega o copo com água. Ólia leva para Irina, dá-lhe. Irina se acalma. Olga abraça as duas.

[304] tão feliz e parece que logo saberemos por que vivemos e por que sofremos. Ah, se soubéssemos, se soubéssemos! [305]

A música toca cada vez mais baixo; há um barulho no fundo da cena, vê-se a multidão que observa a chegada do corpo do barão, morto no duelo[93]; Kulíguin está alegre e sorridente trazendo o chapéu e a capa; Andrei empurra outro carrinho no qual se encontra Bóbik [306].

TCHEBUTÍKIN (*cantarola baixinho*): Ta-ra-ra-búmbia... tô sentado na tumba... (*Lê o jornal.*)

OLGA: Se soubéssemos! Se soubéssemos!

Cortina.

8 de janeiro de 1901
K. Alekseiev

---

93 Conforme solicitado em carta de Stanislávski para Tchékhov, a passagem do corpo do barão foi suprimida da encenação, o que se manteve no texto final da peça. "O discurso final das irmãs, depois de tudo o que aconteceu, prende a atenção e tem um efeito calmante. Então, se o corpo [de Tuzembakh] for carregado através da cena, não haverá tranquilidade no fim. Em seu texto, você escreve: 'O corpo é carregado no fundo da cena'; só que o nosso teatro não possui profundidade e as irmãs iriam ver o corpo. O que elas poderiam fazer? No ensaio, embora eu goste da ideia de o corpo ser carregado de um lado para o outro, comecei a imaginar se não seria melhor para a peça acabar com o monólogo." (K. Stanislávski apud C. Takeda, *O Cotidiano de uma Lenda*, p. 163). Tchékhov aceita a sugestão.

[305] Congelaram. Irina e Ólia estão com os olhos cheios de lágrimas voltados para cima. Macha está resignada e aperta-se, ternamente, a Ólia.

FIGURA 103
Macha assiste, recostando-se no poste, do lado dos que partiram; segura a mão de Ólia, que está em seu ombro. Irina chora no peito de Ólia, que lhe faz carinho.
O quanto for possível, falar com mais ânimo.

[306] Perguntar a A.P. Tchékhov se é possível cortar as palavras deixadas em branco e terminar assim:

ÓLIA: Se soubéssemos.

Ruído da portinhola – voltam triste e lentamente, a cozinheira, Anfissa, o menino e Andrei empurrando o carrinho. Ferapont entra de chapéu e com a pasta com os papéis assinados. Todos estão tristes, sente-se que a cidade ficou vazia. Tchebutíkin canta folheando o jornal: "tararabúmbia". Andrei pega o carrinho que range. A portinhola de entrada e passagem bate. Mal se ouve a marcha ao longe. Um desalentado e monótono barulho da vassoura do caseiro na rua.

ÓLIA: Se pudéssemos saber, se pudéssemos saber.

Entrada animada de Kulíguin com uma capa curta e, simultaneamente – cortina.

Pedir a atenção de Anton Pávlovitch porque, segundo seu texto, é necessário inserir a cena do povo – a da conversa da multidão que está levando Tuzembakh. Senão será um balé. Como o palco é estreito, quando o corpo de Tuzembakh passar os 597 cenários vão balançar. A multidão vai bater os pés, esbarrar. Acontecerá uma pausa que pode esfriar. E as irmãs? Será possível deixá-las indiferentes à passagem do corpo de Tuzembakh? Será necessário inventar um jogo também para elas. Tenho medo de que perseguindo muitos coelhos ao mesmo tempo venhamos a perder o mais importante: a ideia final e viva do autor, que poderia superar muitos momentos trágicos da peça. Essa passagem do corpo, ou será chata, fria, artificial ou (se conseguirmos vencer todas as dificuldades) – será muito pesada e essa impressão somente aumentará.

Bibliografia

OBRAS DE KONSTANTIN STANISLÁVSKI

Rejissiorskie Ekzempliary K.S. Stanislavskovo v Chesti Tomakh 1898-1930. Tom Trietii: 1901-1904. Moskva: Iskusstvo, 1983.

A Criação de um Papel. Trad. Pontes de Paula Lima. Rio de Janeiro: Civilização Brasileira, 2000.

Le mie regie. Trad. Carlo Grabher. Milano: Ubulibri, 1999.

A Preparação do Ator. Trad. Pontes de Paula Lima. Rio de Janeiro: Civilização Brasileira, 1998.

A Construção da Personagem. Trad. Pontes de Paula Lima. Rio de Janeiro: Civilização Brasileira, 1992.

Minha Vida na Arte. Trad. Paulo Bezerra. Rio de Janeiro: Civilização Brasileira, 1989.

Trabajos Teatrales: Correspondência. Trad. Luis Sepúlveda. Buenos Aires: Domingo Cortizo/Quetzal, 1986.

Creador de la Encarnación. Trad. Salomón Merener. Buenos Aires: Quetzal, 1983.

El Trabajo del Actor Sobre Sí Mismo: en el Proceso Creador de las Vivencias. Trad. Salomón Merener. Buenos Aires: Quetzal, 1980.

El Trabajo del Actor Sobre Su Papel. Trad. Salomón Merener. Buenos Aires: Quetzal, 1977.

OBRAS DE ANTON TCHÉKHOV

Minha Vida. Trad. Denise Sales. São Paulo: Editora 34, 2011.

Tri sestry: piesy. Sankt-Peterburg: Azvuka, 2010.

Um Negócio Fracassado e Outros Contos de Humor. Trad. Maria Aparecida Botelho Pereira Soares. Porto Alegre: L&PM, 2010.

Um Homem Extraordinário e Outras Histórias. Trad. Tatiana Belinky. Porto Alegre: L&PM, 2009.

O Beijo e Outras Histórias. Trad. Boris Schnaiderman. São Paulo: Editora 34, 2006.

A Gaivota. Trad. Rubens Figueiredo. São Paulo: Cosac Naify, 2004.

As Três Irmãs. Trad. Klara Gouriánova. São Paulo: Peixoto Neto, 2004. (Os Grandes Dramaturgos.)

Anton Pavlovitch Tchekhov: Pierepiska s Jenoi. Moskva: Zakharov, 2003.

Cartas a Suvórin: 1886-1891. Trad. Aurora Fornoni Bernardino e Homero Freitas de Andrade. São Paulo: Edusp, 2002.

A Dama do Cachorrinho e Outros Contos. Trad. Boris Schnaiderman. São Paulo: Editora 34, 1999.

Ivánov. Trad. Arlete Cavaliere e Eduardo Tolentino Araújo. São Paulo: Edusp, 1998.

Teatro I: A Gaivota, Tio Vânia. Trad. Gabor Aranyi. Mairiporã: Veredas, 1998.

Teatro II: As Três Irmãs e o Jardim das Cerejeiras. Trad. Gabor Aranyi. Mairiporã: Veredas, 1998.

As Três Irmãs: Contos. Trad. Maria Jacintha e Boris Schnaiderman. São Paulo: Abril Cultural, 1982.

GERAL

AKHMÁTOVA, ANNA. Das Elegias do Norte – Primeira Pré-história. *Antologia Poética: Anna Akhmátova*. Trad. Lauro Machado Coelho. Porto Alegre: L&PM, 2009.

AMIARD-CHEVREL, Claudine. *Le Téâtre Artistique de Moscou (1898-1917)*. Paris: Éditions de Centre de la Recherche Scientifique, 1979.

ANGELIDES, Sophia. *A.P. Tchékhov: Cartas Para uma Poética*. São Paulo: Edusp, 1996.

ARISTÓTELES. *Poética. Os Pensadores: Aristóteles*. São Paulo: Nova Cultural, 1999.

AULETE, Caldas. *Dicionário Contemporâneo da Língua Portuguesa*. 4 v. Rio de Janeiro: Delta, 1958.

BARTHES, Roland. *Fragmentos de um Discurso Amoroso*. Trad. Hortênsia dos Santos. Rio de Janeiro: Francisco Alves, 1997.

_____. *Mitologias*. Trad. Rita Buongermino e Pedro de Souza. São Paulo/Rio de Janeiro: Difusão Editorial, 1980.

BENJAMIN, Walter. A Tarefa do Tradutor. In: GAGNEBIN, Jeanne Marie (org.). *Escritos Sobre Mitos e Linguagem*. São Paulo: Editora 34, 2011.

BERMAN, Marshall. *Tudo Que É Sólido Desmancha no Ar: A Aventura da Modernidade*. Trad. Carlos Felipe Moisés e Ana Maria L. Ioriatti. São Paulo: Companhia das Letras, 1986.

BÍBLIA Sagrada. Trad. João Ferreira de Almeida. Brasília: Sociedade Bíblica do Brasil, 1969.

BORGES, Jorge Luis. *Ficções*. Trad. Davi Arrigucci Jr. São Paulo: Companhia das Letras, 2007.

CALVINO, Italo. *As Cidades Invisíveis*. Trad. Diogo Mainardi. São Paulo: Companhia das Letras, 1998.

CANDIDO, Antonio; CASTELLO, J. Aderaldo. *Presença da Literatura Brasileira: História e Antologia. V. 1: Das Origens ao Realismo*. Rio de Janeiro: Bertrand Brasil, 1997.

CAVALIERE, Arlete. *Teatro Russo: Percurso Para o Estudo da Paródia e do Grotesco*. São Paulo: Humanitas, 2009.

_____. *O Inspetor Geral de Gógol/Meierhold*. São Paulo: Perspectiva, 1996.

CIRLOT. Juan-Eduardo. *Dicionário de Símbolos*. São Paulo: Moraes, 1984.

CHEKHOV, Michael. *Para o Ator*. Trad. Álvaro Cabral. São Paulo: Martins Fontes, 2003.

CHKLÓVSKI, V. A Arte Como Procedimento. In: TOLEDO, Dionísio de Oliveira (org.). *Teoria da Literatura: Formalistas Russos*. Porto Alegre: Globo, 1973.

COSTA, Angela Marques; SCHWARCZ, Lilia Moritz et al. *1890-1914: No Tempo das Certezas*. São Paulo: Companhia das Letras, 2000.

DORT, Bernard. *O Teatro e Sua Realidade*. Trad. Fernando Peixoto. São Paulo: Perspectiva, 2010.

DOURADO, Henrique Autran. *Dicionário de Termos e Expressões da Música*. São Paulo: Editora 34, 2004.

FARIA, Ernesto (org.). *Dicionário Escolar Latino-Português*. Rio de Janeiro: Ministério da Educação e Cultura-Departamento Nacional de Educação, 1962.

GÓRKI, Maxim. *Pequenos-Burgueses*. São Paulo: Hedra, 2010.

_____. *Pequenos-Burgueses; Mãe*. Trad. Fernado Peixoto; José Celso Martinez Correa; Shura Victoronovna. São Paulo: Abril Cultural, 1982.

_____. *Pequenos-Burgueses*. Prefácio Boris Schnaiderman. São Paulo: Brasiliense, 1965.

GUINSBURG, Jacó. *Stanislávski e o Teatro de Arte de Moscou*. São Paulo: Perspectiva, 2006.

_____. *Stanislávski, Meyerhold & Cia*. São Paulo: Perspectiva, 2001.

GUINSBURG, J.; NETO, J.T.C.; CARDOSO, R.C. (org.). *Semiologia do Teatro*. São Paulo: Perspectiva, 2006.

IÁRTSEV, P. 'Tri sestry' i peterburgskie gastroli MXT (1901-1902). In: KÚZITCHEVA, A.P. *A.P. Tchekhov v Russkoi Teatral'noi Kritike: Komentirovannaia Antologiia (1887-1917)*. Moskva: Lietnii Sad, 2007.

KNEBEL, Maria. *Análise-ação: Práticas das Ideias Teatrais de Stanislávski*. Org., adaptação e notas de Anatoli Vassíliev. Trad. e notas adicionais de Marina Tenório e Diego Moschkovich. São Paulo: Editora 34, 2016.

KÚZITCHEVA, A.P. Tri sestry. In: KÚZITCHEVA, A.P. *A.P. Tchekhov v Russkoi Teatral'noi Kritike: Komentirovannaia Antologiia (1887-1917)*. Moskva: Lietnii Sad, 2007.

LINTCH, James (L.N. Andreiev). Tri sestry. In: KÚZITCHEVA, A.P. *A.P. Tchekhov v Russkoi Teatral'noi Kritike: Komentirovannaia Antologiia (1887-1917)*. Moskva: Lietnii Sad, 2007.

LISPECTOR, Clarice. *Felicidade Clandestina*. Rio de Janeiro: Nova Fronteira, 1981.

LOTMAN, Iúri. *Estructura del Texto Artístico*. Madrid: Akal, 2008.

Bibliografia

_____. *A Estrutura do Texto Artístico*. Trad. Maria do Carmo e Alberto Raposo. Lisboa: Estampa, 1978.

MALCOVATI, Fausto. "Introduzione". In: STANISLAVSKIJ, Konstantin S. *Le mie regie*. Milano: Ubulibri, 1999.

MALLARMÉ, Stéphane. *Poemas*. Trad. e notas José Lino Grünewald. Rio de Janeiro: Nova Fronteira, 1990.

MELLO e SOUZA, Gilda de. *Exercícios de Leitura*. São Paulo: Duas Cidades, 1980.

_____. *O Tupi e o Alaúde*. São Paulo: Duas Cidades, 1979.

MEYERHOLD, Vsevolod. *Teatro Naturalista e Teatro de Humores*. São Paulo: Iluminuras, 2012.

NABOKÓV, Vladímir. *Curso de Literatura Rusa*. Trad. María Luisa Balseiro. Barcelona: Zeta, 2009.

PAVIS, Patrice. *A Encenação Contemporânea*. Trad. Nanci Fernandes. São Paulo: Perspectiva, 2010.

_____. *Dicionário de Teatro*. Trad. sob direção de J. Guinsburg e Maria Lúcia Pereira. São Paulo: Perspectiva, 2008.

PAZ, Octavio. *Signos em Rotação*. Trad. Sebastião Uchôa Leite. São Paulo: Perspectiva, 1996.

_____. *A Dupla Chama*. Trad. Wladir Dupont. São Paulo: Siciliano, 1994.

PERTSOV, P. Tri sestry. In: KÚZITCHEVA, A.P. *A.P. Tchekhov v Russkoi Teatral'noi Kritike: Komentirovannaia Antologiia (1887-1917)*. Moskva: Lietnii sad, 2007.

PESSOA, Fernando. *Fernando Pessoa: Poemas Escolhidos*. Sel. e apr. Jorge Fazenda Loureiro. Lisboa: Ulisseia, s/d.

PICON-VALLIN, Béatrice. Texto Literário, Texto Cênico, Partitura do Espetáculo na Prática Teatral. Trad. Fátima Saadi. In: VÁSSINA, Elena; CAVALIERE, Arlete. *Teatro Russo: Literatura e Espetáculo*. São Paulo: Ateliê, 2012.

PIGLIA, Ricardo. *O Laboratório do Escritor*. Trad. Josely Vianna Baptista. São Paulo: Iluminuras, 1994.

PRADO, Décio de Almeida. A Personagem no Teatro. In: CANDIDO, Antonio et al. *A Personagem de Ficção*. São Paulo: Perspectiva, 2005.

PÚCHKIN, Aleksandr. *A Dama de Espadas: Prosa e Poemas*. Trad. Boris Schanaiderman e Nelson Ascher. São Paulo: Editora 34, 2006.

_____. *O Cavaleiro de Bronze e Outros Poemas*. Trad. Nina Guerra e Filipe Guerra. Lisboa: Assírio e Alvim, 1999.

_____. *A Filha do Capitão e o Jogo das Epígrafes*. Trad. Elena Nazário. São Paulo: Perspectiva, 1981.

_____. *Polnoie Sobranie Sotchinenie. Tom II: Stikhotvoriênia 1826-1836*. Moskva: Gosudarstvenoie Izdatielstvo Khudojestvennoi Literatury, 1949.

RIPELLINO, Angelo Maria. *O Truque e a Alma*. Trad. Roberta Barni. São Paulo: Perspectiva, 1996.

_____. *Maiakóvski e o Teatro de Vanguarda*. Trad. Sebastião Uchôa Leite. São Paulo: Perspectiva, 1986.

RODRIGUES, André Figueiredo. *Como Elaborar Citações e Notas de Rodapé*. São Paulo: Humanitas, 2009.

ROSENFELD, Anatol. *Prismas do Teatro*. São Paulo: Perspectiva, 2008.

_____. *Texto e Contexto*. São Paulo: Perspectiva, 1969.

_____. *O Teatro Épico*. São Paulo: Buriti, 1965.

ROUBINE, Jean-Jaques. *A Linguagem da Encenação Teatral: 1880-1980*. Trad. Yan Michálski. Rio de Janeiro: Zahar, 1982.

SCHNAIDERMAN, Boris (org.). *Carta e Literatura: Correspondência Entre Tchékhov e Górki*. Introdução de Sophia Angelides. São Paulo: Edusp, 2002.

SHAPIRO, Adolf. *Kak Zakrivalsia Zanaves*. Moskva: Novoie Literaturnoie Obozrenie, 1999.

SOLOVIOVA, I. Tri Siestry i Vichniovyi Sad v Postanovke Khudojiestvenogo Teatra. In: STANISLÁVSKI, K.S. *Rejissiorskie Ekzempliári K. S. Stanislavskovo. Tom trietii: 1901-1904*. Moskva: Iskisstvo, 1983.

SZONDI, Peter. *Teoria do Drama Burguês Século XVIII*. São Paulo: Cosac Naify, 2004.

_____. *Teoria do Drama Moderno (1880-1950)*. São Paulo: Cosac Naify, 2001.

TAKEDA, Cristina. *O Cotidiano de uma Lenda*. São Paulo: Perspectiva/Fapesp, 2003.

TARKÓVSKI, Andrei. *Esculpir o Tempo*. São Paulo: Martins Fontes, 2010.

UBERSFELD, Anne. *Para Ler o Teatro*. São Paulo: Perspectiva, 2010.

VÁSSINA, Elena. O Eterno Tchékhov. *As Três Irmãs*. São Paulo: Peixoto Neto, 2004.

VIEJO, Paul. *Antón Chéjov/Olga Knipper: Correspondencia (1899-1904)*. Madrid: Páginas de Espuma, 2008.

VOINOVA, N.IA.; STARETS, S.M.; VERKHUCHA, V.M.; ZDITOVETSKII, A.G. *Russko--portugal'skii Slovar*. Moskva: Russkii Iazïk, 1989.

WILLIAMS, Raymond. *Drama em Cena*. São Paulo: Cosac Naify, 2010.

_____. *Tragédia Moderna*. Trad. Betina Bischof. São Paulo: Cosac Naify, 2002.

WISNIK, José Miguel. *O Som e o Sentido*. São Paulo: Companhia das Letras, 1989.

ARTIGOS E PUBLICAÇÕES EM PERIÓDICOS

BISCHOF, Betina. Um Improvável Precursor: Tchécov e Kafka. *Literatura e Sociedade*, Universidade de São Paulo, n. 9, 2006.

GROTÓWSKI, Jerzy. Resposta a Stanisláwski. *Folhetim*. Rio de Janeiro: Teatro do Pequeno Gesto, n. 9, 2001.

MELLO e SOUZA, Gilda de. As Três Irmãs. *Suplemento Literário d'O Estado de S. Paulo*, 13 out. 1956. Publicado novamente em *Literatura e Sociedade*, Universidade de São Paulo, n. 1, 1996.

Bibliografia   305

PICON-VALLIN, Béatrice. A Encenação e o Texto. *A Arte do Teatro: Entre Tradição e Vanguarda – Meyerhold e a Cena Contemporânea*. Rio de Janeiro: Teatro do Pequeno Gesto/Letra e Imagem, 2006.

VÁSSINA, Elena. Rússia, Início do Século XX: Fundadores do Teatro Moderno. *Moringa: Teatro e Dança*, Universidade Federal da Paraíba, ano 1, n. 1, 2006.

TESES E DISSERTAÇÕES

DAGOSTINI, Nair. *O Método de Análise Ativa de K. Stanislávski Como Base Para a Leitura do Texto e da Criação do Espetáculo Pelo Diretor e Ator*. Tese de doutorado. Faculdade de Filosofia, Letras e Ciências Humanas. Universidade de São Paulo, 2007.

HERRERIAS, Priscilla. *A Poética Dramática de Tchékhov: Um Olhar Sobre os Problemas de Comunicação*. Dissertação de mestrado. Faculdade de Filosofia, Letras e Ciências Humanas. Universidade de São Paulo, 2010.

MATA, Athenea. [2010]. *Contexto Histórico-Teatral Ruso e Influencias Tempranas de Stanislavsky*. Tese de doutorado. Universitat Autònoma de Barcelona. Disponível em: <http://ddd.uab.cat/pub/trerecpro/2010/hdl_2072_83180/Treball+de+recerca. pdf>. Acesso em: 5 out. 2011.

NASCIMENTO, Rodrigo Alves do. *Tchékhov no Brasil: Dramaturgia e Encenações*. Dissertação de mestrado. Faculdade de Filosofia, Letras e Ciências Humanas. Universidade de São Paulo, 2012.

Este livro foi impresso na cidade de São Paulo,
nas oficinas da Mark Press Brasil, em outubro de 2018,
para a Editora Perspectiva.